孤帆远影

陈岱孙与清华大学

刘昀 著

商务印书馆
创于1897 The Commercial Press

2017年·北京

图书在版编目(CIP)数据

孤帆远影:陈岱孙与清华大学/刘昀著.—北京:商务印书馆,2017
ISBN 978-7-100-13013-4

Ⅰ.①孤… Ⅱ.①刘… Ⅲ.①陈岱孙(1900—1997)—传记 Ⅳ.①K825.31

中国版本图书馆 CIP 数据核字(2017)第 043399 号

孤帆远影:陈岱孙与清华大学
刘 昀 著

商 务 印 书 馆 出 版
(北京王府井大街 36 号 邮政编码 100710)
商 务 印 书 馆 发 行
北京中科印刷有限公司印刷
ISBN 978-7-100-13013-4

2017 年 4 月第 1 版 开本 787×960 1/16
2017 年 4 月北京第 1 次印刷 印张 25½ 插页 4
定价:56.00 元

任何一门科学都是关于历史的科学。

陈岱孙博士（1900—1997），经济学家，教育家，
清华大学、长沙临时大学、西南联合大学、北京大学教授

校　歌

西山蒼蒼 東海茫茫 吾校莊嚴 巋然中央
東西文化 薈萃一堂 大同爰臍 祖國以光
莘莘学子 来遠方 莘莘學子 來遠方
春風化雨 樂未央 行健不息 須自强
自强 自强 行健不息 須自强
自强 自强 行健不息 須自强

——国立清华大学校歌

校　歌

何林一夫人作曲　汪鸞翔先生撰詞

（一）

西山蒼蒼東海茫茫　吾校莊嚴巍然中央
東西文化薈萃一堂　大同爰躋祖國以光
莘莘學子來遠方　莘莘學子來遠方
春風化雨樂未央　行健不息須自强
（叠句）
自强　自强　行健不息須自强

（二）

左圖右史鄴架巍巍　致知窮理學古探微
新舊合冶殊途同歸　肴核仁義聞道日肥
服膺守善心無違　服膺守善心無違
海能就下衆水歸　學問篤實生光輝
（叠句）
光輝　光輝　學問篤實生光輝

（三）

器識其先文藝其從　立德立言無問西東
孰介紹是吾校之功　同仁一視泱泱大風
水木清華衆秀鍾　水木清華衆秀鍾
萬悃如一矢以忠　赫赫吾校名無窮
（叠句）
無窮　無窮　赫赫吾校名無窮

——国立清华大学校歌

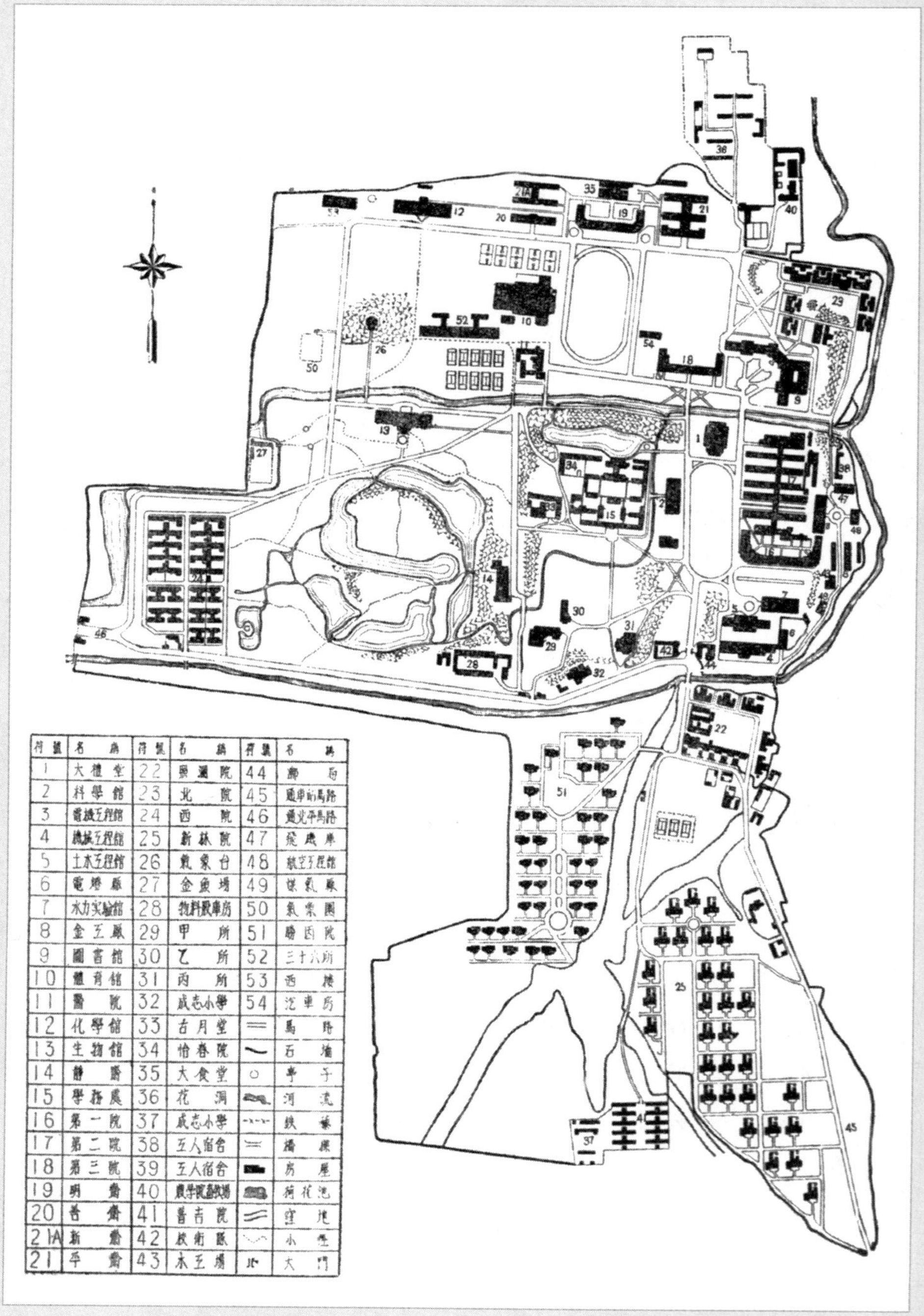

——国立清华大学平面全图（1948年）

目　录

第三章　游必有方（1920—1926）

第四章　翻云覆雨（1927）

第五章　教授治校（1928—1937，上）

第六章　白银年代（1928—1937，下）

第七章　刚毅坚卓（1937—1946）

第八章　物换星移（1946—1949）

第九章　曲终人散（1949—1952）

序

晏智杰

去年初春，刘昀先生赠其所著《孤帆远影》，令人不禁大喜过望，欣慰异常，一口气读下来，顿觉从中获得前所未有的满足，拓展和加深了我对恩师的了解。如今，又见作者赠以该书增订稿，足见作者用心之殷切，用力之勤奋，拜读之余，感觉他对陈岱孙前半生的记述和刻画更加丰满和充实了。

为陈岱孙作传，实在太有必要了。他老人家的经历看似平凡，实有极其丰富和深刻的时代意义，诚如作者所说，陈岱孙是“家国共命运的一个典型”。他对中国高等教育事业的突出贡献，他忠诚敦厚的为人处世之道，历来为世人所称道。作为世纪同龄人，在将近百岁的漫长人生中，他经历了不止一次的风浪、坎坷或逆境，均能安然渡过，显示了常人难以企及的智慧和隐忍。陈岱孙的一生，道德文章，堪称楷模。为他立传，实在是一件功德无量的善事。

现在，我们终于有了这样一部作品：《孤帆远影：陈岱孙与清华大学》。书名贴切地刻画了传主的形象和身影，也表达了作者（还有我们这些读者）对这位不平凡老者渐渐远去的怅然之感。全书所述内容限于传主的前半生，似乎不无遗憾，但我要说，在陈岱孙的一生中，最为曲折丰富和光彩夺目者，非其前半生莫属，而世人了解甚少者也恰是这前半生。当然，陈岱孙的后半生同样值得记述，同样令人怀念，其中也有许多闪光点，不过人们对此知之相对多些或容易知晓，所以眼前这部书问世就显得十分难能可贵了。

这是一部好书；我相信，广大读者，尤其是遍布海内外的莘莘学子，不论长幼，无论及门或不及门弟子，都会从中获得极大教益，引致对陈岱孙的人生及国家的命运之深沉思考。

陈岱孙出身名门，学贯中西，尊崇民主与科学，终生爱国，人所共知。然而，看过该书对其家世渊源的细致追踪，对其负笈海外七年的留学生涯的生动回顾，当会更加深刻地认识到他具有如此品格的深刻缘由。

1952 年“院系调整”后，陈岱孙任教北京大学凡 45 年；此前 34 年则一直与清华大学结缘，包括在此求学 2 年，作为“庚款留学生”被选送留美 7 年，返国后应聘清华任教 25 年。在清华任教的几十年间，他是经济学系和法学院的创建人和领导者，又一直参与学校高层领导和教学行政管理，抗战胜利后又奉命主持从日寇手中接收清华大学。清华大学是陈岱孙的第二故乡。对于清华大学，陈岱孙可以说是生死与共，呕心沥血，心系终生。

陈岱孙的同事和朋友众多，从书中叙述可知，在那漫长岁月中，他们同甘苦，共患难，结下了深厚的情谊，历久而弥坚。中国现代政治和教育生活中的许多著名人物，其中有自然科学家、社会科学家，还有军事家等，先后出现在陈岱孙的生活中，其中一部分为后世所熟悉，如梅贻琦、张奚若、叶企孙、金岳霖、周培源、梁思成、林徽因、孙立人等。还有一些人的事迹则湮没在历史的尘埃之中，但作者也都尽其所能地予以照应，勾起人们尘封已久的珍贵记忆，陈岱孙的传记于是也就成了那个时代的群英图。

陈岱孙桃李满天下。他爱学生，一直视“得英才而教之”为人生一大乐事；在学生们心目中，陈岱孙始终是他们敬重的良师益友，无论何时何地，无论白发苍苍的老学生，还是青春勃发的青年学子，无不以陈岱孙而自豪与骄傲。书中对此均有生动的记述，令人向往。

陈岱孙生长于清末民初，经历过中国从皇权瓦解、军阀混战、抗日战争，直至走上独立自强道路的整个历史过程。本书忠实记述了在这一个个历史变迁关头陈岱孙的所思所想所为，既展现了时代曲折变迁的一个缩影，也反映了陈岱孙正直、忠诚和宽厚的性格特征背后的时代背景。时代造就了陈岱孙，陈岱孙也无愧于时代，他是那个时代的骄子。

尽管这部书没有来得及论及陈岱孙的后半生，但我相信人们从本书对他前半生的论述中，一定可以对其后半生的“作为”以及有时候的“不作为”，得出准确的预期和深刻的启示。

陈岱孙已经远去，但他的精神永存。他值得世人怀念，让我们永远记住他。

可以想见，为了完成这部作品，作者花费了多少心血，而这部佳作也充分展现了作者的才华。没有人文历史知识的丰厚积淀，没有对过往时代政治经济文化背景的充分把握和透彻理解，没有老练的文笔和表达功夫，要成就这样优秀的传记是难以想象的。当然，我相信，对陈岱孙发自内心的亲情和挚爱，才是推动作者创作的最大动力。

衷心希望更多读者能够及早读到这部书，也希望作者今后有更多作品问世。

2013 年 11 月

（晏智杰：北京大学教授，北京大学经济学院前院长，《陈岱孙文集》编者）

作者前言

刘昀

本书于2011年1月以《孤帆远影：陈岱孙的1900—1952》之名出版。作者自2009年5月开始撰写，一年后交稿。时间如此仓促，为的是应约赶在清华大学百年校庆（2011年4月）之前付梓。

一篇急就章，留下了很多遗憾。

此次增订，作者主要对初版中的史实错误进行了订正，增补了一批后来陆续新发现，以及原已发现但未及消化的资料，此外对于分布在各章节的插图也有所调整。

经过增订，本书的文字篇幅增加近半。

为了行文和阅读的流畅，也为了显得不那么学术腔，书中所引史料均未一一标明出处（现有各处注释大致上是属于作者自己的一种有限度的借题发挥），而只是在书的结尾处列出了参考文献清单，在此一并对往事的记录者和研究者们致以敬意。

时断时续，总共历时四年半，本书最终完成。付出这样一段长时间的辛劳，关于陈岱孙教授前半生故事的叙述，才称得上大致完整和较为精确。特别是在过去的四年半里，编织这个故事已经成为作者在一段特殊的人生境遇中的一种贯穿始终的寄托。当终于要为全书画上最后一个句号的时候，回想起神交古人的日日夜夜，曲终人散之感，怅惘无已。

书名取自一首著名的唐诗——故人西辞黄鹤楼，烟花三月下扬州；孤帆远影碧空尽，唯见长江天际流。作者以为，诗的意境能够为我们对本书主人公和他的同袍们的纪念增添一层温暖和富于希望的意味——他们虽然永别我们而去，但他们所在的地方其实离我们并不遥远，有历史的长河相连，他们的目光一直注视着我们的作为。

2013 年 12 月

第一章　青青子衿

（1900—1918）

对于这横逆和凌辱，我当时是毫无思想准备的。

庚子年

清光绪二十六年，庚子，闰八月二十七日，公历1900年10月20日，陈总，字岱孙，生于福建省闽县南台岛〔1〕上的螺洲镇店前村。

螺洲位于南台岛南端的水边，螺女江在此处汇入乌龙江。乌龙江流至三十里外的马尾港，与闽江合流，折向东北，再有八十多里便注入大海。

住在螺洲，出入皆需舟船。极目望去，绝无小桥流水景致，乃是大江大河气魄。《螺江陈氏家谱》上说，“江之滨，水木清华亭旧址岿然。……当夫暑雨乍晴，皓月初上，携斗酒挈良朋，驾一叶之扁舟，凌长江之万顷，风帆沙鸟，水色山光，历乱心目！……既而长歌返棹，徐步江干，则翠屏楼、向若楼、亦窥园诸精舍，诗书之声琅琅也”，“故生于其间者，阔达知大体，而少拘牵龌龊之习，其清淑之气所钟者，然也”。

螺洲文风极盛。世居于此的陈、吴、林三大姓，自明初以降，代代科甲，绵延不绝。至清同（治）光（绪）年间，又以陈氏最为显赫。但与此同时，国运却是一天不如一天了。

---

〔1〕**南台岛：**

闽江中的第一大岛。闽江流经福州段时，被南台岛分为南北两支。北支仍称闽江（或白龙江），南支称乌龙江，两支至马尾罗星塔复合，折向东北，在下游的亭江附近又分为两股，绕琅岐岛注入台湾海峡。南台岛在清时属闽县，民国时闽县与侯官县合并为闽侯县。南台岛于1970年划入福州市，属今天福州市仓山区。

陈岱孙出生时，慈禧皇太后和光绪皇帝正在西安避乱，已经住了一月有余。李鸿章则以老弱之躯从两广总督任上赶到满目疮痍的京师，就庚子事变的善后开始与“八国联军”谈判。谈判的最终结果是清政府在来年（光绪二十七年，辛丑，1901 年）7 月与十一国——奥匈帝国、比利时、法国、德国、英国、意大利、日本、荷兰、俄罗斯、西班牙、美国——签署了《关于赔偿 1900 年动乱的最后协定》，史称《辛丑条约》。根据条约第六款，中国应付各国战争赔款本金共计关平银〔2〕四亿五千万两，按当时汇价（关平一两合 0.742 美元）合 3.339 亿美元，年利率 4%，分三十九年还清，史称“庚子赔款”，简称“庚款”。

庚子赔款从 1901 年（光绪二十七年）7 月 1 日起算，至 1940 年（民国二十九年）6 月 30 日终止。在这三十九年里，中国政府要按照在《辛丑条约》中议定的还款计划，每年向战胜各国支付一定数额的赔款本金，以及未清偿部分的 4% 的年息。本息合计，庚子赔款总数达九亿八千二百二十三万八千一百五十两，合 728,820,707.30 美元。

庚子赔款中，美国的份额为本金 24,440,778.81 美元，本息合计 53,551,551.15 美元，占总数的 7.32%。其他各国，俄罗斯占 28.97%，德国 20.02%，法国 15.75%，英国 11.25%，日本 7.73%，意大利

---

〔2〕足色纹银 · 关平银 · 库平银：

足色纹银即纯度达 93.5374% 的白银。

关平银简称关银，又称关平两，是清朝中后期海关所使用的记账货币单位，属于虚银两。一关平两大致相当于 583.3 英厘或 37.79 克足色纹银。海关在征收关税时，要依据各地实际采用的虚银两与纹银的折算标准进行兑换，例如，100 关平两在上海相当于规元 110 两 4 钱，在天津相当于行化银 105 两 5 钱 5 分，在汉口相当于洋例银 108 两 7 钱 5 分。清末各地海关对外国商人往往采用比中国商人更为优惠的兑换率。

关平银所规定的含银量高于库平银。

库平银，简称库银，又称库平两，是清朝政府征收赋税和国库收支所使用的记账货币单位，也属于虚银两，也要依据各地实际采用的虚银两与纹银的折算标准进行兑换。中央库平一两相当于 575.82 英厘或 37.31 克足色纹银。

5.91%，比利时 1.89%，其余都不足百分之一。

几年后，在中国驻美公使梁诚（字义哀，号震东，广东黄埔人，1864—1917）的多方游说下，终于促成美国总统西奥多·罗斯福（Theodore Roosevelt，美国第 26 任总统）于 1907 年（光绪三十三年）12 月 3 日在国会宣布："我国宜实力援助中国励行教育，使此繁众之国能渐渐融洽于近世之文化。援助之法，宜将庚子赔款退赠一半，俾中国政府得遣学生来美留学，使修业成器，蔚成有用之材。"

1908 年（光绪三十四年）5 月 25 日，美国参众两院联合决议，授权总统批准将中国应付美国赔款本金总数减定为 13,655,492.69 美元（其中有 200 万美元属于提留款项，用于审理债务法庭在一年内收到的各类有关庚子事变的申诉以及支付相应的补偿，结余部分退还清政府），同时强调"退款办学"之旨。根据这个决议，中国应付美国赔款本金当中至少有 10,785,286.12 美元被正式豁免。

四岁时的陈岱孙

1908 年（光绪三十四年）年底，美国政府就庚子赔款的部分豁免（或者可称之为部分退还）制定《实施法令》：

（一）将《辛丑条约》项下的赔款偿还计划（本金按 24,440,778.81 美元计算）定义为"计划 A"，将修订后的赔款偿还计划（本金按 13,655,492.69 美元计算）定义为"计划 B"；

（二）中国仍照"计划 A"按期支付赔款，美国则将"计划 A"多于"计划 B"的差额，连同所对应的利息，按期退还中国；

（三）美国向中国退还部分庚款的计划，即"计划 C"，从 1909 年（宣统元年）1 月 1 日起算，至 1940 年（民国二十九年）6 月 30 日终止，历时三十二个年度。

美国退还赔款的本息合计数为 28,932,519.35 美元。清政府接受美国政府“提议”，将该笔退款专门用于培养中国留美学生。这项兴学计划的具体内容主要是“在京城外择清旷地方”建立一所留美预备学堂，每年派遣一定数量“质地聪明，性格纯正，身体强壮，身家清白，恰当年龄”以及完成预备课程的毕业生赴美留学，直至退款用毕为止。这所留美预备学堂最初名为游美肄业馆，后来，于宣统三年（1911 年）改称清华学堂，于民国元年（1912 年）改称清华学校。

由美国退还并用于中国学生留美的这笔庚款，也被算作是官费的一种。

出生于庚子年的陈岱孙，在民国九年（1920 年），庚申，二十岁时，在清华学校完成预备课程，经过甄别取得官费留美资格。于是，他成为 1911 年至 1929 年间，毕业于清华的 967 名“庚款留美学生”中的一员。

父系家世

陈緫，字岱孙，为螺洲陈氏家族第十九世成员，是第十五世陈景亮的直系后代。他这一辈的男丁俱为单名，名中有“纟”偏旁，表字也都带个“孙”。

抗战爆发后，陈緫发现“緫”这个字原来是一种被普遍采用的对军中高级将领的尊称，便觉得继续以这等尊称作为自己的大名颇有些不妥，遂渐渐改以字行。本书遵从他自己以及大家在抗战中开始形成的习惯，称抗战前的陈緫为陈岱孙。

陈岱孙的祖父陈宝璐在兄弟七人中排行第三。长兄陈宝琛（1848—1935），宣统帝师，同治戊辰科进士（二甲第二十五名），陈宝璐（1857—1912）与次兄陈宝瑨（1849—1933）同为光绪庚寅恩科进士，是所谓“兄弟三进士，同榜双夺魁”。老五宝瑀幼年早殇，老四宝琦、老六宝瑄、老七宝璜皆有举人功名。兄弟六人并称

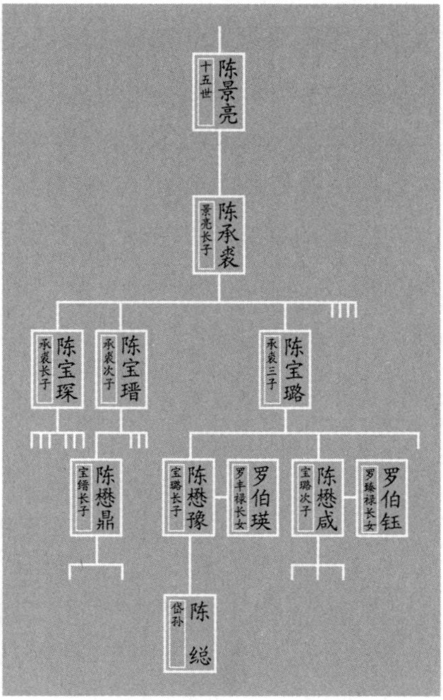

陈岱孙父系族谱简图
螺洲陈氏第十五世至第十九世

陈氏家族部分成员合影，中坐者为陈宝琛，右起第三人为陈懋豫（陈岱孙之父），摄于北平西城灵境胡同陈宝琛寓所，1930年代

“六子科甲”，羡煞乡人。

宝琛有六子十一孙，长房可谓人丁兴旺、枝繁叶茂。相比之下，宝瑨、宝璐两家就显得略为冷清。不过，二房长子懋鼎居然在光绪庚寅恩科与父亲宝瑨（三甲第五十六名）、叔父宝璐（二甲第一百三十二名）同榜高中进士，并且名次（二甲第一百二十七名）还排在第一，故二房在功名上比长房、三房更胜一筹。

宝璐的仕途表现很一般，但学问是好的。翰林院散馆[3]后改刑部主事，“未几，引归，一委于学，遂不出”，曾掌教家乡的致用书院，“为学原本经术，会通汉宋儒者之说，博极群籍，不轻易著述”，

---

〔3〕**翰林院·散馆：**

翰林院是中国古代培育最高级文官和涵养最高层次学者的摇篮。翰林院制度创自唐代，在宋代与科举制度接轨，在清代最为完备。“非进士不入翰林”“非翰林不入内阁”。翰林院官员产生于对新科进士的再次选拔。一甲进士三人直接入翰林，状元授修撰，榜眼和探花授编修。其他选入翰林院的新科进士被称为庶吉士，在庶常馆学习三年后再试，合格的原二甲进士授编修，合格的原三甲进士授检讨，称为留馆，余者外委他官，称为散馆。

入翰林院是古代读书人的最高梦想，世人对不能留馆的庶吉士也以翰林尊之。

有《艺兰室文存》《陈刑部杂文》存世。宝璐生有三子，长子懋豫（1878—1947）、次子懋咸（1881—1965）都是举人，这两个举人头衔对于螺洲陈氏家族而言实在无足轻重，仅仅是本房延续书香门第传统的一种象征，在宗祠的功名簿上又增添了两条记录，此外则鲜有实际意义。因此，作为三房子弟，陈岱孙说他出身于“一个中落的旧官僚家庭”。

陈岱孙的父亲陈懋豫（1878—1947）摄于1922年

陈懋豫和弟弟懋咸于清廷废除科举后一同前赴北京，就读于新设立的京师法律学堂。学成后，懋豫在两广总督衙门（广州）充任幕僚，民国初年回到原籍福州，在海军学校任职校长秘书。待到年届四十，他解去公职，专注于经营药材生意，在药商聚集的莆田名镇“店仔头”开有一家“常安药店”。

懋咸在安徽省高等审判厅任审判官，兼安徽布政司（掌管全省民政、财政的官衙）文案，民国后历任福建省高等审判厅审判官、江苏省高等法院苏北分院（淮阴）院长、汉口地方检察厅厅长、国民政府最高法院（南京）刑事第一庭首席推事（法官）、上海市第二特区（法租界）地方法院院长、最高法院刑事第一庭庭长等职。

岱孙是懋豫的独子，宝璐的长孙。宝璐自然极为期待岱孙能够“克绍家风”，岱孙则称祖父为“封建式家庭中的一个严厉的统治者”。

母系家世

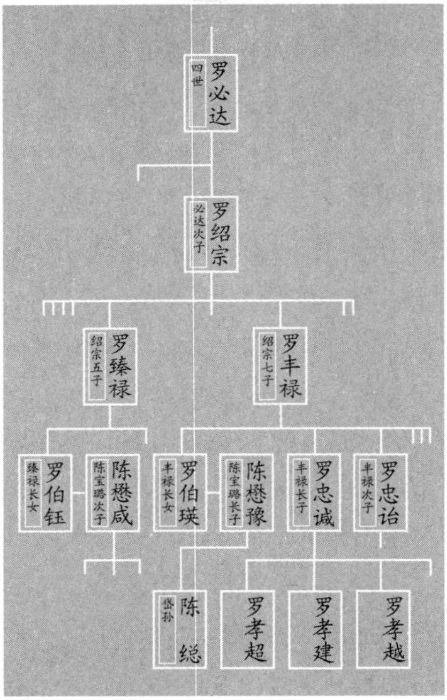

陈岱孙母系族谱简图
豫章罗氏第四世至第八世

陈家三房尽管中落，但却结了两门好亲，严格地说，是一门好亲。亲家是同乡另一望族——豫章[4]罗氏。长子懋豫娶了罗丰禄的长女伯瑛，次子懋咸娶的是罗臻禄的长女伯珏。

陈家世代科甲，属于中国传统士大夫阶层，作风保守古板。罗氏则迥然不同，属于在清末洋务运动中应运而起的新贵。

与螺洲陈宝璐结亲的罗臻禄、罗丰禄兄弟于同治六年（1867年）一起入读福州船政学堂[5]，为船政学堂的第一届

〔4〕**豫章：**

今天的江西省南昌市，唐代王勃所撰《滕王阁序》便以“豫章故郡，洪都新府”之语开篇。这里是天下罗氏的发源之地。

〔5〕**福州船政学堂：**

又称马尾水师学堂，是中国第一所近代海军学校，是中国现代海军的摇篮。

福州船政局和船政学堂（来源于大英图书馆馆藏资料）

学生，又于光绪三年（1877 年）一起被首批派赴欧洲留学。罗臻禄与魏瀚、陈兆翱等留学法国，罗丰禄与刘步蟾、林泰曾、严复、萨镇冰、

（接上页）1866 年，闽浙总督左宗棠奏准于福州成立船政局，制造船舰及火炮等军械。同年，左宗棠调往陕甘，沈葆祯任船政大臣，以马尾为基地兴建船坞以及相关海军设施，从欧洲聘请工匠及教习教授造船。同时成立“求是堂艺局”招收学员，培养造船和航海人才。首批考生多为清贫子弟，获首名录取者为严复。求是堂艺局于 1867 年年初开学，同年迁至马尾并改称船政学堂，分为“前学堂”“后学堂”两部，学制五年，导师全从外国聘用，使用外语及原文教材授课。

前学堂为制造学堂，学习法国，培养船舶制造和设计人才，又称“法语学堂”；后学堂为驾驶学堂，学习英国，培养海上航行驾驶人员和海军船长，又称“英语学堂”。前学堂学生毕业后派往船厂实习监工，后学堂学生毕业后则上训练舰实习驾驶，成绩最优异者再被送往欧洲学习。前学堂学生派往法、德各大船厂，后学堂学生派往英国皇家海军学校深造后再入英国海军见习。

1884 年“中法战争”爆发，南洋水师覆灭。1888 年北洋水师成军，于是南洋人员北调。自此，北洋水师骨干军官清一色都是从马尾训练出来的人物，及至民国，“福建帮”仍是海军中一大派系，连军官俱乐部内的通行语言都是福州话。船政学堂自开办至 1907 年停办，毕业生共 628 名。

1913 年，船政前学堂改为海军制造学校，后学堂改为海军学校。

陈岱孙的外祖父罗丰禄（1850—1901）

方伯谦、叶祖珪、林永升等留学英国，是中国留洋学生的老前辈。

罗臻禄（1846—1904）在船政前学堂学习轮船制造，留学法国改学矿务。回国后为船政局造过船，为湖广总督张之洞探过矿，甲午战争后当过山东矿务督办。

陈岱孙的外祖父罗丰禄（1850—1901）在船政后学堂学习驾驶，因成绩优异，加之英文特别好，毕业后破格留校担任教习。他以翻译身份与船政学堂第一批留学生同赴英国，其间入读伦敦国王学院（King's College，旧译“琴士官学”）学习物理、化学、气象学，同时兼任驻英、德使馆翻译，回国后任职南洋水师。南洋水师于“中法战争”覆灭后，罗丰禄被调往北洋水师营务处，成为北洋大臣李鸿章的重要幕僚，历任英文翻译、秘书、内勤总管、外交顾问、天津大沽船坞总办、天津水师学堂会办各职。北洋水师章程就是由他和丁汝昌、林泰曾、刘步蟾等共同起草的。

甲午战争（1894 年）中，北洋水师全军尽墨。十年间，罗丰禄亲历了自己参与缔造的中国两大海军的灭亡，作为海军将领的生涯于他而言是永远地结束了，于是改行跟着老上级干起了委曲求全的营生——中国第一代职业外交官。

光绪二十二年（1896 年），罗丰禄随李鸿章环游欧美诸国。其间，在俄国参加《中俄御敌互助条约》（即“中俄密约”，旨在针对日本）的谈判与签署。年底，罗丰禄出任驻英国公使兼驻意大利、比利时公使〔6〕。庚子事变（1900 年）后，俄国成为对中国最具威胁的国家。光

---

〔6〕**公使**：

根据 1815 年维也纳会议通过的《关于外交人员等级的章程》，外交代表分为四级，

陈岱孙的母亲罗伯瑛（1878—1967）
摄于1922年

绪二十七年（1901年），清廷调罗丰禄任驻俄公使，委他与俄国交涉归还东北三省事宜的重任，但他因病重未能成行。

罗丰禄的长子忠诚（陈岱孙的大舅）、次子忠诒（陈岱孙的二舅）毕业于英国剑桥大学，均承父业，为民国政府担任驻外使节。

大舅罗忠诚（1882—1971）当过驻伦敦的副总领事，育有四子三女。大表哥陈岱孙和这些表弟表妹们的感情极好。

二舅罗忠诒（1886—1963）长期担任驻丹麦公使（有零星史料记

（接上页）即特命全权大使、特命全权公使、常驻公使、代办。这种安排的实质意义是将国家分了三六九等。最初，大使仅在实行君主制的大国之间互派，君主制国家向共和制国家仅派遣公使。后来，君主国也开始逐渐向共和国派遣大使，但具有强烈的制度优越感的美国偏就不吃这一套，它在1893年以前一直只对外派遣公使，其理由是公使只需与驻在国政府进行公务往来，而不必参加君主及宫廷举办的典礼和仪式。

清末，中外互派外交代表，列强将中国视为二流君主国，派来的尽是公使，清政府采取对等原则，亦仅派出公使（对外称“二等出使大臣”，内部定级二品，其实这二品还是定得过高了）。

载，他也曾兼任驻荷兰公使），其间出任中国驻国际联盟第十五届大会（1934年）首席代表。1920年代初，当罗忠诒在北京外交部熬资格的时候，还与清华学校发生过一段哭笑不得的因缘，那时的陈岱孙正在校读书，他们舅甥二人的尴尬处境，本书将于下一章再表。

罗家生活方式十分西化，这是洋务派的职业特征。住洋房，坐洋车，穿洋服，用洋玩意儿，吃洋餐，小孩子出生后都起个洋名字。

罗丰禄的长女、陈岱孙的母亲罗伯瑛（1878—1967，中年后改名罗英）自小跟随父亲在天津长大，能说一口地道的天津卫土话，她在跟陈懋豫完婚前方才回到福州定居。伯瑛自小读书识字，颇通文墨，但出生的年代毕竟还处在西风东渐的早期，无奈自小就被裹了一对末代小脚，后来尽管放了足，但对于娘家弟弟妹妹们玩得兴高采烈的时髦运动，只有看看的份儿，不免引为终身之憾。

父系如螺洲陈氏，母系如豫章罗氏，陈岱孙在那学贯中西的一代人杰当中，论从娘胎里带出来的先天条件，鲜有人能够与之匹敌。

末代旧学生

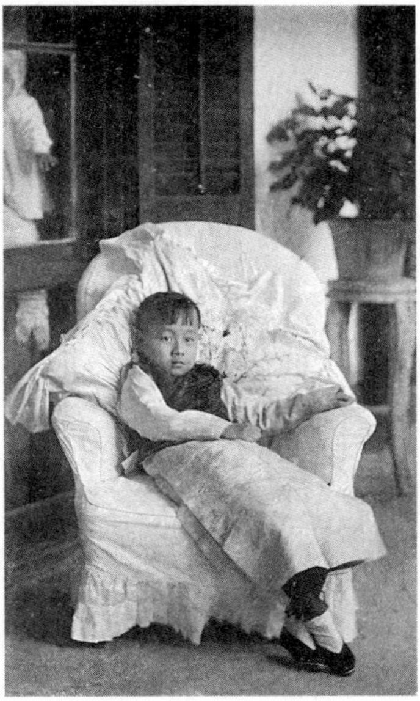
七岁时的陈岱孙

光绪二十七年（1901年），清廷在科举考试中废除了八股文。四年后的光绪三十一年（1905年），经直隶总督兼北洋大臣袁世凯奏请，慈禧皇太后以光绪帝名义发布上谕，“着自丙午科（注：次年）为始，所有乡会试一律停止。各省岁科考试，亦即停止”。自此，在中国延续了一千多年的科举制度宣告废除。

这道上谕对于陈岱孙的祖父陈宝璐是一个沉重的打击。但想到科举制几年前曾在“百日维新”时一度被废，而在“戊戌政变”后又得以恢复，他仍然执意坚持把六岁的长孙送入私塾。就这样，陈岱孙没有进入当时为数还不多的新式学堂，而自光绪三十二年至民国四年（1906—1915），上了九年半的私塾。

私塾内教授的主要是经史，辅以诗文。进私塾前，陈岱孙已经学过若干方块字，背过《三字经》《千字文》《千家诗》等幼儿读物。入私塾后，先读四书——《论语》《孟子》《大学》《中庸》，念完四书便开始读十三经[7]。其中，《论语》《孟子》《孝经》在刚入塾时就已经读过，《尔雅》是古代的词典，没法当书来念，其余则都通读了一遍。

读经之外主要读史，通史念过《纲鉴正史约》《纲鉴易知录》《资治通鉴》《通鉴纪事本末》等，断代史主要念四史——《史记》《前汉书》《后汉书》《三国志》，其他还有《战国策》《国语》等。

诗文是辅科，没有一定的教材。古诗似乎不受重视。古文是由先生在各种文集中选出文章作为课文，时代的范围很广，从秦汉至明清都有，选得最多的是唐宋八大家的作品。古文太严肃，少年陈岱孙对骈体散文大感兴趣，觉得这才富于文采。

四书是要背的。诗文是要背的。大部分经是要背的。史是不要背的。

入私塾三年后，陈岱孙开始学做文章。先写日记、游记一类写景和叙述性的，然后才写较为抽象的带有思辨性的文章：义（代圣立言）、论（历史评论）、策（时事对策）。“史无前例的‘文革’十年动乱中，看到了、听到了一些对于‘经典著作’中某些词句及几种‘语录’的所谓‘活学活用’的文章和报告，我有一种似曾相识的感觉，但自顾年龄老大，赧于再为‘冯妇’了。”

陈岱孙在塾中年龄较小，但因家学渊源，天分又极高，应付课程对他来说不在话下，于是一到课余便钻进家中的藏书阁楼广览闲书杂书。这些书，一类是传奇性的历史或历史性的传记；一类是诗词、戏曲，此外还兼带几种子书，如《道德经》《南华经》等；还有就是小说，从中国古典小说到西洋小说的早期译本，陈岱孙看了不下一百种。其中一定颇有些是属于少儿不宜的，例如闽县同乡前辈林纾（字琴南，1852—1924）用文言福州话所翻译的法国小说《巴黎茶花女遗事》。

尽管如此，陈岱孙没耽误过功课，没挨过竹板子打手心，于是颇有骄矜轻狂之气。十二岁那年的端午，师生互赠节礼，塾师石卓斋赠

---

〔7〕十三经：

十三部儒家经典，包括《周易》《尚书》《毛诗》《周礼》《仪礼》《礼记》《春秋左传》《春秋公羊传》《春秋谷梁传》《论语》《孝经》《尔雅》《孟子》。

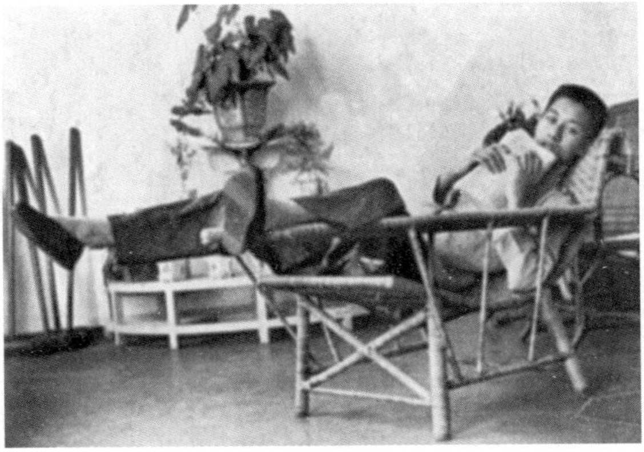

少年陈岱孙

岱孙团扇一把，上面画着棵松树，树上一只仙鹤，题诗云，“本是龙门诩李膺，虬枝得所气休矜；人间饮啄原前定，不露聪明即寿徵”，大意是，家世越显赫，天资越聪慧，做人就越要低调。这一训诫，使岱孙羞愧难当，“一直记着，不敢忘”。

在私塾学童们的琅琅书声中，宣统三年（1911 年）过去了，大清朝终于还是亡了。

半途出家的新学生

经过南北议和代表磋商，民国元年（1912 年）2 月 9 日，南京临时政府向清政府致送定稿的优待清室各项条件。12 日，隆裕皇太后代表清廷认可这一条件，并于次日公布，同时宣布宣统帝逊位。

优待清室条件共包括三个部分，根据其中的《大清皇帝辞位之后优待之条件》[8]，紫禁城内一如既往，仍用宣统年号纪元，溥仪仍旧可以发布上谕，宫内各官署照常运作。陈岱孙的伯祖陈宝琛也继续为溥仪当着帝师，并在民国十年（1921 年，宫内称宣统十三年）获授太傅头衔（此头衔是否应当冠以“伪”字，实在两可之间）。陈宝琛寿享八十七岁，他在余生中一直以大清朝的孤臣自许。

陈宝琛的三弟宝璐则是愿为孤臣而不可得，在宣统帝逊位后便一病不起，于是年年底溘然长逝，终年五十五岁。陈岱孙随即剪去了脑后的小辫子，此举在新风气姗姗来迟的螺洲，堪称“少年革命党”的

---

〔8〕**《大清皇帝辞位之后优待之条件》**：

一、大清皇帝辞位之后，尊号仍存不废，中华民国以待各外国君主之礼相待；二、大清皇帝辞位之后，岁用四百万两，俟改铸新币后，改为四百万元，此款由中华民国拨用；三、大清皇帝辞位之后，暂居宫禁，日后移居颐和园，侍卫人等，照常留用；四、大清皇帝辞位之后，其宗庙陵寝，永远奉祀，由中华民国酌设卫兵，妥慎保护；五、德宗（注：光绪帝）崇陵未完工程，如制妥修，其奉安典礼，仍如旧制，所有实用经费，并由中华民国支出；六、以前宫内所用各项执事人员，可照常留用，惟以后不得再招阉人；七、大清皇帝辞位之后，其原有之私产由中华民国特别保护；八、原有之禁卫军，归中华民国陆军部编制，额数俸饷，仍如其旧。

勇敢举动。

陈岱孙的祖父陈宝璐（1857—1912）

严厉并且守旧的家长宝璐去世后，懋豫、伯瑛夫妇悲伤之余，不免在暗地里松了口气，现在终于可以重新考虑儿子岱孙的教育问题了。顺应潮流，让岱孙转到新式中学就读，已经再也容不得半点犹豫和拖延，但是，要考进新学校，私塾里的学问是不够的。

民国二年（1913年）旧历新年过后，陈岱孙感到读书生活发生了重大变化。石卓斋先生年前辞馆走了，新来了老师。关于私塾内的学业，师生都明显是在敷衍，而在私塾之外，父母另请来一位新式小学的教师为他开小灶，补习英文、算术。就这样，双轨制的教育进行了两年半，陈岱孙去考新学校了。

所说的新学校，是指在福州赫赫有名的鹤龄英华学校，属基督教

福州鹤龄英华学校校内小教堂，摄于1920年（英华学校原址目前为福州高级中学使用，小教堂仍在，改为体操馆）

少年陈岱孙

卫理公会，由信徒张鹤龄于清光绪七年（1881年）捐资创立，故冠名“鹤龄”，校名英译为“Anglo-Chinese College”。英华原本的确是一所“College”，学制八年，自认其最高的两年级相当于大学一二年级，但在陈岱孙投考前夕，它的七八两个年级被整体剥离，并入福州当时新成立的一所教会大学，英华则相应地退而改为六年制中学。

英华学校建在南台岛北部、闽江南岸的仓前山上。清道光二十二年（1842年），中英签订《南京条约》，福州被列为“五口通商”之一，这一溜儿原本清静的小山坡便逐渐成为外国领事馆或代办处聚集的地方。坡上坡下随之建起外观各异的西式建筑，有住宅、教堂、学校、图书馆、医院、报社、洋行（就是今天所说的“公司”）等，风气时髦，远近闻名。

陈岱孙的舅舅们就住在仓前山的一栋大洋房里，离学校咫尺之遥，罗家子弟清一色是英华校友。陈岱孙在这里就读时，尽管学校有宿舍，但也常在罗家吃住。

民国四年（1915年）秋，陈岱孙时年十五岁，考入英华学校三年级（相当于初三）插班，但他自觉“耽误太久了，年纪太大了”，已不愿按部就班再念四年中学。对于陈岱孙这样的情况，学校采取了特事特办的做法，为旧塾出来的学生安排了三场中文特别考试。考试合格者可以成为“专读生”，免修各年级的全部中文部课程（国文、经书、中国史地等）而专修外文部课程（英文、外国史地、数、理、化、生等），如此便可大大缩短上学的年限。但是，如果不能通过特别考试就惨了，即使入学考试成绩都及格也不能被录取——别说专读生，想退而求其次改上普通班也不行，根本不能入学。

陈岱孙等一批旧学生经过激烈的思想斗争，决定背水一战，参加特别考试。结果，三场考试的内容原来就是写三篇文章，经义、史论、时事对策，陈岱孙驾轻就熟，轻松过关。他对此比较得意，“虽然对于学校中的所谓‘新学’的学习，我是‘半途出家’的学生，然而‘半途出家’前九年半的私塾内外的学习并不妨碍我对于后此‘新学’的进修”。

但接下来赶时间的日子实际上一点也不轻松。在所有“西学”课程中，其他还好说，数学让他最为头疼，跟着不同的年级上课，不光是代数与几何同时念，而且是上半部的代数与下半部的代数同时念，上半部的几何与下半部的几何同时念。尽管临时抱佛脚应付考试不成问题，但毕竟煮的是一锅夹生饭，从此畏难，断了日后学理工科的念头。终其一生，陈岱孙在经济学的研究和教学中也一直与过度精致的数量分析方法保持着距离。

陈岱孙连蹦带跳，只花了两年半时间便修完了外文部四年的课程，于民国七年（1918 年）年初从英华学校毕业。除了数学没学好留下了遗憾之外，还有一件事令他觉得糊里糊涂——“我不知道我应该算哪一级毕业班的毕业生。我随之在 1918 年 2 月领取毕业证书的那一班级，显然不是我于 1915 年秋季入学时插入的那个班级。在这两年半的过程中，我经常是上午和某班级一起上课，下午又和另一班级一起上课。但似乎也没经过明确的手续，认为我已从某班级转入或升入某班级。因此，我似乎只有某课某课的同班而不能肯定地说有同属于某级的同级。然而，有幸的是，我随之而毕业的是英华学校第一个六年一贯制毕业班，我相信，从一开始就没有人否认我这一身份不明的人为级友。”

附：《乡声》（作者陈岱孙，原载《福建画报》1984 年第二期）

我原籍福州。1918 年至 1926 年外出求学，其间有六年（1920—1926）负笈国外，只有 1919 年和 1920 年暑假回过两次家。从 1926 年学业结束后，五十多年来，我一直旅食他乡，回里的次数极少。

我最近一次到福州是在 1948 年的夏天，算起来也是 35 年前的事了。记得，前于此的一次回家是在 1932 年，和这次相隔 16 年。〔9〕

1948 年，我乘飞机在福州南乡机场降落。下机后，我强烈地受到古人曾说过的“童稚皆作故乡之声”的一种说不出的感触。一方面是亲切；另一方面又觉得陌生。这种似乎总是互相抵触而不大习惯的感觉一直陪伴我在福州一个多月的勾留。

方言的乡声没有变。在 1948 年，福州的都市面貌、人民生活也似乎和我童年所知道的没甚变化。但我仍然感到似乎有些不可捉摸的东西是在变。只就乡声来说，有一种我青年时所习惯的熟听的，从广义上说也是一种的乡声，这一次却听不见了。这就是闽江上下水船船工们的号子歌声。

闽江流经闽西北山谷中，到了近省城一段江面骤趋平阔。春夏间江水大涨，上流的木排，夹杂着小木船，随着溪水下放，到

---

〔9〕陈岱孙 1932 年和 1948 年的两次返乡：

陈岱孙自 1927 年起任教清华大学，至 1932 年，服务满五年之际，根据学校规定，可以享受为期一年的休假。这年暑假，他先是回乡省亲，之后利用年假赴欧洲为写作《比较预算制度》搜集资料，并出席 1933 年于伦敦召开的国际经济货币会议，以及于加拿大邦佛召开的太平洋国际学会双年会。

1948 年暑假，陈岱孙 16 年后再次返乡，这一回是他陪同母亲，护送父亲陈懋豫的灵柩回故里安葬。

了江面平阔的水域，便争流而下。就在这时候，木排和小船上的号子歌声就迷漫江上；先自远而近地越来越响亮，然后又自近而远地从轻到消失。

我青年时所上的那一所中学位在闽江的南台岛上。我们的宿舍北面临江。在春夏间，我们几乎每天下午都听到这来自闽江上游的木排和小船的号子、歌声；沉郁但又带着豪放。当时，我觉得这号子和歌声有一种说不出的感人魅力。

这次回乡，我借住在一位亲戚家里。他的家去我的母校不远，也面临江水。夏天，季候是对的。我期待着再一次领略这难忘的号子和歌声，但失望的是，在我住下的几星期，我根本没有一次听见过这种乡声。我也曾向人打听过，但没人能说出其所以然。也许在当年有这种号子歌声的年月里，他们就是听而不闻，根本对之没有任何印象罢了。

现在去 1948 年已是 35 年了。从家乡来的人说，三十多年来，家乡的变化很大。真想有机会能回去看看。虽然童稚故乡之声将仍会是亲切而陌生，但故乡的面貌和生活，都会是虽陌生而更亲切。只是不知道江上的号子、歌声是否终于销声匿迹了。

考清华去

民国七年（1918年）春，陈岱孙查阅了当时全国差不多所有高等院校的章程和招生简章，最后选定清华学校、北京大学、金陵大学（南京）、东吴大学（苏州）、圣约翰大学（上海）、沪江大学（上海）为投考对象。

当时我国并未实行全国统一的“高考”制度，而是由各高等院校分别各自招生。为了方便考生应考，各校在考期上似乎有某种默契，尽量地错开，考生也尽量多参加几个学校的入学考试，以增加被录取的机会，或者，倘若为一个以上的学校所录取，还可以增加选择的机会。上海之外各高校的入学考试，除了在其本部所在地设考场外，大都在上海另设一考场，这是由于此地交通便利，易于吸收生源。

陈岱孙按照选定的几所学校考期的先后，为自己排出一张应考表。清华学校在6月中旬，为各校中最早。他从福州坐海船到上海，考期大约四天，考完后即回福州，因为其他各大学的入学考试都要晚至七八月份才举行。

自从清宣统元年（1909年）起，美国开始向中国按期退还庚款，相应地，清政府外务部、学部联合奏请设立游美学务处，附设肄业馆。游美学务处是一个管理机构，“专司考选学生、管理肄业馆、遣送学生及与驻美监督通信等事，并与美国公使所派人员商榷一切”。学务处专设游美学生监督，管理在美留学生，安置学校，照料起居，稽查功课，收支学费。肄业馆则是一所功能单纯的留美预备学堂，“专为已经选取各省学生暂留学习”。

留美学生名额是根据当时各省实际负担庚子赔款的数额按比例分配。每个省每年从五六名到十余名不等，江苏、浙江、四川人数较多，江苏最多，有二十六名；甘肃、贵州、云南、新疆等省的名额很少，而新疆则少到每隔几年才轮得一名。

大清朝最后三年（1909—1911），中国向美国派出前三批留学生，每年一批，第一批四十七名，第二批七十名，第三批六十三名，计一百八十名。录取前三批时，肄业馆尚未开张，所以一待录取便直接送走，他们被清华称为“史前期校友”，当中有金邦正、梅贻琦、张子高、秉志、赵元任、张彭春、竺可桢、胡适、杨光弼、虞振镛等人。

游美肄业馆馆址位于京城西北郊的清华园，原计划于宣统二年（1910年）秋季开学，但由于馆舍不能按时完工，延至年底开始招考入读学生，来年春季开学。

肄业馆学额五百名，学制八年，初等科（后改称中等科）四年，高等科四年。前六年相当于中学的六个年级，高等科三四年级则相当于大学的一二年级。高等科分为文科、实科（理工科的旧称），教授美国大学一二年级的必修课。

便在此时，当局者意识到，经过一年多的筹备，游美肄业馆的性质已经悄悄地发生了变化，学堂的设计规模远远超出了仅为留美而预备的初衷，而根本就是一所准大学了。庚款总有花光的一天，学堂则是百世的基业。念及此节，游美学务处总办周自齐（字子廙，山东单县人，1871—1923）没有丝毫犹豫，立即向学部、外务部呈文，请求将肄业馆更名清华学堂，不出一个月，学部回文核准。

宣统三年三月十三日（1911年4月11日），外务部、学部联合奏请清华学堂订章开学，朱批：“依议，钦此”。四月一日（公历4月29日，星期六），学堂正式开张。此后，清华定每年4月的最后一个星期日为校庆日，到2011年4月24日，清华已满整整一百岁了。

开学后不久，国家改朝换代。好在以清帝逊位以及优待条件生效为标志，辛亥革命总体上是一次我国史无前例的政权和平交接，国内大部分事业得以赓续。

清华学堂既立，游美学务处便已完成历史使命，再无存在之必要。

清华学堂校门（清华大学校史馆提供）

民国元年（1912 年）5 月，外务部、学部联合宣布裁撤游美学务处，其一切职权归清华学堂。又过半年（外务部已改名外交部，学部已改名教育部），根据教育部《普通教育暂行办法通令》，清华学堂改名为清华学校，学堂“监督”改称“校长”。

根据我国历来的“条块式”行政管理模式，清华学校在“业务”上“归口”教育部管理。不过，由于庚子赔款首先是个外交问题，外交部掌握着美国退还的款项，自然牢牢控制了清华的财务权、人事权。随着游美学务处的裁撤，清华顺势改为由外交部专辖。

陈岱孙于民国七年（1918 年）年初从英华学校毕业后，在家忙了半年，除了备考，还要按照清华的要求，准备一些此前闻所未闻的申请材料。那段时间里，陈岱孙常想，远在天边的北京是个什么样子，京城里的人们又都在做些什么呢？

外面的世界（之一）

清华作为当时全国唯一的官费留美预备学校，对于考生资格的要求十分苛刻——

报考高等科一二年级（相当于高二、高三）的学生，年龄限制为十五至十七岁，报考高等科三年级（相当于大一）的学生，年龄限制为十七至十九岁，已婚者不得报考，须知在当时的中国，十八岁已算大龄青年，幸好陈岱孙是光棍一条；

即使报考高等科一二年级，也要求考生的学历都是中学毕业，“英文至少须读过 Chambers’ 或 Baldwin’s 读本七册或其他同等之读本七册，此外须习过纳氏（注：Nesfield’s）文法四册、卫生、生理、地理及代数等书”；

报考高等科三年级的，则“应查照学科单量力而行”；

考生不但须提供中学成绩单，还要提供所毕业中学的章程，所幸英华为东南名校，资质无可指摘，那要是个混文凭的地方，可能清华会直接把陈岱孙的报考申请扔进纸篓；

考生体格相貌不得有缺陷，陈岱孙本是身材高大、体格健壮的英俊少年，但还“须请欧美著名医科大学毕业之医生，将本校所寄体质证书用英文详细填注，并亲自签名证实”；

报名费五块银元〔10〕，而且“无论届时应考与否，录取与否，概

---

〔10〕民国初期的银元：

1914 年，民国颁布《国币条例》，确立银本位的货币制度，定国币“壹圆”重七钱二分，含八成九的银，一成一的铜，即含纯银六钱四分八厘（23.90 克），有袁

洪绅，摄于1920年

不退还”……

如此种种，不一而足。

可见还未开考，清华便将当年在中国本属于凤毛麟角的中学毕业生又狠狠地筛了一遍，无怪乎在世人眼中，能考进清华学校就相当于进了前清的翰林院了。终身担任大学教职的陈岱孙在晚年总说，“得天下英才而教育之，不亦乐乎”，这“英才”二字在他嘴里可不是随便说说的。

该寄的东西都寄走了，5月底，总算等来了准考证。

6月，陈岱孙平生第一次出远门，从福州坐船来到大都会上海，在四川路的基督教青年会附中考场参加清华学校高等科插班考试。清华在北京本校以及上海、汉口、广州三地的青年会分设考点，招收中等科、高等科插班生。陈岱孙根据中学毕业时的功课衔接情况，“量力而行”，直接报考高等科三年级。

在考场里，陈岱孙巧遇他的中学同级校友洪绅（洪业之弟）。洪绅在英华学校的成绩突出，是陈岱孙自愧不如的。这次来考清华，一贯谨慎的洪绅报的是高等科二年级，这让陈岱孙感到大有压力，觉得自己太不自量，但已无法退步，只有硬着头皮考下去。

按照考试规则，在三天半的时间里，陈岱孙用毛笔完成了国文、中国历史、中国地理、中国文学史的考试，用钢笔完成了西学各科的

（接上页）世凯头像，俗称“袁大头”。

实际上，民国初年的货币还是“两、元并用”。因为各种流通的银元如“袁大头”“鹰洋”（墨西哥独立后铸造，含银九成，有鹰为标记，清朝后期输入中国并流通）“龙洋”（清政府自1909年起铸造并统一发行，成色与外国银元相似以抵制白银外流，上有蟠龙像）等，在成色、重量上均有不同，故大宗交易仍然会使用银两为记账单位。不同的银元换算成银两，各有不同的折算比率。

考试，买了船票准备回家。未来的一两个月当中，他可能还要第二次、第三次赴沪参加其他各校的入学考试。

可就在上海滩的最后一个下午，出了件让陈岱孙感到“刺心刻骨”的事。

陈岱孙走出位于英法租界交界处三洋泾桥附近的客店，来到外滩散步。在公共花园（外滩公园）门口正待步入，“忽然看到放在草地前沿的一块白底黑字的牌子，上面写着‘华人与狗不得入内’几个大字，对于这横逆和凌辱”，他“毫无思想准备”，“陡然地止步了，瞪着这牌子，只觉得似乎全身的血都涌向头部。在这牌子前站多久才透过气来，我不知道。”

在仓前山读中学时，陈岱孙也见识过洋人趾高气扬的做派，以及他们对中下层华人的处处轻视，但如此针对全民族的极端凶狠的侮辱，他还从来未曾领教。这位养尊处优的世家子弟，至此方才懂得报章书本上所说的举国沦丧的真正含义，至此方才懂得他和他所出身的阶级决不可能在举国沦丧中独得幸免。

在第二天回家的船上，陈岱孙已经不是几天前的那个陈岱孙了。他审视着自己方才报考的清华学校所代表的意义——这学校就是用他出生那一年发生的庚子赔款建立的，假定自己被录取，在那里读上两年后，顺利的话，他将要靠这赔款去出洋，去读洋书。那赔款的数目被确定为四亿五千万两，乃是基于对当时中国人口的估算数，按每名中国人赔付一两计算。这是多么深重的国耻！

吾土吾民，何以报之？奇耻大辱，何以雪之？像这样的问题不仅萦绕在陈岱孙一人的心头，这更是清华与生俱来的问题，每个清华人都必须面对。

民国三年（1914 年），梁启超在清华学校的一次演说中解释君子之道，他引用《易经》“乾相曰天行健君子以自强不息，坤相曰地势坤君子以厚德载物”之语，勉励清华学人“自强不息，厚德载物”，为社会表率，做中流砥柱。

民国九年（1920 年），当陈岱孙和他的庚申级同年伙伴们完成了两年的“预备”，走出清华园的时候，他们看上去也找到了答案——“行胜于言”。

清华学校的考卷评阅效率很高，7月初陈岱孙就收到了录取通知。在两位供职外交部的舅舅的力主之下，岱孙决定不再报考其他各校，就进清华，以图两年后出洋留学。懋豫、伯瑛夫妇没什么主意，于是从善如流。

清华对于通过插班生入学考试的西学各科，一律依同等程度对应为本校每周学时，以便在学生未来毕业时再将其折算为学分。

清华学校插班生入学学分折算表

高等科三年级插班生入学考试西学科目	折算清华学校每周学时	高等科三年级插班生入学考试西学科目	折算清华学校每周学时
英文	8	平面几何	4
生理卫生	4	立体几何	2
初等代数	4	古代和中世纪史	4
中等代数	1	现代史	4

洪绅当然也在清华录取名单之中，但两人差了一个年级。陈岱孙一方面为自己高兴，一方面又为洪绅的谦虚而感到惋惜。他俩结伴北上，到京后洪绅立即去清华园报到，陈岱孙则因在火车上感染了沙眼，在城里亲戚家隔离治疗，迟至开学三星期后才到校。在这段时间里，洪绅向清华教务处陈情，说明其与陈岱孙在中学为同级，提出升入高等科三年级的申请。鉴于他入学考试成绩优良，校方特准了他的申请，于是二人又成为清华同级校友。

两年后，洪绅与陈岱孙同船赴美留学，他入读的是伦斯勒理工学院（Rensselaer Polytechnic Institute）土木工程专业。1930年代，洪绅一度于国立清华大学土木工程学系任教。1955年，他在台湾任清华大学研究院筹备委员会委员，同时担任委员的还有梅贻琦、蒋梦麟、浦薛凤、钱昌祚等。

第二章 行胜于言

(1918—1920)

我当时总觉得我们似乎有一个基本问题需要解决。

北京城外清华园

民国初年的北京是座很奇特的城市。

这里是新生的中华民国的首都，是民国中央政府所在。但市中心的紫禁城仍是清逊帝溥仪的领地，每逢逊帝生辰或旧历新年等重要节日，民国总统都要派专使前往道贺，有前清功名以及在前清任过官职的民国政府高级官员也会时常进宫，以个人名义向“大清皇帝陛下”致敬，溥仪往往回赠御笔福寿字以示赏赐。对于紫禁城这个国中之国，北京的百姓倒也安之若素，习以为常。

东交民巷是北京的另一个国中之国，大多数外国使馆都在此区。根据《辛丑条约》，它归外交团管辖，外有高墙环绕，四周有缓冲地带，区内的市政管理完全由外交团掌握，北京的警察未经允许不得入内。大多数使馆都有自己的警卫，其中，日本使馆常驻的武装人员最多。驻华外国公使中不乏一些重要人物：英国公使朱尔典（Sir John N. Jordan）从清末开始就担任外交团团长，与袁世凯大总统私交甚笃，在北京地面上十分显赫；美国公使芮恩施（Paul S. Reinsch）是威尔逊总统（Woodrow Wilson，美国第28任总统）的密友，交游广阔，人缘极好。

北京无处不显示出作为一个处于历史转型期的大都会的特色。

政府高官和外交代表出行有马车，大清遗老遗少则坐轿子，普通市民或乘人力车，或乘骡车，那时候京城里还没有电车和巴士。

社交宴会有西式的，也有吃中餐的，总统府招待蒙藏王公们的宴会则完全沿袭前清旧制。大总统一个人占一张桌，面南背北，左右下首各有八到十桌，每桌六人，六道菜，主菜是烤羊肉。

国人参加社交活动的着装和礼节，既无定规，也就混乱不堪。有穿常礼服、条纹裤，但不带硬领的，也有不把衬衣塞进裤子里，下摆拖露在礼服外面的；女士穿着宽松肥大的中式衣裙，却戴了饰有花果的西式女帽。主人发出邀请，如果是西式宴会，请柬上的钟点一般比较精确可信，如果是中式宴会，时间是按中国传统的十二时辰约定，相当不容易掌握。见面打招呼的方式也五花八门，有时候是鞠躬、握手，但在某些场合，人们还是更愿意作揖、打千儿。

妇女的地位提高了很多，在公共生活中开始抛头露面，甚至国会中都有了擅长演说的女性议员。父母的遗嘱如果在财产分配问题上对已出嫁的女儿有所歧视，一旦发生纠纷，法院将按照新颁布的法律，判决原有遗嘱非法，并责令已经分得财产的继承人退还部分财产，补足已婚女儿应得的一份。

官方行文完全沿用旧式文体，唯一变化的就是官衔称呼——过去的奏折和呈文现在是递给总统和国务总理。官方集会仪式中，叩头是免了，但官员的家里仍遵旧习。归国留学生主要在外交部和交通部任职，其他部门仍像自古以来那样墨守成规。

曾先后就读于耶鲁大学和威斯康星大学的清华学校校长周诒春发起成立了留美同学会，他通过一些满族朋友的关系获得了宫内管理机构的许可，在太庙东门找到几间不花钱的房子（今天的南河沿大街111号）作为会址并建起一所图书馆。美国公使芮恩施帮助留美同学会从卡内基基金会申请到大约五千美元的资助，用来整理房舍以及购置外文图书。同时期，北京的留英学生和留学欧洲大陆诸国的学生也分别有自己的团体，经过一番游说和斡旋，最后，三个同学会合并成为“欧美同学会”。欧美同学会成立之初，留美学生有将近九十人，留英的五十五人，留学法国、比利时、德国的一百人。留美学生人数还不多，只因当时清华学校成立不满五载，年头尚短。1950年代中期，陈岱孙担任欧美同学会主任委员，主持会务，根据“形势发展的需要”，把留学苏联和东欧的学生也算了进来。

作为新生事物的鸡尾酒会，由美国公使首倡，在北京刚刚兴起。

它既不是招待会，也不是宴会，一般是下午六点至八点，正好在下班以后、晚饭以前，客人着装随意，来去自由，一时大受欢迎，渐渐成为风尚。

那时候，出了北京城（城墙的位置就在今天的二环路一线）就到乡下了，放眼一望，好一派田园风光，野趣盎然。天气好的话，出了西直门就能望见三十多里外绵延在地平线上的群山，沿着长河（大致是今天昆玉河的北段）往西山方向走，一路上有高梁桥、五塔寺、白石桥、紫竹院、广源闸、万寿寺、麦钟桥、长春桥等景点，两厢是魏公村、北洼、板井、黄庄、万泉庄等一些零星的村落。行至半途，但见山前是左右望不到边的郁郁苍苍的茂林修竹，中间隐约有些亭台楼阁，走近了还能感觉到湖水沁凉的味道扑面而来。这一带便是清朝皇室行宫和皇家园林集中的地方，有大大小小数不清的园子，所有这些园子都可被理解为是广义的圆明园的组成部分，清华园就是其中的一个。

圆明园始建于康熙朝，经雍正至乾隆年间达到全盛，其周边外围

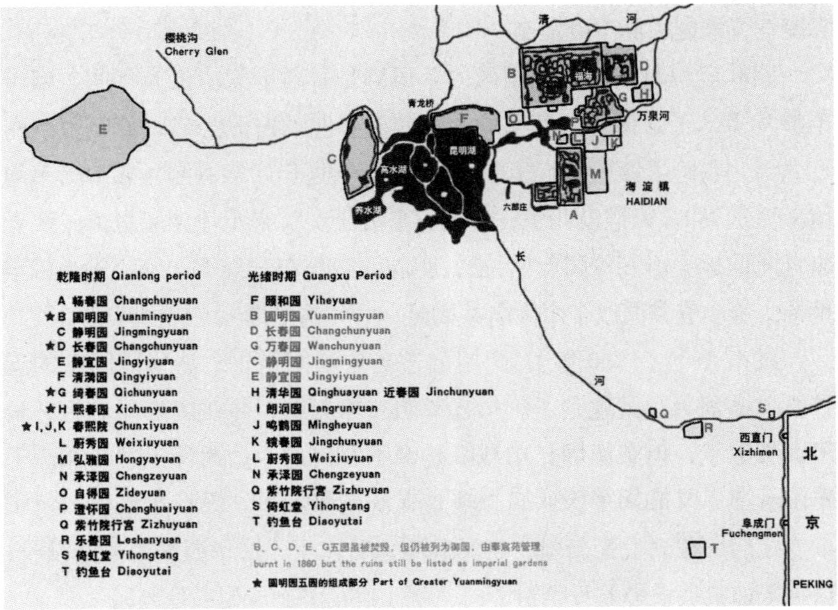

京城西北郊的皇家园林（来源于公开资料）

京城通往西山的路（来源于大英图书馆馆藏资料）

的一些园子经常作为皇帝的恩赏，被赐予宗室亲贵，它们的归属和地界变迁，来龙去脉十分复杂。

园林资源有限，皇亲国戚的队伍则是日益庞大。道光年间，园子不够赏了，于是皇帝把其中一个叫作熙春园的一分为二，西半边改叫近春园，赐给了四弟绵忻（瑞亲王），东半边仍叫熙春园，赐给三弟绵恺（惇亲王）。绵恺没儿子，过继了皇五子奕誴继承惇亲王世爵，熙春园自此俗称“小五爷园”。后来，奕誴的四哥奕詝继承大统，成为咸丰皇帝，给小五爷园改了个大名并赐匾——“清华园”。

咸丰十年（1860 年），圆明园遭英法联军纵火，清华园隔壁的近春园也遭劫掠，就此荒了。小五爷园安然无恙，并在奕誴死后为其长子载濂继承，但载濂的兄弟载漪是个不争气的，贵为郡王，却在庚子年跑去当了义和团的大头目，还带人到清华园里“设坛举事”。“庚子事变”后，载漪发配新疆，哥哥载濂也受连累，清华园被内务府没收，让一帮如狼似虎的差役给封了门，就此也荒了，成为一处废园。

房子一旦没人住，很快就不行了。不仅内务府经常来此就地取材，百姓也会时不常溜进来顺走点石料、木料、门窗什么的回去盖房子用，或者搞一点奇花异石去卖给大户人家点缀庭院。清华园、近春园如此，圆明园最终变成一片无可收拾的废墟，亦是如此。

清华园荒了近十年后，被外务部看上用于兴建游美肄业馆，因为此地十分“清旷”，“于卫生最为合宜，且与京张铁道路线距离仅有半里，往来亦称利便”。宣统元年（1909 年）具奏，朱批“著照所请”。

奉上谕，内务府奉宸苑（注：皇家园林管理处）将清华园资产造册移交。交接清单载明：园子边界“南面墙一百二十二丈五尺，北面墙一百四十丈，东面墙一百七十五丈，西面墙二百十丈（注：墙内土地面积约四百五十亩，围墙实际上已倒塌殆尽）”；地面建筑“灰瓦房土房共计一百三十一间”，其中“坍塌”“门窗不全”“上顶椽木脱落无存”“后檐坍塌木植无存”“前后檐椽木脱落无存”“檐椽脱落”者，约占一半；关于园林，共有六百九十一棵树木，其中四分之三为柏树、柳树、榆树。

修缮清华园的工程，承包给了海淀镇的长顺、永和、东茂三家木厂。为防止园内房舍树木继续被偷拆毁坏，决定首先筑校门与围墙。围墙经再次测量，共六百五十二丈，每丈造价十一两，外加修缮七孔桥一座一百五十两，一期工程总价七千三百二十二两，计划待围墙造好，再从容进行二期工程，分批整修园内房屋。

宣统二年（1910 年），游美肄业馆又将西边的近春园和近春园西墙外的黄木厂、水磨村、长春园（一角）并了进来，校园又扩大了好几百亩，也很花了一笔拆迁费安置已定居在这些地方的农人。

清华园主建筑“工字厅”院落为“六檩二宫门三间”。可能是有咸丰帝御笔“清华园”的门匾高悬，起到了避邪的作用，这个小院的状态一直基本完好。后来，游美学务处就在这里办公，学务处裁撤后，清华历任校长都驻节于此。那块大匾至今还挂在原处，是清华大学地理方位和精神坐标系的原点。

肄业馆校舍修造得奇慢，第一批原本在宣统二年（1910 年）秋就应该完工验收的，但延误了半年之久，学堂开学也就一拖再拖。从美国聘来的外教们早就到了，百无聊赖，整天到处闲逛之余，经常饶有兴致

清华园工字厅（刘昀摄）

地观察工字厅里大清国官员的做派——见面必叩头、打千儿、作揖；呈文必“伏乞王爷、中堂、大人察核批示遵行”。学务处总办到校视事时，从校门到工字厅沿途摆满菊花；学生如有事求见总办，必须先呈“禀帖”。入学考试时，总办披挂全套顶戴，高坐堂上，由在旁一位考官老爷按考生省籍唱名：“浙江听点！……江苏听点！……”总办大人则用朱砂笔在名单上圈点。自废除科举五年以来，这样的场面实属难得，回忆起顺天府乡试的盛况，不禁令在场人等感觉恍惚起来。

久而久之，老外们给工字厅创造了一个通俗易懂且发音方便的俗称——“Ya Men”（衙门），这个代号流传既广且久，几十年里，师生都这么叫，但如今已然失传。

学校里的事儿（之一）

民国七年（1918年）8月，陈岱孙接到清华学校录取通知，坐船北上，经上海到天津，再换乘火车进京报到。

陈岱孙的这一回离家标志着他十八年故乡生活的结束。后来，每逢返乡省亲，船将到福州时，他总会忍不住早早地到甲板上眺望，等待马尾港的地标——罗星宝塔慢慢进入他的视野。再后来，返乡的次数越来越少，关于故乡的记忆慢慢就浓缩成了码头边的罗星塔在夕阳中的剪影，还有闽江上船工们的号子歌声。

报到时，陈岱孙一次性缴纳了“蚊帐褥单费十元，预存赔偿损失费（注：押金）五元，制服费二十五元”。在清华每学期的固定开销只

福州马尾港，码头与罗星塔（来源于大英图书馆馆藏资料）

有三项，“膳费三十元[1]，洗衣费二元，体育费二元”。学费（一千零五十四元）是免收的。

陈岱孙的宿舍被安排在一院，四人一大间。另三人中，有两人是新入学的高等科三年级插班生，来自江西泰和的萧公权和来自浙江海盐的富文寿，有一人是二年级新生，北方人，姓张。

一个学生在一学期里有三十块大洋用于吃饭，相当奢侈——平时每餐八人一桌，八菜一汤或四盘五碗，半荤半素，大米饭、白面馒头、小米粥一概管够，还配有淋上香油的各种酱菜，冬令时节更选择其中几味主菜拼成一口大火锅，实在是体贴入微。但是，学生一旦对校内校外任何问题有所不满，总要借题发挥，将怒火转化为对于伙食的抱怨，这似乎是古今中外的通例。

清华学生也不能免俗，鸡蛋里挑骨头，总在闹说拌小咸菜的香油不够，于是，大饭堂里经常传出震天动地的喧闹声，满堂学生以拳击桌，高呼“加油”。只见大厨脸色铁青，小伙计们一头臭汗，往来穿梭，疲于奔命，给各桌小爷们的菜碟里添油加醋。

陈岱孙回忆，正因为这一句“加油”有如此广泛的群众基础，结果在全校运动会上有人一不小心喊了出来，立刻大受欢迎，变成清华拉拉队的标准口号，后来又通过校际运动会的场合推广到全国。他一直坚持认为，中国观众在体育赛场上喊“加油”的习惯，实源自清华学校大饭堂。

学校当时只招男生，学生大都来自城乡中产阶级（包括陈岱孙这种“中落的旧官僚家庭”），没有工农子弟，豪门阔少倒也不多——在第一等富贵人家当中，属于保守派的根本不屑于出洋留学，属于洋派的则看不上清华，而迷信更为昂贵的教会学校。

---

〔1〕1910年代银元的购买力（以大米、猪肉、棉布、白糖、植物油等生活必需品在上海市场的价格为例）：

1911—1919年平均数——米价为每旧石（178斤）6元，即每斤3.4分，1元可买30斤；猪肉每斤1角2分至1角3分，1元可买8斤；棉布每尺1角，1元可买10尺；白糖每斤6分；植物油每斤7至9分；食盐每斤1至2分。

学生主要分两类，一类是各省选送来的新生，一类是清华在北京、上海、汉口、广州直接招收的插班生。此外还有另类——

学校每年给中华民国首任总统袁世凯家中符合资格的亲支子孙保留三个留美名额和两个留美预备生名额，称为“袁氏后裔生”（实际上，符合资格并且享受到了此一特权的袁氏直系后裔仅有两人）；对于那些程度较差但交得起“赞助费”的，学校设有“特别预备班”，入学条件是一次性捐款一万元，外加每年交学费一千零五十四元，如果学得好，能跳出“特别预备班”，则免收以后的学费。

学校课程以西学为主，皆以英文讲授，因此，十有八九的教员得精通英文。一部分从美国招募而来，多数是中学教师，也有少数在大学任过教的，他们有的是看中了清华所提供的优厚待遇，有的怀揣着传教士的使命感，有的对于汉学有研究兴趣，有的则是利用年休假之便来中国一边打工一边观光。另一部分是产自中国本土的“假洋鬼子”，有教会大学毕业生（例如毕业于圣约翰大学的林语堂），也有“海归”，全是英文远远要比母语更为流利的人物。

西学部的美国教师月薪最高者三百二十元（约合一百六十美元），住在豪华的北院住宅区，无论带没带家眷，每人一栋洋房。西学部的中国教师月薪最高者一百二十元（约合六十美元），住在工字厅里的单身宿舍。

国学课程是由一批前清科举出身的老学究担任，他们地位最低，常受师生奚落，待遇最薄，每月只几十块钱，住在狭隘昏暗的古月堂。

职员待遇也是有高有低，悬殊很大，最高的六七十，最低的十几块。职务高低，挣多挣少，全看是不是从外交部“下放”出来的干部，以及懂不懂英文。

西文课程大部分安排在上午，学生精神抖擞，听讲认真，对答如流；中文课程大部分在午后，气氛松懈，秩序十分不堪。学生们两相调剂，可谓劳逸结合。这种现象颇受舆论（包括大部分学生家长以及心智随年龄增长而已经较为成熟的高等科学生）的责难，学校不得不采取措施以求改观，故有邀请国学名家如梁启超、陈衡恪者来校开设讲座和选修课之举。

清华自创建以来，逐步形成“自由教育”或“通才教育”（Liberal Education 或 General Education，旧称“博雅教育”）的校风。尽管高等科分为文科和实科（理工科的旧称）两大门类，但在必修之外，学校充分鼓励学生自由选课（选修课俗称“烟斗课”，Pipe Course，因为上课形式是师生抽烟闲谈），无论人文、社会、自然，涉猎越广泛越好，而且要求学生根据个人兴趣，定题目，写 Paper。

文章不重长短，只重别出心裁。1922 级的潘光旦因一篇《小青的分析》受到梁启超的激赏，变本加厉，想到八大胡同深入调查北京娼妓生活，竟请求校方为他出具介绍信，结果被校长金邦正臭骂一通，轰出办公室。

清华学制八年，中等科四年，高等科四年，陈岱孙插班进入高等科文科三年级（相当于大一），尚需在此就读两年便可毕业（完成留美预备课程）。他入学后不久，清华在百分制基础上又实行学分制，采用“等数记分法”（或称“权重计分法”，Weighted Credit System）计算学分。

学生成绩按课堂表现（占七成）和考试成绩（占三成）分为六等，每等对应一个系数：

	各等成绩所对应之系数		各等成绩所对应之系数
超等（Excellent）	1.2	下等（Inferior）	0.9
上等（Superior）	1.1	末等（Condition）	0.7
中等（Normal）	1.0	不列（Failure）	0.0

每门课的学分分值由该门课程的每周学时数与等级系数相乘得出，学年平均成绩由各科学分之和除以各科每周学时数之和得出。例如：

学科	每周学时	等级系数	学分	学年平均成绩
英文	4	0.9（下等）	3.6	—
美国历史	4	1.2（超等）	4.8	—
第二外国语	4	1.1（上等）	4.4	—
文学评论	1	1.0（中等）	1.0	—
合计	**13**	**—**	**13.8**	**1.06**

总平均成绩即为各学年平均成绩之算术平均数。

学校规定，每门课的学年成绩，得超等者不得超过全班学生人数的 5%，得上等者约为 20%，中等约 50%，下等约 20%，末等及不列者约 5%。每学年终了之时，如有学生的本学年平均成绩低于 0.6，或者以往各学年总平均成绩低于 0.81 的，将被勒令退学。

等数记分法与美国的学分制度完全接轨。这是一个衡量学生课业成绩“相对水平”的系统，着重考察名次。此外，清华原先考察学生课业成绩“绝对水平”的百分制依然有效，考试成绩尽管只占三成，但其背后毕竟还是有一个基于百分制的分数。学校规定，各科分数在 60 以上且平均不低于 70 的方可升级、毕业。

如此，从中等科开始，每年都会有若干学生根据等数记分法惨遭末位淘汰〔2〕（根据百分制，没被淘汰的也不见得最后就一定能够出国留洋），高等科除了继续淘汰之外，又不断地招收一些如陈岱孙、洪绅这样的插班生。因此，到了高等科三四年级，学生程度均相当过硬。陈岱孙不敢大意，学习很努力，“但自度成绩仍然只是中上的水平”。

陈岱孙在清华学校两年的成绩单如下：

---

〔2〕**清华学校学生的淘汰率：**

1911—1921 年，清华学校共招入学生约一千五百名，历年共有 301 人被开除，135 人退学，淘汰率接近 30%。

	高等科三年级（1919 年度）			高等科四年级（1920 年度）		
课程	等级	每周学时	学分	等级	每周学时	学分
中文课程						
国文	上等	2	2.2	中等	2	2.0
法制史	超等	2	2.4	—	—	—
文学评论	上等	1	1.1	超等	1	1.2
伦理学史	—	—	—	上等	2	2.2
西文课程						
中级英文写作	下等	4	3.6	—	—	—
高级英文写作	—	—	—	中等	4	4.0
第一年德文	下等	4	3.6	—	—	—
第二年德文	—	—	—	中等	4	4.0
第三年德文	—	—	—	修毕，因故缺考		
高级德文	—	—	—	修毕，因故缺考		
第二年法文	—	—	—	因故缺课 12 星期		
第三年法文	—	—	—	修毕，因故缺考		
高级法文	—	—	—	修毕，因故缺考		
高级法文写作与会话	—	—	—	修毕，因故缺考		
美国历史	中等	4	4.0	—	—	—
公民	—	—	—	修毕，因故缺考		
代数	修毕，因故缺考					
三角	修毕，因故缺考					
几何	修毕，因故缺考					
化学（课堂、试验）	修毕，因故缺考					
物理（课堂、试验）	修毕，因故缺考					

	高等科三年级（1919 年度）			高等科四年级（1920 年度）		
课程	等级	每周学时	学分	等级	每周学时	学分
生物学（课堂）	下等	2	1.8	因故未修毕		
生物学（实验）	下等	2	1.8	—	—	—
社会学概论	—	—	—	中等	2	2.0
社会问题	—	—	—	上等	2	2.2
经济学	—	—	—	中等	2	2.0
经济问题	—	—	—	上等	2	2.2
心理学	—	—	—	中等	2	2.0
手工	中等	1	1.0	中等	1	1.0
高级机械绘图	—	—	—	修毕，因故缺考		
体操	中等	2	2.0	中等	2	2.0
合计	—	24	23.5	—	26	26.8

为什么陈岱孙会有若干科目缺课或缺考，见本章下文“日晷”一节。

按照等数记分法，陈岱孙的高等科三年级的学年平均成绩为 0.979（ = 23.5 ÷ 24），略低于中等（1.0）；高等科四年级的学年平均成绩为 1.031（ = 26.8 ÷ 26），略高于中等；两年的总平均成绩为 1.006。陈岱孙“自度”得非常精确，真是“中上的水平”。

两年里，陈岱孙共得到 50.3 学分（ = 23.5 + 26.8）。学校另将其当初通过插班生入学考试的西学各科（除去生理卫生一门）所对应的本校每周学时数（见第一章“外面的世界”一节），等级系数一律按中等（1.0）计，折算为 27 学分。两者相加，合计 77.3 分（原始资料显示为 77.2），这就是陈岱孙自清华学校高等科毕业时的总成绩了。

学校开设的手工课值得一提，这反映出注重培养学生的动手能力在清华有着悠久的传统。陈岱孙选习木工，在师傅的指导下，他掌握了各种家伙什儿的用法，也尝试体验了各道基本工序。课程结束时，按照师傅的要求，自己设计，亲手打了一个小书架。

陈岱孙各科考试都能过关，在清华园的两年里，令他印象最为深

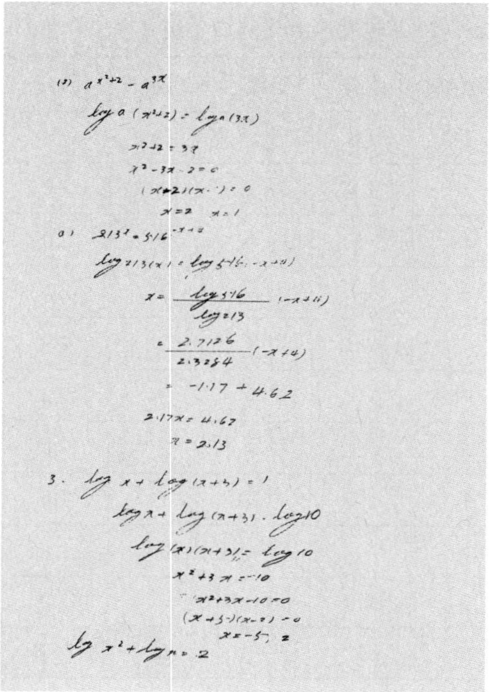

陈岱孙就读清华学校时期的代数习题纸

刻、日后最为感念的老师其实是体操课（体育课的旧称）教师马约翰。

清华自从周诒春担任校长开始，形成了重视体育的传统。最初，这是一项强迫进行的课外活动，每天一小时（原先是下午 2 点到 3 点，后来由于师生均抱怨这对于 3 点之后的课有影响，又调整为下午 4 点到 5 点）。

下午 4 点钟的铃声一响，图书馆和各处教室、宿舍里就会准时响起马约翰那口响亮的厦门官话，这是他在把学生轰出来到操场上去运动。这个钟点的运动没有什么规定科目，一百码短跑、半英里跑、掷铅球、跳高、跳远、游泳、爬绳、射箭、足球、篮球，干什么都行。在这个场合，老马还经常会教大家一些实用的救生和应急技能——这些让陈岱孙受用终生，特别是抗战时期在西南联合大学（即"西南联大"，昆明）的时候都用上过。

学生在校期间必须通过五项"体育实效测验"方可毕业，具体是哪五项测验，不同年级的校友说法不太一致，但基本上也不离一百码短跑、跳高、跳远、攀绳、游泳等这些今天看来十分常规的体能测试项目。

规定执行得十分严格。丙辰（1916年）级的吴宓其他功课门门过关，只因为跳远不达标，被老马扣了半年，通过后才放行，跟着下一年级毕业生去了美国。

过了几年，体育被正式排进课表，成为必修课。

清华并不存在“体育特招生”，但擅长运动的学生还是在衣食方面享有某种特权——食堂为校运动队队员备有小灶，印有校徽的运动服当年也仅属于运动员所专有。

陈岱孙入学一年后，清华体育馆落成，起初以美国国务卿海约翰（John M. Hay）的名字命名，他是最早一个以官方身份向大清国驻美公使梁诚表示“美国所收庚子赔款原属过多”的人。不久后，为纪念美国总统西奥多·罗斯福以实际行动退还庚款办学的善举，体育馆被重新命名为“罗斯福纪念体育馆”（Roosevelt Memorial Gymnasium），馆前的陶立克式花岗岩柱廊内有老罗斯福的头像和纪念碑文（“本校成立，深荷美国前大总统罗斯福赞助，缅怀盛德，亟宜表彰，爰以体育馆为罗总统纪念”云云），这些在1949年以后被作为国耻象征而铲除。

体育馆的设施条件即便在当时美国的大学中亦不多见，馆内有篮球场、手球场、橡胶跑道，运动器械应有尽有，有暖气，有室内游泳

清华体育馆（刘昀摄）

清华一院（刘畇摄）

池，池水水温适宜，水源消毒，异常清洁。这里是马约翰的王国。

和体育馆同年竣工的还有图书馆、科学馆（内有行政办公室、实验室、教室）。

陈岱孙入学之前就已经落成的建筑有校医院、一院（即“清华学堂”，内有高等科教室和宿舍、学生会、孔教会）、二院（内有高等科宿舍、基督教青年会）、三院（中等科教室和宿舍）、同方部（小礼堂）、北院（外教住宅）、甲乙丙各所（校长、副校长、教务长住宅）。

身着校服的清华学生在长城郊游，最右者为陈岱孙，摄于1919年

大礼堂一直在盖，于陈岱孙毕业前夕方才竣工。

那几年的校园里到处是工地。每到星期日，陈岱孙总约几个同学到校外周边地方郊游，圆明园、颐和园、卧佛寺、大觉寺、十三陵、居庸关、八达岭、潭柘寺、妙峰山……可去的名胜如此之多，进城拜访亲戚就只能偶一为之了。

清华对学生的管束非常严格，尤其是中等科，完全是家长式的统治。例如：早餐要点名；宿舍在晚上十点准时熄灯，熄灯后不得交谈；洗漱用具须照规定摆放，毛巾如果过脏，当场没收；不按时洗澡的，要当众点名批评，再不洗的，就派人看管着洗；零用钱一律存在学生储蓄银行，支取时须说明理由，学校每月要审查学生的零用花销账本；每两周写家信一封，没什么事可说也要写；非经请假，不得擅出校门一步。违反规定就记过，记过九次即开除。

高等科比较宽松，实行在校方监督下的学生自治，既有校级学生会，又有各年级的级会，章程和运作规则完全模仿美国的议会政治。

结社是自由的。大大小小的学生社团，有的切磋文艺，有的讨论学术，有的热心公益。孔教会的主要活动就是与基督教青年会唱对台戏，人数不少，却总是处于下风；下乡救灾的师生白天向灾民们施粥，晚上却吃着县太爷招待的海参席……，算得上五花八门，无奇不有，也不必细述。

外面的世界（之二）

民国北京政府，长期在习惯上被称为北洋政府，从民国元年至十七年（1912—1928 年）被国际社会普遍承认为中华民国的唯一合法代表。北京政府当国的时期，涵盖了陈岱孙就读清华学校以及享受官费资助留学美国的年代。

北京政府以政体反复变化、内阁频繁更迭而著称。它先后产生过九任国家元首（七任总统、一任临时执政、一任军政府大元帅）和四十多届内阁。打开当时的报纸，三天两头是旧内阁倒台、新内阁上台的消息。但有趣的是，每届内阁成员，看来看去尽是些熟面孔，所不同的是，上届没他，这届有他，或者，上届的上届他是财政总长，而这一回当上了国务总理。

民国初年的《文官考试法》规定职业公务员必须通过政治中立的考试选拔，这确保了政府高官经常来自一个范围不大而构成比较稳定的“职业治国阶层”。这个阶层，随着政党政治在昙花一现后的迅速终结，随着国会的边缘化、泡沫化，随着北洋系在“后袁世凯时代”的分裂，越到后来，它的军人色彩越淡薄，政党色彩越淡薄，地域色彩越淡薄，专业文官占有绝对优势的格局越为明显。

北京政府历任元首对于这个“职业治国阶层”在总体上十分尊重。内阁里“最著名的熟面孔”颜惠庆在回忆录中说，“对于北洋军阀，人们尽管可以抨击和蔑视，他们政治野心不小，而知识才干贫乏。但是不可否认的是，他们中有些人很有自知之明，对于一些自己不擅长的政务，放心地交给有经验有知识的人去做，从不加以干涉，更不想独断专行”。

顾维钧的例子更为生动，他在曹锟时期的孙宝琦内阁任外交总长时，“保定帮”阁僚交通总长吴毓麟干预外交部关于驻英公使的任命。曹锟立刻沉下脸来，当着顾维钧的面对吴毓麟说：“老弟，你什么时候开始学的外交？因为我不懂外交，才请顾先生来当外交总长。顾先生办外交有经验，我把这摊工作完全委托给他，你们为什么要出来干预？这件事应该完全由顾总长定。”事后，顾维钧对曹大总统的评价是八个字——“恢弘大度，襟怀开朗”，以及，“使我了解到曹锟将军为什么能从一个普通士兵升到中国总统的最高地位”。

北京政府当国期间，由于这个“职业治国阶层”的存在，使得国家在内政方面仍有若干项事业得以持续平稳发展，政局动荡所带来的影响和干扰一直被控制在最低的限度，其中有些甚至实现了长足的进步。特别是大学教育，政府在财政拮据时拖欠教育经费、教师薪资的情形有之，但在意识形态上则无从以党权加以钳制。北京大学“兼容并包，思想自由”，一时间群贤毕至，少长咸集；清华学校矢志不渝，终于完成脱胎换骨，改办为国立大学，加上庚款的收支属于“计划单列”，因此整个十几年中派出的各届官费留美学生始终享受着妥善的照应。

当年国事之诸种艰难，以外交为甚，其中更以对日关系为尤甚。发生在民国八年（1919 年）的“五四运动”，便是国民反日情绪酝酿发酵了五年之后的总爆发，这五年里两国关系的演变与第一次世界大战的过程相始终。

第一次世界大战始于 1914 年（民国三年）7 月 28 日。开战之初，中国宣布中立，但日本于 8 月 15 日通牒德国政府，称德国如在一个月之内不将包括青岛在内的胶州湾租借地全部转交日本，则日本将为维护英日同盟义务而攻占之。结果十天不到，8 月 23 日，日本迫不及待对德宣战，陆海军两万人在山东半岛北岸的龙口登陆，南下青岛。占领青岛后，又以青岛至济南的胶济铁路系由中德合资为借口将战事范围扩大，继续挥军西进，一举占领胶济铁路全线以及沿途的矿山企业和中国海关，10 月 6 日占领济南车站。

有此一役，日本朝野无不认为“一战”的爆发是其实行“大陆政策”的天赐良机。民国四年（1915年）1月18日，日本驻华公使日置益在晋见时，亲手将“二十一条”〔3〕文本递交时任中华民国总统的袁世凯。

---

〔3〕“二十一条”(共五号二十一款)：

第一号，关于日本继承德国在山东的特权，四款：1．日本政府拟向德国政府协定之所有德国关于山东省依据条约或其他关系对中国政府享有一切权力利益让与等项处分，中国政府概行承认。2．凡山东省内并沿海一带土地及各岛屿，无论以何项名目，概不让与或租借与他国。3．日本建造由烟台或龙口接连胶济路线之铁路。4．中国政府从速自开山东省内各主要城市作为商埠。

第二号，关于日本国在南满洲及东部内蒙古享有优越地位，七款：1．两订约国互相约定，将旅顺、大连租借期限并南满洲及安奉两铁路期限，均展至九十九年为期。2．日本臣民在南满洲及东部内蒙古营造商工业应用房厂，或为耕作，可得其须要土地之租借权和所有权。3．日本臣民得在南满洲及东部内蒙古任便居住往来，并经营商工业各项生意。4．中国政府允将南满洲及东部内蒙古各矿开采权，许与日本臣民。5．中国政府如准许他国在南满洲及东部内蒙古建造铁路或以该地区课税作抵押他国借款时，应先经日本政府同意而后办理。6．如中国政府在南满洲及东部内蒙古聘用政治、财政、军事各顾问教习，必须先向日本商议。7．中国政府允将吉长铁路管理经营事宜委任日本政府，其年限自本约画押之日起，以九十九年为限。

第三号，关于汉冶萍公司，二款：1．俟将来机会相当，将汉冶萍公司作为两国合办事业，未经日本政府之同意，所有该公司一切权力产业，中国政府不得自行处分，亦不得使该公司任意处分。2．所有属于汉冶萍公司各矿之附近矿山，如未经该公司同意，一概不准该公司以外之人开采。

第四号，关于切实保全中国领土，一款：1．中国政府允准，所有中国沿岸港湾及岛屿，一概不让与或租与他国。

第五号，七款：1．在中国中央政府，须聘用有力之日本人充当政治、财政、军事等项顾问。2．所有在中国内地所设日本医院、寺院、学校等，概允其土地所有权。3．须将必要地方之警察作为中日合办，或在此等地方之警察署内须聘用多数日本人，以资全面筹画改良中国警察机关。4．由日本采办一定数量之军械（譬如在中国政府所需军械之半数以上），或在中国设立日中合办之军械厂，聘用日本技师，并采买日本材料。5．允将接连武昌与九江、南昌之铁路，及南昌至杭州、南昌至潮州各铁路之建筑权，许与日本国。6．福建省内筹办铁路、开矿及整顿海口（船厂在内），如需外国资本时，先向日本协商。7．允认日本人在中国有布教之权。

中国如承认“二十一条”（尤其是当中的第五号），也就等同于亡国了。

强寇入侵，既不能战，又不能降，中国政府的自救之道十分有限并且可怜，只能先把日本的这些秘密要求向世界曝光，然后尽量拖延，苦撑待变。果然，消息一出，举世哗然。在中外舆论支持下，自袁世凯以下，外交总长陆徵祥、次长曹汝霖、驻日公使陆宗舆等，与日本艰苦谈判四个月。纵是后来在“五四运动”中被学生斥为卖国贼的曹汝霖，日方会谈记录也说他“激愤之情溢于言表”“情绪颇为激越”。

日本对中国政府的拖延策略无可奈何，只好主动减少条件（包括全部放弃第五号共七款要求）。至5月，日本丧失耐心，向中国外交部致送最后通牒，同时说明驻华日军已做好战争准备。中国政府无法再拖，于5月25日在北京签订《中日新约》（又称《中日民四条约》），内容大致相当于“二十一条”的前四号，但在山东问题上并未承认日本在胶济铁路的特权。当然，《中日新约》也是一部丧权辱国的条约，在史书上一直是“二十一条”的同义语和代名词，恶名远播，但其内容与“原版‘二十一条’”相比，毕竟有天壤之别。

民国六年（1917年），中国继美国之后对德国宣战，成为“一战”的参战国，开始与英、法、美、日等列强并肩作战。民国七年（1918年）年初，北京政府为筹措参战军费以及民国第二届国会（该届国会的选举为北洋皖系势力政治组织“安福俱乐部”所操控，故该届国会也被称为“安福国会”）的选举开支，向日本大规模举债。作为借款条件，北京政府与日本在9月关于山东问题秘密换文，承认了日本侵占胶济铁路的既成事实。

两个月后战争结束。来年，包括中国在内的战胜国在巴黎召开和平会议，和约文本载明，将德国在胶州湾的原有权益转让给日本。不但如此，根据中日之间的那个秘密换文，日本在山东的权益比之于原先的德国更是显著地扩大了。巴黎和会期间，北京政府甚至不好意思将中日秘密换文的内容提供给中国驻和会的外交使团。

“直到最后我们还是发现文件不全。遗漏的协定中有参战借款协定和合办铁路协定。”——顾维钧

运动了

民国八年（1919 年），陈岱孙在清华第一学年结束前，赶上了“五四运动”。

遥想四年前（1915 年），“二十一条”交涉结束，《中日新约》订立，袁世凯曾沉痛地说道，“埋头十年，与日本抬头相见，或可尚有希望”。岂知这一“埋头”便是三十年！

三十年里，日祸的持续蔓延决定了千百万中国人的生活轨迹，对于“五四运动”时年方十九岁的陈岱孙而言，他未来的路还长着呢。

运动自 5 月 4 日起，一直延续到 6 月底，范围从北京扩大到全国，从学界扩大到工商界。陈岱孙“游行、请愿、宣传等活动都参加了，但也只有摇旗呐喊的份儿”。

岂止陈岱孙，当时整个清华学校也只有摇旗呐喊的份儿，原因大概有四——

清华学校仅以“造成能考入美国大学与彼都人士受同等之教育”为办学范围，目标就是培养合格的学生往美国送，学生们“眼光都看着将来选送出洋学习的机会，学习都十分努力，竞争是剧烈的”。年年有被淘汰者，年年还有全国各地的少年才俊插班进来，学生们光应付功课就忙得够呛。此其一。

担心在出洋问题上受到校方刁难，不可避免的是许多向往政治运动的清华高等科学生的顾虑，患得患失，终于望而却步；而校方则十分乐意利用手中的这一权力，作为瓦解本校学运风潮的关键手段。更有美国公使馆亦曾通过英文《京津泰晤士报》社论发表看法，“过激主义之侵入清华，将妨碍彼等留美之权利”。此其二。

“五四”时期的清华还不是一所大学，地位只是外交部的一所附属学校，经费（美国退还的庚款）充裕，办学条件远比国内各大学优越，且地处京郊世外桃源，远离各种时事纷扰。这种“留美不知亡国恨”的做派引来北京其他各大名校的讥笑，凡有大事，宁可跑到天津找北洋、南开，也不会想起清华。运动中后期，学生领袖们在城里被军警追得实在无处可躲，才跑到清华借个地方接着开会。此其三。

空间距离遥远也是一个不可忽视的因素。那时候的北京大学不在今天的燕园〔4〕，而在朝阳门内沙滩的“红楼”以及周边一片房舍。北大学生在民国史上的历次学生运动中一般总是反应最快，到场最早，只因离得近——从红楼到天安门徒步走只需不到半小时。清华就不同了，学生得到消息后集合出发，得先向东走“半里”，在京张铁路清华园站等火车，然后乘上火车到西直门，下车后进了城门再走大街穿小巷往天安门行进，顺利的话也得要半天工夫。结果往往是，要么赶到时发现先来的各校学生早已被军警驱散并抓走大半，没了接应，要么就是当他们还在火车上嘎悠的时候，军警早已在西直门戒严，到站下了火车但进不了城，只好再步行绕道去德胜门或平则门（今天的阜成门）碰碰运气。这样折腾一整天也难免铩羽而归。此其四。

果然如此。

5月4日，运动初发时，清华没有参加，但“很快”就和城内各校联系上了，并被安排在6月3日、4日两天加入“全市学生爱国宣传周”

---

〔4〕**燕园·燕京大学和北京大学校址：**

北京大学校址原位于北京朝阳门内的“沙滩”，而非今天的燕园。

燕园原为燕京大学校址。燕京大学是由三所美国教会大学——北京汇文大学、通州协和大学、华北协和女子大学——于1919年合并形成。燕园最初包括澈春园和弘雅园，后陆续将朗润园、蔚秀园、承泽园、镜春园、鸣鹤园等并入。

燕大于1952年“院系调整”之际奉命撤销，其文科、理科，连同本校校园，与清华大学文、法、理学院，辅仁大学哲学、西语系，一并划归北京大学，北大这才搬到了燕园来。

活动。清华学生分为两批，陈岱孙在第二批。不料，6 月 3 日，当第一批在前门外进行街头演讲时，全体被军警逮捕，拘禁于北京大学三院，消息传至清华园，群情更为激奋。第二天清晨，陈岱孙所在的第二批宣传队从学校出发，乘火车至西直门车站。整队到了西直门时，军警早有准备，城门紧闭，于是大队人马改赴德胜门，但在德胜门外同样吃了个闭门羹。时间已近正午，不能再转下去了。领头的学生决定全大队化整为零，每十人组成一小队分赴西直门外、德胜门外以及海淀镇，分头进行宣传鼓动，约定傍晚各自返校。

联想到去年在上海曾经深受“华人与狗不得入内”的侮辱，陈岱孙觉得，“我们同时代的青年对于我们的国家、民族都具有这种近于狂热、执拗的爱国主义思想，是当时中国所处的国际环境所造成的”。

校长（之一）

清华学校在民国十七年（1928 年）完成改办大学之前的二十年间，频繁更换校长，和当时北京政府走马灯似的更换内阁倒也相映成趣。在这个时期的历任校长当中，周诒春和曹云祥的任期最长，贡献也最大。

周诒春（字寄梅，安徽休宁人，1883—1958）“勤勤恳恳，扩充校务，增损修革，惨淡经营，心力憔悴，成绩昭著”，奠定了清华全盘美国化的教育传统，他是提出“德智体三育并进”教育方针的第一位中国教育家。

周诒春在任期内筹划兴建了清华四大建筑——图书馆、体育馆、科学馆和大礼堂。

清华学校校长周诒春（1883—1958）

由于清华学校一切经费“由外交部于美国退还赔款项下拨充”，校长一职薪资可观，向来是部里人人艳羡的肥缺。周诒春在校内大兴土木，花钱如流水，每年度预算都高得令人咂舌，要不是上峰严格把关，美国退回来的钱根本不够他花，流言蜚语也就因此而起。周诒春最终背上了“安糜巨款，营私害公”的恶名。清华师生多劝周校长“止谤莫若自修，不予置辩”，但是周认为“既遭时忌，愿让贤能”，毅然辞职。

清华师生对于周诒春被逼之下

清华科学馆，摄于 1947 年

清华大礼堂，摄于 1947 年

挂冠而去表现出极度不平。同一时期担任北京大学校长的蔡元培，是光复会创始人、同盟会元老、南京临时政府教育总长、国民党员，如此身份，尚能见容于“反动军阀”，并扯起“民主、自由”的大旗，开“新文化”风气之先。周诒春一介学究，兢兢业业，却遭受排挤若此。抛开其他诸种因素和影响不谈，学校地位之悬殊则是彰显无遗。北大乃堂堂国立大学，一举一动全国瞩目，而清华隶属外交部，校长是可以被一纸部文轻易打发掉的。周诒春辞职时年方三十五岁，离校当天，全校学生身着军操制服集合列队，齐举木枪，向“老校长”致敬、送别。

自此，外交部决定在清华校长之上成立董事会，严格控制学校预算，稽核各项开支。

自此，清华学校提升自身地位、实现改办为完全正规大学的目标，成为全校上下深入人心的觉悟。这种内在和自发的动力首先便表现为对于外交部的抵制，当时的外交部由于北京政府在对日问题上的一再妥协，在民众心目当中已陷于声名狼藉的境地。

周诒春走后，清华学校连续轰走了外交部委任的三位校长——张煜全、罗忠诒、金邦正，直到曹云祥上台，校园才又恢复宁静。

张煜全干了两年，金邦正干了一年，皆因压制学生运动而直接引发了抗议和驱逐，夹在他们二人之间的罗忠诒则是一天也没干成。

陈岱孙的二舅罗忠诒（见第一章“母系家世”一节）出身外交世家，其父罗丰禄为李鸿章一手提携出来的外交界老前辈。他自己早年留学英国，获剑桥大学经济硕士学位，清末法政科进士、翰林院编修，历任广西抚署交涉科参事、外交部机要科员、北京交通学校校长、总统府秘书、驻英使馆一等秘书。

民国九年（1920年），罗忠诒奉调回到北京任外交部参事，1月30日被发表为清华学校校长，时年三十三岁。那时，陈岱孙在高等科四年级，是毕业班的学生，正值第一学期期末，很快便要放寒假了。

和大伙儿一样，陈岱孙也正饶有兴致地等着看新一任校长的好戏，岂知等来的偏偏却是外交部关于罗忠诒的任命，他顿时傻了眼：怎么是二舅啊？

清华学校历任校长一览表（1909—1928）

姓名	任期	学历／履任前的职务
周自齐（游美学务处总办）	1909年7月—1911年2月	北京国文馆毕业留美／驻美使馆参赞、游美学生监督、外务部左丞左参议兼学部丞参上行走
周自齐（清华学堂监督）	1911年2月—1912年1月	北京国文馆毕业留美／驻美使馆参赞、游美学生监督、外务部左丞左参议兼学部丞参上行走
颜惠庆（清华学堂代理监督）	1912年1月—1912年4月	上海同文馆、弗吉尼亚大学／驻美使馆参赞
唐国安	1912年5月—1913年8月	清政府派遣第一批留美幼童生／外务部候补主事、游美学务处会办、清华学堂副监督
赵国材（代理）	1913年8月—1913年10月	威斯康星大学文科硕士／清华学校副校长
周诒春	1913年10月—1918年1月	威斯康星大学文科硕士／南京临时政府外交部秘书、清华学校副校长
张煜全	1918年2月—1920年2月	耶鲁大学法律硕士／外交部参事秘书
严鹤龄（代理）	1920年2月—1920年9月	哥伦比亚大学博士／外交部秘书
罗忠诒（未到任）	1920年2月	剑桥大学经济硕士／外交部参事
金邦正	1920年9月—1921年10月	康乃尔大学林科硕士／外交部参事
王文显（兼代校务）	1921年10月—1922年4月	伦敦大学文科学士／清华学校教务主任
曹云祥	1922年4月—1928年1月	哈佛大学商业管理硕士／驻英使馆秘书兼驻伦敦总领事、外交部秘书
严鹤龄（代理）	1928年1月—1928年4月	哥伦比亚大学博士／外交部秘书
温应星	1928年4月—1928年6月	弗吉尼亚兵工学校、西点军校／保定军警执法处处长

刚刚成功实现“驱张”的清华学生挟战胜之余威，在罗忠诒的任命发表后，不等他到任就下手了。他们先派了几名代表进城到外交部私访，为罗忠诒相面，结果代表回来报告说这个新校长患有肺病，从言谈举止上看不足胜任，于是学生会决定“拒罗”。

学生会和陈岱孙的宿舍同处清华一院，策划“拒罗”行动的会议有时候通宵达旦，走廊和学生寝室里也常常人声鼎沸。陈岱孙辗转反侧，无法入眠——“驱张”是有道理的，张煜全连成立学生会这等事务都要横加阻挠，而罗忠诒何罪之有？难道从前患有肺病也算是罪过？陈岱孙回忆起自己的少年时代，可能是来自母系方面的遗传，一度也曾患上过被中医视为不治之症的肺结核。当时在外婆家一住数月，是两位舅舅花费了重金遍请西医专家为他悉心治疗，同时在家按照西餐营养食谱专门为他开了小灶，并指导他进行户外运动，就这样，他的结核病不久便得以根治。

陈岱孙数次想走出房门找个人谈谈，但又感觉囿于身份而举步踟蹰。思前想后，他尽量安慰自己，学校总是要有一位新校长的，学生会不可能连这个道理都不懂，他们最终会给这位新校长一段时间的。

犹豫间，学生会宣布，动员全校五百多学生每人写一封信给罗忠诒，“劝”他不必来校。任务很快就摊派下来了，陈岱孙得知后十分痛苦，他甚至已经来不及将此事通知舅舅，并劝他立刻急流勇退、免于受辱。他想象得出舅舅在这几天里将要遭受到怎样铺天盖地般的刻薄的挖苦甚至辱骂，对“拒罗”行动本就抱有反感的他，对学生会所选定的这样一种方式更觉极度厌恶。

陈岱孙别无选择，唯有“沉默与空白”。这是最无奈的选择，却也是最好的选择。陈岱孙后来还碰到过不少次类似这种身不由己但又难以摆脱的困境。最艰难的是在他后半生当中的1957年至1976年，整整二十年，他没有发表过一篇论文，没有作过一次学术演讲，仍然是最无奈的“沉默与空白”，却也仍然是最好的“沉默与空白”。

再说罗忠诒，这天刚上班不久，邮差便送来一大捆信件堆在屋里的茶几上，有好几百封，登记簿子上写得清楚，全是清华学校寄来的。罗忠诒感到十分意外，他还得再有几天把外交部的差事交卸完毕，然后才能正式到校视事，代理校长严鹤龄又不是不知道，他这是什么意思？他随便拆开一封，看过几行便明白了全文的大意，信里的措辞实在不敢恭维，又看几封，内容都差不多，于是不再看了。

罗忠诒坐回座位，轻咳几声，略微定了定神。一个念头不禁闪过——这里有没有大外甥的作品？他又看了看面前堆成山似的劝退信和小字报，认为自己有些无聊。他从办公桌玻璃板子底下压着的好多张家人合影照片中找到岱孙，端详了一下，笑笑，臭小子这几天一定也够为难的啦。

等杂役来把屋子收拾了一下之后，罗忠诒忍不住想提笔写点什么，思量片刻，觉得还是辞呈简单，只几十个字，于是一挥而就。学校总得有新校长，谁做都是做，无须看得太重，罗忠诒可不能被别人看轻了。瞧瞧人家周诒春，拿得起放得下，何其潇洒磊落。

不过，遗憾总是难免的。

年底，罗忠诒改任驻秘鲁使馆一等秘书并代办使事兼总领事，四年后，回京任国务院秘书，再过两年，任驻丹麦公使。

任驻丹麦公使时的罗忠诒（右二），摄于 1930 年（福州罗孝逵先生提供）

日晷

“五四运动”的余波一直没有平息。

因中国政府代表拒绝在《凡尔赛和约》上签字（和约在美国亦被国会否决），山东问题遂成为中日之间以至于远东太平洋地区的一大悬案。日本急于和中国进行直接交涉，而一旦中日直接交涉便意味着中国默认了日本作为德国在山东特权的承继者的合法性，至少是承认了日本作为山东问题当事人的地位，因此，日本的提议遭到中国各阶层舆论的强烈反对，当时普遍的看法是应当将“鲁案”提交给国际联盟仲裁。

国会和内阁正在山东问题的罪魁祸首——北洋皖系势力的控制之中，政府对日态度十分暧昧，加上日本方面气焰嚣张、纠缠不休，致使民间抗议风起云涌。“中华民国学生联合会总会”已于民国八年（1919年）6月成立，在新一波的反日风潮中，学生运动仍然走在前列，自是题中应有之义。

北京政府中的直系势力和皖系势力历来政见不和，关于山东问题，前者旗帜鲜明地与广大国民站在了一起。矛盾终于到了不可调和的地步。民国九年（1920年）7月14日，直皖战争在近畿地区爆发，打了十天，直系第三师在师长吴佩孚率领下，高唱凯歌，进入北京，受到民众“箪食壶浆”的欢迎。

陈岱孙在清华的第二个学年，就是在上述这般动荡的局势中度过的。经常停课，有些课程的期末考试也取消了。好在学校生于乱世、长于乱世，在学生毕业出洋的问题上，自有应付时事纷扰的一套程式化的做法；美国那边的大学，看来也早就熟悉了清华为其毕业生开具的各类证明文件后附的种种强调客观原因的说辞，对这些官费生成绩单上的瑕疵未加刁难。

陈岱孙出身簪缨世族，在大家庭中成长，各房兴衰荣枯自不相同，本房中落，不免从小敏感早熟，加之又是当年罕有的独生子，所以在他的性格中又带有显著的孤僻特征。

自从离开家乡，到民国九年（1920 年）夏初，陈岱孙在清华学校已学满两年。这两年里，陈岱孙生活在现代中国历史转型初期的社会巨变的中心，视野大为开阔，情怀更趋深沉。对于亲身经历的几次轰轰烈烈的群众运动，他抱有深刻的同情，不过，他的与年龄极不相称的冷静与成熟始终没有把这种同情发酵成为热情，相反，他一直以怀疑的目光审视着类似这种运动的发端逻辑和实际效果。自小开蒙便熟谙“博学、审问、慎思、明辨、笃行”之道的陈岱孙，总觉得“似乎有一个基本问题需要解决。想起了古书中所说的‘足食足兵’的重要性和积贫积弱显然是导致横逆的原因，那么富强似乎是当务之急”。

从上一届开始，清华毕业生向母校赠送纪念物成为一个不成文的传统。己未（1919 年）级送的是一座喷泉，位于体育馆南端小广场，喷水塔座正面刻有“养源”二字，背面是英文“I SERVE”。

庚申（1920 年）级——其中有陈岱孙、孔令烜、曾昭承、曾昭抡、李榦、洪绅、梅贻琳、华凤翔、邹宗彦、陈可忠、萨本铁、赵学海、张景钺、甘介侯、萧公权等人——关于献礼方案商量了多次，最终确定在大礼堂前草坪的南端立一座日晷仪，取“珍惜光阴”之意。考虑到大家在毕业典礼后均需回乡省亲并准备赴美的行装，故众人一致推举家居天津、往来近便的华凤翔（赴美后就读麻省理工学院造船专业）为这项工作的主持人。华凤翔本是庚申级活跃分子（“五四运动”时的校治安纠察队员），对于这项使命欣然接受。

日晷仪上部的日晷盘由清华数学外教美国人海晏士（Albert A. Heinz）依照北京当地经纬度绘制，委托北京老天利景泰蓝厂以银胎珐琅烧成；底座请工匠用汉白玉在校内现场雕刻，四面镌文，二中二洋。

正面“行胜于言”，背面是拉丁译文“FACTA NON VERBA”，一侧“庚申级立”，另一侧“CLASS OF 1920”。中文请了本级同学邹宗彦之兄邹宗善书写（邹宗善系天津南开大学学生，乃华凤翔在家门口就近抓来的书法爱好者），洋码字则是华凤翔本人的笔迹。

抗战中，清华大学校园为日军盘踞，日晷仪底座仍在，但银胎珐琅的日晷盘不翼而飞。胜利后，陈岱孙受命担任校舍保管委员会主席，从昆明先期返回北平接收校产，主持校舍修复，其间，新制石刻日晷盘。“文革”中，日晷仪被整体拆除。“文革”后，清华大学整理旧物，从乱石堆中找出日晷仪底座，而日晷盘再次不知所终，遂再次新制。关于日晷盘的原貌，如今只有陈岱孙私人相册中的老照片可以作为唯一的佐证。

日晷仪的设计方案和“行胜于言”的主题，是学生们在毕业前的会议上一致做出的决定，深得陈岱孙之心。

自从民国三年（1914 年）梁启超的那次演讲之后，清华学校即以“自强不息，厚德载物”作为正式的校训。关于如何具体为之，庚申级毕业生则顺着君子之道这个题目引经据典，在言与行的关系问题上继续加以发挥。子曰：君子食无求饱，居无求安，敏于事而慎于言；先行其言，

清华学校 1920 级部分毕业生合影，中排左四为陈岱孙

而后从之；君子欲讷于言而敏于行；听其言而观其行；君子耻其言而过其行；……如此等等，归纳起来，最终形成“行胜于言”这句略带矫枉过正意味的口号，直接针对着中国传统士大夫阶层清谈误国的痼疾。

由于是以庚款立校的缘故，清华一出娘胎便以国耻纪念碑的形象面世。与胡适博士在略早些时候提出的“多研究些问题，少谈些主义”一样，“行胜于言”所表达的是对于国事不可为的沉痛、对于中国文化传统中消极一面的反思，以及对于救国之道的主张。“行胜于言”本是庚申级同学用一种中西合璧的形式固化下来的自勉之语，但它的确在那个时代众多清华学人的心底激起了深沉的回响，而逐渐成为公认的第二校训。（作者按：当1952年的“院系调整”使清华由综合性大学退而成为一所工科大学之后，“行胜于言”则变成了“新清华人”在很长一段历史时期内轻视人文学科与社会科学学科的惯用之词，命运的播弄实在使人啼笑皆非。）

“也许是一种糊涂的经济救国论的意识罢，但当时却没有赋以什么‘论’的外衣。1920年夏我从清华毕业了，经过甄别，获得了公费留学美国的机会；秋天，远渡太平洋到美国中西部威斯康星州立大学，插入三年级；真的以经济[5]学为专业了。”

---

〔5〕**经济**：

在中文里，“经济”一词古已有之，是“经世济俗”或“经世济民”的概括，经济之道便是治国之道，意思的内涵很大。

从明末开始，特别是到了晚清，藉科举制度维持其统治地位的经学、理学已经被证明在治国实践中一无用处，可是，真正的致用之学却还没有被培育成为严格意义上的学科，仅存乎富有经验和阅历的为政者们的一念之间。此时的“经济之学”——相对于经学、理学——就被用来概括那些不成系统但又行之有效的学问和本领，其内涵逐渐收缩，但也基本上涵盖了除朝政、典礼以及抡才取仕之外的所有需要解决实际问题的领域，而其中“理财”等一些与“资源配置”有关的内容已经显得突出重要。

第一个用“经济”一词翻译由西方传入的Political Economy（后来被阿尔弗雷德·马歇尔“纠正”为Economics）的，是日本明治维新时期的神田孝平，这种译法后来被引入汉语，进而引入整个东亚汉字文化圈，取代了“经济”一词的所有原意。

很多年之后，在北大、清华两校的青年学人当中广为流传着一则“轶事”，即，

日晷仪刚刚完工时的模样以及日晷盘的原貌，摄于1920年

清华学校庚申级共有应届毕业生79名，当年派出留美学生81名。留美学生人数超过了应届毕业生人数，也许是由于上一年级有体育测试不及格而蹲班到本年级的缘故。

（接上页）上述译法的首创者是陈岱孙，这种“善意的误解”包含了大家对他的许多感情，但是非常遗憾，这并不符合事实。

启程

赴美前的那个暑假，陈岱孙是在家乡度过的。父母为祝贺他毕业出洋，送他一台相机。陈岱孙喜欢整天端着它，走到哪儿拍到哪儿，把童年常待的地方都拍了一遍，与家人都合了影。在未来的近七个年头里，乡愁就是这些小小的照片了。

清华学校给每个赴美学生发整装费二百五十元（注：另有二百五十美元之说），这是一个相当可观的数目，足够陈岱孙购置出洋的必备物品以及定制几身适合不同场合穿着的考究西装。

8 月中旬后，在各自原籍度完暑假的清华赴美学生陆续在上海聚齐，与来自全国其他院校的自费、官费留学生（计 43 人）会合，准备一道乘坐预定于 8 月 21 日到沪、由美国华侨经营的小型邮轮南京号（SS Nanking）启程。在沪逗留期间，学生们分头下榻宁波路的宁波同乡会和四川路的青年会。清华学校则借博物院路（今虎丘路）中国青年协会四层 421 房间作为办事处，为学生办理体检、签证等出洋相关手续，其他院校学生的手续亦由清华代办。

陈岱孙故地重游，住在青年会。两年前他在此地考上清华，逛外滩还受了“华人与狗不得入内”那块牌子的刺激。对他而言，上海既是清华生涯的起点，也是个伤心之地，因此，特意找了个照相馆郑重留影（见本章题图）。

在上海这几天里，学生们应酬颇多。有 8 月 20 日（星期五）下午四至六点在法租界美国哥伦比亚俱乐部，由江苏省教育会、欧美同学会、环球中国学生会、美国大学同学会、美国女子大学同学会等五团

陈岱孙赴美前夕与父亲陈懋豫的合影，摄于 1920 年

中華民國九年八月二十二日星期日（申報第三張）舊曆庚申七月初九日（十）

本埠新聞

國民大會策進會成立會紀

本屆赴美學生全體攝影

各省團體對於國民大會意見

耶教自立會促進國民大會電

本屆赴美學生調查錄

▲清華學生姓名表

▲自費生姓名表

▲女官費生一人

《申报》对 1920 年赴美学生在上海活动的报道

南京号轮船，摄于 1920 年

体发起的欢送会。当晚，其中的清华毕业生还被拉去恒康衣服店接受店主夏筱卿的宴请，每人获赠五色国旗及清华校旗各两面。8 月 21 日（星期六）下午三点，出席孔教会在上海南火车站半淞园举行的欢送会。8 月 22 日（星期日）下午五点，又出席青年会的欢送会。

一年一度欢送赴美学生，在那些年里的大上海几乎成为上流社会的夏季保留剧目。陈岱孙之前的：叶企孙、沈履、李济、杨石先、萧蘧——1918，钱端升、冯友兰、庄长恭、笪远纶、黄钰生、钱昌祚——1919；之后的：杨廷宝、浦薛凤、吴国桢、赵人隽、李继侗——1921，闻一多、罗隆基、潘光旦、吴有训、黄子卿、萨本栋、高崇熙、吴泽霖——1922，梁实秋、吴文藻、谢冰心、孙立人、梁思成、孙国华、施嘉炀、顾毓琇——1923……，无论是不是清华出身，在他们人生中的那个难忘的 8 月，都有过几天日程密集但内容雷同的应酬。

8 月 23 日，在汽笛声中，南京号缓缓驶离了潮湿闷热的上海滩，不久，它便融入了凉爽的海风之中。

）为美国女子大学同学会会员、毕业于韦尔斯利学院（Welleskey College）、

驻沪总领事克银汉（Edwin S. Cunningham），克银汉左侧第七位女子（经辨认无疑
、

1920 年 8 月 20 日，五团体欢送会全体合影，前排中座、手持凉帽者为美国
正待嫁闺中的宋美龄，站立于宋氏左侧第二、第三位女士之间后排者为陈岱

第三章　游必有方

（1920—1926）

这是我平生一次最长期的密集的读书时间。

BROWN
YALE

届年会全体代表合影，前排手执哈佛大学校旗一角者为陈岱孙

1923年9月，布朗大学（罗得岛州普罗维登斯），中国旅美学生会东部第十九

新大陆

1920年9月11日，从上海出发的南京号颠簸了半个多月（中途在日本横滨泊岸一天），来到夏威夷首府檀香山停靠，学生们由随行的清华学校英文教员王文显带领，在此上岸略作休整。旅途漫漫，他们还要走完剩下三分之一的海路方能到达旧金山，踏上美国本土的西海岸。

在旧金山，学生们将换乘火车沿太平洋铁路一直向东，去往中西部和东部各大名校。那时候，美国西部和南方各州根本不在中国政府和留学生的考虑之列，因为那里没有什么像样的大学，而且种族歧视十分严重——1882年，在来自这些地方的国会议员的支持下，联邦参

中国留学生赴美途中于夏威夷檀香山 Mills 学校合影，前排最右侧为陈岱孙
摄于1920年

众两院通过了忘恩负义的《排华法案》[1]（*Chinese Exclusion Act*），法案有效期十年，之后又延期十年，到1902年更是被取消了时限。那时候，每年来到美国的中国留学生，踏上新大陆之后的第一课便是走完这条“每根枕木下面都有一具华工尸骨”的太平洋铁路的全程。陈岱孙以及其他清华、非清华的学生，早已不是第一次经历这样活生生的国耻教育，且将一切埋在心底便是。

坐火车旅行可能是观察一国气象的最便捷和最直观的方式了。

世界最古老国家的子民陈岱孙来到世界最年轻的国度，他看惯了祖国从东南沿海到京畿地区一路上的景象，压迫者的蛮横，高傲者的凌辱，官僚的侮慢，民众一边默默忍受横暴的命运一边在沉重的苦役中流汗呻吟，支撑起了少数几座大都市的畸形繁荣。尽管清华学校关于美国的风土人情早就向学生们作过反复灌输，陈岱孙仍然被新大陆的辽阔、富饶、生机勃勃所深深打动，他甚至觉得理想中的祖国的未来就应该是这个样子。

那时候，伍德罗·威尔逊的第二个总统任期已临近尾声，他是自1897年至1932年这36年间唯一的民主党总统，也是自1865年亚伯拉罕·林肯（Abraham Lincoln，美国第16任总统）遇刺身亡、副总统安德鲁·约翰逊（Andrew Johnson，美国第17任总统）顺序继位之后第一位经选举产生的出身于南方的总统。威尔逊博士是一位著名的学者，从政之前曾担任普林斯顿大学校长八年，他关于废除校内精英

---

〔1〕**《排华法案》：**

美国1882年通过的《排华法案》拒所有华人劳工于美国之外十年，其1884年修正案强化了先前入境的华人移民离开美国和回国的规定，同时阐明该法案适用于一切华人而无论他们的国籍为何。该法案于1892年被延长十年，于1902年被取消时限。

《排华法案》是美国针对大量华人因中国国内动荡并有机会成为铁路建设劳工以谋生糊口而大量迁入美国西部所作出的反应，它是美国第一部针对特定族群的移民法。尽管《排华法案》的所有条款都在1943年被废止，但它存在过的痕迹永远无法从《美国法典》中被抹去——第八篇“外国人与国籍”之第七章“排除华人”（Exclusion of Chinese）。

阶层社交俱乐部以及将研究生楼建于本科生校舍区内的计划，遭到董事会和校友会的激烈反对（一般来说，执掌如普林斯顿大学这样名校的董事会和校友会的核心人物俱为本校的本科校友），从而被媒体称为“民主派”（相对于董事会和校友会所代表的“精英派”）。威尔逊的主张——民族的新生不是来自上层阶级而是来自下层民众，后来浓缩为他的总统竞选口号：“新自由”。

陈岱孙在 Mendota 湖畔
摄于 1922 年

一大堆新法案在威尔逊的第一个总统任期（1913—1916）由国会通过：联邦储备体系建立并投入运作；降低关税，代之以开征联邦消费税以弥补政府岁入损失；设立联邦贸易委员会，阻止不公平交易行为以鼓励竞争；设立联邦农田贷款委员会，为农民提供低息长期抵押贷款；创建现代化农业增产专员系统，派遣由各大学支持的技术专员向农民讲授新技术；规定铁路工人在薪酬不变的条件下享受每天 8 小时工作制；提升商船海员工作条件，要求所有船只必须针对救生艇配置进行翻新。

在威尔逊的第二个任期里，美国参加并打赢了第一次世界大战。醉心于设计完美制度的总统从国内的民主派进而要做国际的民主派，他热心地规划起战后的世界格局〔2〕，并因此被授予诺贝尔和平奖。但

〔2〕威尔逊总统于第一次世界大战结束后提出的关于国际和平的一揽子建议（“威尔逊十四点原则”）：

1．停止秘密外交；2．航海自由；3．消除国际贸易障碍；4．限制军备；5．平等对待殖民地人民；6．德军撤出俄国领土；7．恢复比利时之独立性；8．德国归还法国阿尔萨斯及洛林；9．依照民族特性重新确定意大利和奥匈帝国边界；10．东欧人民按照民族自决原则建立独立国家；11．罗马尼亚、塞尔维亚和黑山独立；12．

威斯康星大学麦迪逊分校主楼 Bascom Hall，摄于 1920 年

是，美国的主张不能打动老谋深算的其他主要战胜国，在巴黎和会上经过无数次不愉快的妥协所达成的《凡尔赛和约》令人大失所望，最终被美国国会否决，国会同时也否决美国加入由威尔逊倡导而建立的国际联盟。

美国就这样离开了满目疮痍的欧洲，它决意不再干涉国际事务，重新回到孤立主义的天堂。但和参战前相比，战后的美国已经顺势掌握了世界最强大的经济权力，无为而治的外交政策还将使联邦政府在未来二十年中免于负担对外干预所必需的庞大军费开支，并为共和党创造整整八年“平衡预算”的神话。新的国际货币体系——金汇兑本位制度迅速将各国货币的汇率稳定下来，国际贸易、跨国借贷与投资又呈现出欣欣向荣的局面。总之，1920 年，纯粹的自由市场经济的空前的大繁荣已经拉开了序幕。

当陈岱孙赶到威斯康星州首府麦迪逊时，已经将近十月。他就读的是威斯康星大学麦迪逊分校（University of Wisconsin-Madison，简称 UW-Madison）[3]。

（接上页）奥斯曼土耳其帝国民族自决；13. 恢复波兰之独立性；14. 成立国际联盟以维持世界和平。

〔3〕**威斯康星大学：**

威斯康星州的州立大学系统，由多处校园——分校组成，这些分校实际上就是一批由本州政府资助的公立大学。今天的威斯康星大学共有十二所分校，麦迪逊（Madison）和密尔沃基（Milwaukee）分校可以授予博士学位，属于研究型大学，其余十所分校最高只能授予硕士学位，属于教学型大学。

威斯康星州河湖纵横，植被丰厚。首府麦迪逊在Mendota、Monona、Waubesa、Kegonsa四大湖泊的环抱之中，市中心就位于Mendota与Monona两湖之间的天然陆桥上，竟是一座水乡。陈岱孙从一开始就喜欢上了这个地方，这里让他想起遥远的家乡——南台岛上的螺洲镇。

梦到她

1920年入读威斯康星大学本科的中国留学生有13人，其中，清华毕业的官费生11人，他们是：丁嗣贤（化工）、孔令烜（化学）、甘介侯（政治）、沈熊庆（化学）、余杰（商）、邵家麟（化学）、陈岱孙（经济）、曾昭承（经济）、赵学海（化学）、萨本铁（化学）、萧公权（政治）。另外两名自费生，是毕业于东吴大学的张先德（政治经济）和毕业于直隶实业学校的毕祖培（化学）。

注册时，陈岱孙从清华学校带来了大一大二的77个学分（77.2之四舍五入），其中，中文课程和手工、体操共17学分（17.1之四舍五

自左至右，？、孔令烜、曾昭承、毕祖培、陈岱孙合影于威斯康星大学麦迪逊分校校园小径旁，摄于1921年

入）被剔除，剩下的60分为威斯康星大学所承认。但这60分的构成根据算法上的差异有所调整，调整后为：英文12、德文16、生物4、经济学8、社会学4、历史8、数学3、心理学4，相加得59（原始资料显示为60）。

缺了必备的29分——第二外国语16（“在美国大学，英文自然不算是外国语”，所以，德文成了第一外国语，法文是第二外国语）、数学3、自然科学之一门10。关于学分不足的原因，清华在陈岱孙的入学材料中附有补充说明，主要是1920年局势动荡期间的停课、提前放假、若干项考试被迫取消等原因所致（见第二章“日晷”一节）。好在都已经学过，补考一下即可，无大碍，如此，陈岱孙插班进入经济系（属文理学院）三年级。

威斯康星大学麦迪逊分校校园在美丽的Mendota湖南岸，中国学生把这个湖叫作“梦到她”，湖畔是学生们平时流连最多的地方。

清华在美国首都华盛顿设立派出机构“驻美学生监督处”，“经理清华学校所派游美学生学费、月费、川资及已经核准之自费生津贴，并考核课务、约束风纪及统计、报告、庶务一切事宜”，并代理管辖国内其他一部分院校资送留美的官费生。（当时在华盛顿还有另一个中国留学生监督处，由教育部派出，专管由国内各省派去的官费学生，负责分发各省政府按期汇去的留学生经费。）

清华毕业生已经在国内修完美国大学一二年级的必修课，因此在赴美后便直接插班进入三年级就读。清华学校《选派学生赴美游学章程》将学生的留学总年限定为五年，但是并没有明文规定学满五年后最终必须取得何等学位与资格。联系章程的上下文，大致可以这样理解：在正常情况下，学生需要一到两年时间把本科读完，得到学士学位，如果到此为止，也不是不可以，尽管领取川资、打道回府便是；假设念下去，那么剩下的三年也足够用来读取一个硕士学位，大部分学生就是这样不紧不慢地在年限之内读到硕士，结束了留学生涯；至于说要拿下博士学位，五年之期则相当紧张。

清华1920级毕业生最终有近四分之一（21名）获得博士学位，其中仅有7人是在五年之内完成，其余则是经过监督处的批准，延长一到两年不等。陈岱孙属于后一种情况，申请延长了一年。博士生在延长期内继续享受各项官费资助，博士论文印刷费还可以向监督处申请报销 100 美元（学士、硕士论文则无此待遇）。

无论最后读到什么程度，学成后都必须回国效力，关于这一点，学生们在出国之前是签了志愿书的，而且均有可靠人士具保。

清华发给每个学生的月费（每月生活费）是 80 美元，完全够用。若是下馆子的话，普通餐馆一份正餐（一汤一菜，一咖啡一甜食，面包随意）需要大概五十美分，同学们平时凑在宿舍里自己下厨，偶尔出去聚个餐，每人每月花上三十块钱就足够吃饭了。做饭是由同宿舍的室友商量好了轮流坐庄，陈岱孙完全不会，只好给什么吃什么，并且每顿饭后负责洗碗。

当然，日常开销远不止是吃饭。

穿衣戴帽、社交活动、参观旅行也是他们十分重要的生活内容，每月占去大量预算。因此，到了月底竟常常遇到入不敷出、囊中羞涩的窘境。翘首等待监督处汇来月费的日子十分难熬，于是只好一连几天以热狗果腹。吃的时候，张嘴咬着一头，同时把香肠从另一头拉出一截，如此一口一口把面包吃完，之后“惊喜地”发现香肠尚在，于是留起来下顿再用，这样至少也算是“知肉味”。

1918 年毕业于北大、1919 年由河南省官费资助赴美就读哥伦比亚大学研究院的冯友兰后来回忆说，在当时的中国留学生中，显然有两大

陈岱孙（左三）和同学在宿舍就餐时的情景

毕祖培（左）、陈岱孙（中）、曾昭承（右）在宿舍门前摄于 1922 年

1922 年 9 月，伊利诺伊州埃文斯顿，威斯康星大学队员在中国旅美学生会中西部年会期间的足球联赛上合影，左二孔令烜，左五陈岱孙，左七毕祖培，右一曾昭承，摄于 1922 年

派：一派是“我们这些”北京大学毕业和其他经过“五四运动”的人，对于中国的东西知道得比较多一点，对于中国政治和世界局势比较关心，缺点是英文比较差，社交比较差，穿戴比较随便；还有一大派，不仅专业学得好，英语也流利，社交活跃，衣冠整齐，但对于中国的东西知道得比较少，对于政治不大感觉兴趣，这一派以清华毕业的人为典型。

清华在国内传授的各项留美预备课程质量十分过硬，还有它重视体育的传统，使得毕业生出去后受益匪浅，不存在语言障碍，感觉不到太大的课业压力，而且能够很轻易地融入当地社会。“美国大学本科的功课一般并不繁重，所以，在威斯康星州立大学时，不需要花太多的时间便可应付裕如。星期、假日经常和同学们到附近参观、旅行，藉以熟悉异国的习俗、风尚”。

在美国的清华学生除了经常举办本校校友的各种聚会活动之外，还是“中国旅美学生会”（The Chinese Students Alliance）的中坚力量。这个学生会分为东部和中西部两个大区，每年暑假召开年会。陈岱孙留美六年间，一共参加过四次，前两次代表威斯康星大学参加中西部年会，后两次代表哈佛大学参加东部年会。年会一般为期一周，以校际联谊为主，有丰富多彩的活动，像个夏令营，期间可能也开会讨论过一些“正事”，不过具体内容如今已不得而知。

金钥匙

威斯康星大学经济系有两位货真价实的大师，一位是理查德·伊利，[4] 一位是约翰·康芒斯[5]，后者与托尔斯坦·凡勃伦（Thorstein Veblen）、韦斯利·米切尔（Wesley C. Mitchell）等人创立了制度经济学，使得此地成为制度学派的发源地和大本营。制度学派比较“左”，在当时引起很多争议，喜欢它的人称其为开明，不喜欢的则视其为异端。

陈岱孙慕名而来，但对于他这个层面的外国留学生来说，那几位名声如雷贯耳的学派领袖根本就是远在天边的人物，跟自己没什么关

---

〔4〕**理查德·伊利**（Richard T. Ely，1854—1943）：

19 世纪末 20 世纪初美国最著名的经济学家。他还是一位教学有方的教师和多产的作家，组织过一些重要的研究项目，并建立了各种学术研究机构和协会。伊利是位激进的基督教社会主义者，曾直言不讳地批评自由放任的个人主义和“老派的”英国古典主义经济学，深受改良派的欢迎，但因此得罪了保守分子。伊利在威斯康星州创立了一个杰出的经济学学派，即政治科学和历史学学派，包括约翰·康芒斯在内的一些杰出的学者都曾是该学派的成员。

〔5〕**约翰·康芒斯**（John R. Commons，1862—1945）：

制度经济学方面有特色的威斯康星传统的奠基人。他从实践的、历史的和以实验为根据的研究中，尤其在劳动关系和社会改革各个方面，得出了他的理论见解，并概括在《资本主义法律基础和制度经济学》一书中。康芒斯积极参加州和联邦政府的顾问工作，他在起草诸如产业关系、行政机构、公用事业管理、工人补偿和失业保险等方面的重大问题的立法中起了很大作用。康芒斯发展了资本主义进化的理论和制度变化的理论，把它们作为削弱资本主义主要弊端的缓和力量。

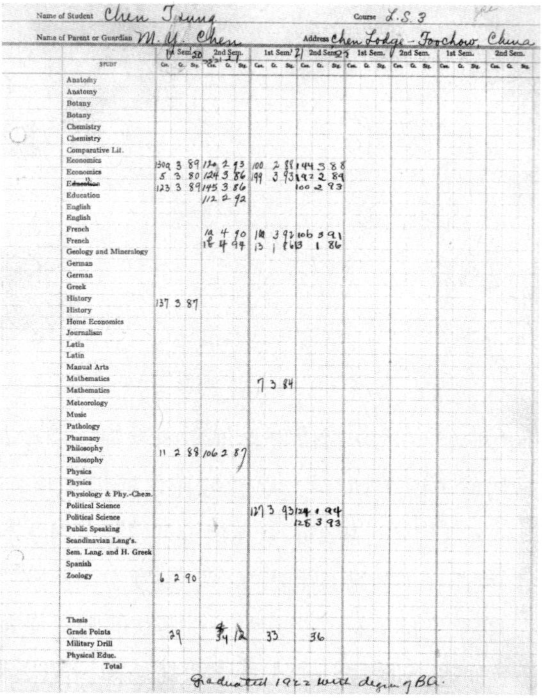

Name of Student Chen Tsung　　Course L.S. 3

Name of Parent or Guardian M. Y. Chen　　Address Chen Lodge - Foochow, China

STUDY	1st Sem. 20	2nd Sem. '21	1st Sem. 21	2nd Sem. 22	1st Sem.	2nd Sem.	1st Sem.	2nd Sem.
	Cou. Cr. Stg.	Cou. Cr. Stg.	Cou. Cr. Stg.	Cou. Cr. Stg.	Cou. Cr. Stg.	Cou. Cr. Stg.	Cou. Cr. Stg.	Cou. Cr. Stg.
Anatomy								
Anatomy								
Botany								
Botany								
Chemistry								
Chemistry								
Comparative Lit.								
Economics	130a 3 89	120 2 93	100 2 88	144 3 88				
Economics	5 3 80	124 3 86	199 3 93	192 2 89				
~~Education~~	123 3 89	145 3 86		100 2 93				
Education		112 2 92						
English								
English								
French		1a 4 90	1b 3 92	106 3 91				
French		1b 4 94	13 1 86	13 1 86				
Geology and Mineralogy								
German								
German								
Greek								
History	137 3 87							
History								
Home Economics								
Journalism								
Latin								
Latin								
Manual Arts								
Mathematics			7 3 84					
Mathematics								
Meteorology								
Music								
Pathology								
Pharmacy								
Philosophy	11 2 88	106 2 87						
Philosophy								
Physics								
Physics								
Physiology & Phy.-Chem.								
Political Science			127 3 93	124 1 94				
Political Science				125 3 93				
Public Speaking								
Scandinavian Lang's.								
Sem. Lang. and H. Greek								
Spanish								
Zoology	6 2 90							
Thesis								
Grade Points	29	[illegible]	33	36				
Military Drill								
Physical Educ.								
Total								

Graduated 1922 with degree of BA.

陈岱孙在威斯康星大学两年的成绩单（威斯康星大学档案馆提供）

陈岱孙在麦迪逊周边地区游览，摄于 1922 年

陈岱孙在威斯康星大学的毕业照，摄于 1922 年

陈岱孙（右三）和曾昭承（右九）在 Artus 骑士团年会上，后排左五为约翰·康芒斯，摄于 1922 年

系，其实也用不着有什么关系，因为“功课并不繁重。我当时实际上并不知如何读书，除了教材及教员指定的少数参考书外，并不旁征博览，不寄太多的时间就可全部掌握并取得较佳的成绩”。岂料，他的“较佳的成绩”（各科分数全在 80 以上）引起了康芒斯的注意。

陈岱孙在威斯康星大学平平稳稳地读了两年，节假日到处游山玩水，什么也没耽误。他于 1922 年夏天毕业，拿到学士学位。学位论文是《煤炭业的产业治理》（*Industrial Government in Anthracite Industry*），从题目来看，是典型的康芒斯的课题。很遗憾，笔者没有找到这篇文章，因此无从了解康老在其中的影响和作用，不过，他在另一件事上对陈岱孙加以提携，则是确认无疑的。那是陈岱孙和老同学曾昭承在临毕业前的一项计划外的收获——他们各得了一枚金钥匙。

授予他们金钥匙的团体叫作 Omicron Delta Gamma Honorary Economics Fraternity，Omicron、Delta 和 Gamma 即希腊字母 Ο、Δ 和 Γ。

这是一个自称为“荣誉经济学兄弟会”[6]的组织，又称“The Order of Artus”，即“Artus 骑士团”，由威斯康星大学和哈佛大学两校的经济学会于 1915 年合并而成，创始人是威斯康星大学的约翰·康芒斯和哈佛大学的弗兰克·陶西格（Frank W. Taussig，1859—1940），会员仅限于两校经济系专业成绩和全科成绩同属优异的高年级生，旨在促进两校经济系师生的学术交流和社交联谊。陈岱孙和曾昭承一同被吸收入会，获颁象征会员资格的金钥匙，之后更是借此机缘，一同申请进入哈佛大学继续读研究生。

这枚金钥匙不大，用一根细细的金链子拴着，佩戴于西服背心的前胸部位，乍一看，很像是一件坠在怀表链上的小饰品。它浓缩着陈岱孙对两所美国母校的美好回忆，后来在“文革”抄家中永远地消失了，令陈岱孙终生想念。结果念叨的次数多了，身边就有不少人知道他曾经有过这么一个物件，但是关于东西的来历倒没多少人能说得清楚。

---

〔6〕**兄弟会：**

美国大学中的精英学生社团，有不少是以希腊字母冠名，例如，美国总统富兰克林·罗斯福在哈佛大学时加入的社团就叫作 Alpha Delta Phi Fraternity（“Α Δ Φ 兄弟会”）。这些社团一般都有秘密典礼和仪式，其中最令世人感到神秘的是耶鲁大学的 Skull and Bones（“骷髅会”，又称“The Order of Death”，即“死亡骑士团”）。

波士顿少年

陈岱孙1915年插班入英华学校三年级，1918年插班入清华学校高等科三年级，1920年插班入威斯康星大学经济系本科三年级，至1922年，整整七年的插班生时代终于结束。这一年，经过学术委员会的层层筛选，在众多申请者中，有大约三十人被哈佛大学文理研究生院录取为经济系研究生。陈岱孙和曾昭承本科成绩门门优秀，又有Artus骑士团多名会员的倾力推荐，自然无甚悬念，顺利地进入了这所全美最负盛名的大学。

志得意满的陈岱孙，入学后的第一个感觉就是大部分同学的年龄都要比自己大，不像是刚从本科毕业的。询问之下，明白了他们都是在本科毕业之后从事过若干年教学研究或经济实务工作，为了职业生涯的进阶而重回校园深造的，学习目标十分明确。同时，他们经济独立，工作几年下来都小有积蓄，足够维持未来几年的求学和日用开支——自掏腰包上学，自然把全部时间都用于苦读，一切体育、文娱、社交活动几乎全部取消。

研究生当中另外一些从本科直接升学的，如陈岱孙、曾昭承、李榦，俱为各大学的尖子毕业生。

陈岱孙有生以来一贯轻轻松松当优等生的日子，在入学哈佛不到两个月后彻底结束，他的骄矜之气被彻底打垮，真正开始发愤。

“这情况我在入学后不久就发现了。经济系研究生班有一个自修室，自修室旁边有一个能容纳三十来人的西敏纳尔室（注：Seminar，意为研讨室）。我们这一批第一年研究生，于上课之余，几乎每天都来自修

陈岱孙在哈佛大学校园

室读书。读书之余，经常相互问难。当论点的分歧激化时，为了避免干扰别人，执辞不一的人就退入西敏纳尔室，关上门，然后大声争辩。这种场合我也有时参加，但不久就有点内怯，感到自己的学识大不如人。我发现，在争辩时，许多人提出的意见、论点都不只限于课堂所涉及或指定参考书的范围，而经常有更详尽、精辟的意见。我经常感到我自己的眼光太窄了、识见太浅了。这种落后的情形必须改变。”

这个班卧虎藏龙，有后来在1933年提出垄断竞争理论的爱德华·张伯伦（Edward H. Chamberlin，1899—1967），有对于国际贸易理论和国际资本流动进行了开创性研究而在1977年获得诺贝尔经济学奖的贝蒂尔·奥林（Bertil G. Ohlin，1899—1979）。这些人在哈佛大学读研究生的时期就已经崭露头角，与他们为伍，陈岱孙感到的压力可想而知。“四年发愤苦读的生涯就是在这压力下迫出来的。从这时候起，在这四年中，我根本没星期日，只有星期七。除了有两个暑天参加中国旅美学生会召集的夏令会，用去了二十天外，这几年的寒暑假也根本取

哈佛大学中国同学会的野餐会，站立者左一叶企孙，左二李榦，左三甘介侯，左九陈岱孙，摄于 1923 年 7 月 23 日

消了。”

在“西敏纳尔室”里熏了一阵子，陈岱孙这才终于明白读书是怎样一回事了。过去只看教材以及教师指定的有限几本参考书，现在则不同——他顺着参考书提供的线索，只要是有关的书籍和文献，凡是能找到的，一概拿来通读。

“在研究生院两年后，由于导师教授的特别推荐，我获得一个更好的读书条件，被批准在校图书总馆的书库里使用一个摆有一小书桌的专用研究小隔间。我可随时凭证入库，从此，我就再不去上述的经济系研究生自修室，而每日待在这小隔间里读书。隔间的旁边就是书库中的一排排的书架，书这样多，方面这样广，我再一次感到典籍的浩瀚而自己是如何浅尝无知。我除浏览和我的专业有关的书籍外，有时还兼及于其他有关社会科学、哲学、历史等等的名著。更方便的是，我可以任意从书架上抽出我要看的书，带到小隔间去阅读。阅读后不要再读的书，只需平放在小桌上，晚间书库内的工作人员在巡库时，就会把它取回分别还插原架上。如果我要保留这书，以便续看，我只要把它放在我的小书桌旁边的小书架上，插上一‘请予保留’的条子，书库工作人员就不会把书收走。有时到了下午四五点钟，实在累了，我就到图书馆另一层的一间名为瓦德纳（Widner）

陈岱孙在哈佛大学图书馆外

纪念室的阅览室里偷得一二小时的休闲。这是一个罗列欧美文学名著的开架阅览室。入室者不许带书包或书籍，只许浏览本室的文学书籍。在宁静的环境、柔和的灯光下，我有时借此消磨了晚饭前一两小时的辰光，也就消除了一天的劳累。晚饭后，我回宿舍，又恢复正经书的学习了。”

陈岱孙如此满怀温情的回忆，尽管只是寥寥数语，也足令后世学人心向往之。

“这四年是我平生一次最长期的密集的读书时间，也是我的专业知识最迅速长进的时间，更是我感到读书最有兴趣的时间。我离开哈佛大学，别的没多留恋，就是为这个密集读书生活的结束，有点惘然。”

陈岱孙博士

在哈佛大学，1924 年，陈岱孙获得硕士学位，并先后通过德、法两个语种的第一、第二外国语考试和博士生资格专业考试，取得候补博士的资格。这时，他选定财政学为专业，开始为博士论文进行专题研究。

陈岱孙的导师教授名叫查尔斯·杰西·布洛克（Charles Jesse Bullock，1869—1941），他生于波士顿，1892 年毕业于波士顿大学，1895 年获威斯康星大学博士学位，1903 年至 1934 年在哈佛大学讲授经济学。布洛克于 1917 年至 1929 年在哈佛主持经济研究委员会，1917 年

哈佛大学经济系的中国留学生，左一陈岱孙，左三萧蘧，左四曾昭承，左五李榦

至1919年担任全美赋税协会会长，财政学是他的主要研究领域。

师徒二人反复商量，最终确定下陈岱孙博士论文的选题——“马萨诸塞州[7]地方政府开支和人口密度的关系”。

当时，各国中央政府和地方政府公共开支的令人瞩目的增加，正引起政府官员、纳税人和经济学家越来越多的关注，人口规模的变化一般被认为是影响公共开支最重要的因素之一。

一派观点（递减论）认为，人口数增加的自然结果是人均公共开支的降低，这种观点的基本假设是：（一）政府与私人工业企业相类似，大规模生产必然带来更大的节约，从而使单位开支减少；（二）人口增加所涉及的不过是政府各种服务的增多或重复。

另一派观点（递增论）认为上述两个假设不能成立，因为：（一）政府和私人企业绝不是完全类似的，它们处理开支问题的着眼点不同，私人企业把所有开支看作成本，除非有利可图，否则不会支出，政府却不能以同样原则决定取舍，而且两者所提供的产品和服务的性质也不相同；（二）随着人口增长，政府将比人口维持不变时要做更多的事情、尽更多的义务，与人口增长相适应，政府活动的外延和内涵都增加了，它们都倾向于扩大开支。故此，“事实上”，因人口增长而导致的需求增长会比人口数本身增长得更快。

陈岱孙觉得，这两派观点都是沿着抽象和先验的路线（演绎法）发展的，它们尽管也时常援引若干事实作为支持，但是关于这个问题从未有过全面的归纳法的分析，而他相信，“就眼前的问题来说，以系

---

〔7〕**马萨诸塞州**（Massachusetts）：

美国东北部的一个州，正式名称为“马萨诸塞联邦”（Commonwealth of Massachusetts），属于新英格兰地区，在中文里常常被简称为“麻省”。麻省是美国历史最为悠久的一个州，1620年，搭乘五月花号帆船的英国移民就是在这里踏上了美洲新大陆的土地。

始建于1636年的哈佛大学位于麻省紧邻首府波士顿的剑桥市（Cambridge）。

1920年代中期，陈岱孙在他的博士论文中，以人均财产1800美元作为区分麻省“正常富裕”和“格外富裕”市镇的界线。

左起，陈岱孙、李榦、曾昭承在哈佛大学体育场外

统和全面资料为基础的归纳分析会比演绎分析得出更佳成果”，他要做的工作就是——以归纳方法来检验以演绎方法得出的上述理论。

因此，陈岱孙的论文所要展示的是关于一种研究方法的实践，核心在于方法本身、讨论范围，以及数据资料，结论倒在其次（可能的两种结论本来也并无好坏优劣之分，所求的仅仅是去伪存真而已）。

对于同一个场合进行历史的研究，即在一个既定的范围内研究人口密度与公共开支的历年变化，以得出两者之间的确切关系，由于这种方法很难剔除人口之外的其他纷繁复杂的因时间而起作用的因素对于公共开支的影响，而被陈岱孙放弃。他选择进行横断面研究，即，在单一时期内比较许多场合的人均公共开支随人口密度的变化，如此，便于消除人口之外的其他因素的干扰。

关于“单一时期”，陈岱孙选择了 1919、1920、1921 三个连续年度的平均数，“三年这样短，足以把一个长时期的不足减到最低限度，它又这样长，足以清除某一特定年份的大部分不规则性”，况且，1920 年还是最近一次全美人口普查年份，统计数据精确可靠。

讨论范围（“场合”）不宜过大，如进行国与国、州与州的比较，则中央政府和州政府的许多开支与地方公共开支的性质根本不同，最理想的是比较一州之内各市镇的情况。

至于选择了麻省，是因为“在美国不多几个一直努力收集地方财政全面报表的州中，马萨诸塞州是一个先锋。它从1906年起就一直编辑出版《市镇财务统计》，每年全面总汇该州各市镇的财政账目。这份总汇是以各市镇的会计检查官或其他会计官员填报的材料为基础而编制的，它包括对各市镇在上一个财政年度全部收支的总括性说明和明细说明，所用的全是公司和税收委员会所制定的统一报表”，“人口和地域数字可以从该州人口普查和官方报告中得知”。此外，还因为导师布洛克教授当过马萨诸塞州的税务顾问，对麻省的情况了如指掌。

确定了几大原则之后，陈岱孙把马萨诸塞州354个市镇有关公共开支的原始统计数字重新整理了一遍。他把名义开支、重复计算、非经常性和不规则的各项（如基本建设开支）、各市镇之间不可比的各项（如同样的公共服务，有的地方是由公营机构提供，有的地方则由私营企业提供）统统排除，将地方政府的总经常开支分为教育、公路、州政府、保护人身和财产、卫生和保健、慈善事业和军人福利、图书馆、娱乐、支付利息等九项（维持墓地和管理托管基金两项由于数额微不足道而被省略），分门别类，逐一分析每一项与当地人口密度的关系。文章所附统计表格几达百页。

结果，论文既没有支持“递减论”，也没有支持“递增论”。陈岱孙设计出的经济模型表明，教育和公路两项，人均公共开支明确遵循递减率，州政府一项不增不减，其余各项均不同程度地遵循递增率。总经常开支由全部各项合成而来，变化趋势比较古怪，总体上先减后增，但实在很难说有什么规律。如果进行州与州的比较，如果以某种方法纳入基本建设开支的因素，如果换一个州来研究，曲线都有可能是另一番模样。陈岱孙用这样一句话作为论文的结束语——“希望这个研究至少会对这个问题的解决有新的启发”。

1926年3月的某日，陈岱孙被一个由分别来自于哈佛大学文理研究生院历史学、政府学、经济学部的三位教授所组成的答辩委员会考问了

陈岱孙（右一）在哈佛大学 Perkins Hall 第 81 号房间的宿舍中，右二浦薛凤，右三李榦，左一曾昭承

几乎一整天，汗透重衣，一次通过论文答辩，不久，获授博士学位。念了二十年书的陈岱孙发誓此生再不参加任何考试，果然，在几十年后的“文化大革命”中，“造反派”出题考教授，他勇敢地交了白卷。

陈岱孙的博士论文《马萨诸塞州地方政府开支和人口密度的关系》（*The Relation Between Local Governmental Expenditures and Density of Population in Massachusetts*），被收入《哈佛大学经济学丛书》，由哈佛大学出版社于当年出版（全书 164 页）。它作为一篇当时罕见的实证研究的佳作（哈佛大学档案馆所保存的记录显示，论文的观点和数据被众多研究者引用，直至 1978 年），又被导师布洛克推荐给“威尔士奖金”（David A.Wells Prize）评委会，参评 1926—1927 年度哈佛大学经济学最佳博士论文奖，获奖者可得 500 美元奖金，约合我国国币 1100 银元。

但陈岱孙知道自己没戏，因为他的同学爱德华·张伯伦即将完成他的具有划时代意义的博士论文《垄断竞争》（*Monopolistic Competition*）。

张伯伦的这篇文章于 1926 年基本完稿，1927 年通过答辩（其《垄断竞争理论》*The Theory of Monopolistic Competition* 一书则晚至 1933 年方才出版）。在“西敏纳尔室”里，张伯伦曾将他的论文内容向同学

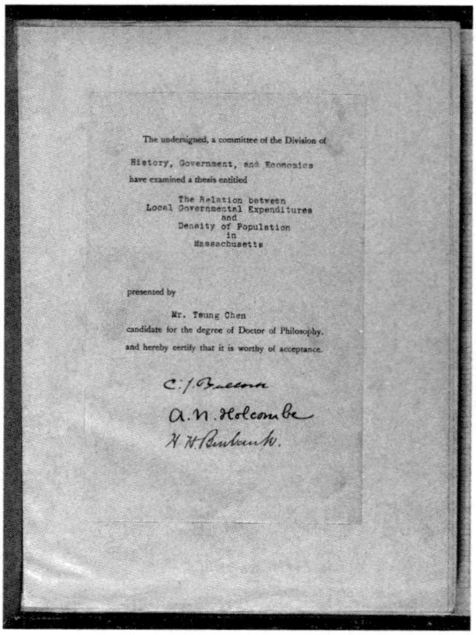
The undersigned, a committee of the Division of

History, Government, and Economics

have examined a thesis entitled

The Relation between
Local Governmental Expenditures
and
Density of Population
in
Massachusetts

presented by

Mr. Tsung Chen

candidate for the degree of Doctor of Philosophy.

and hereby certify that it is worthy of acceptance.

A. N. Holcombe

陈岱孙博士论文扉页

（哈佛大学档案馆提供）

们做过详细阐述，听众无不认为“文中的观点是对于传统的市场经济自由竞争完善性假定的理论突破”——这意味着经济学从此和以往大不相同了。作为听者之一的陈岱孙清楚，他们那一年度的“威尔士奖”必属张伯伦无疑，对此，他“心悦诚服”。

世上有些巧合真是令人难以置信——整整二十年后，终于有一名中国留学生跻身于“威尔士奖”获得者的行列，他就是陈岱孙在西南联大的亲传弟子张培刚博士（1913—2011）。张博士的论文《农业与工业化》（*Agriculture and Industrialization*）被经济学界公认为发展经济学（Development Economics）的奠基之作，使他在1946—1947年度得到此项殊荣，而当时的哈佛大学经济系主任恰恰是陈岱孙二十年前的同班同学、1926—1927年度“威尔士奖”得主——鼎鼎大名的爱德华·张伯伦。

假定陈岱孙和张伯伦真的关于“威尔士奖”进行过某种“竞赛”的话，那么，是张培刚最终为这场竞赛画上了一个圆满的句号。假定真有过这样的“竞赛”，那么，为期二十年的“华山论剑”之约，令人在唏嘘之余，油然而生的是对半个多世纪前的中国经济学家们的崇高敬意。

欧洲之旅

辛劳四年，该是好好犒劳一下自己的时候了。

美国历史文化的根在欧洲，陈岱孙早有赴欧洲一游的打算。他决定今年年内暂不回家，也不急着联系找工作的事，准备用大半年的时间周游欧洲诸国。

为读博士学位，陈岱孙原先向清华驻美学生监督处申请将留学年期延长了一年，结果他只多用了七个月就完成论文并通过答辩，于是，他写信给驻美学生监督赵国材，把余下五个月的生活费（400 美元）和相当于从美国回国的旅费（500 美元）全部支取出来。此前，福州老家汇来 300 美元，同时还向住在巴黎的好友沈篑基那里汇去 120 英镑（当时官价 1 英镑合 4.86 美元）留待陈岱孙到达时取用。几笔钱加在一起，全部换成法郎的话有将近七万，再考虑到一路上亲友们或有照应，盘缠足够了。

陈岱孙订了 6 月从纽约去英国的船票，他把大部分辎重（主要是书籍）装箱托运回福州，自己 5 月 18 日从波士顿动身前往纽约，在那里，他向欧洲诸国的领事馆递出签证申请。在等待签证的十多天里，到华盛顿和费城转了转，在华盛顿时还特地前去拜望中国驻美公使施肇基博士。施先生对陈岱孙毕业后的职业规划曾

赵国材，清华学校前副校长
1926 年时任驻美学生监督

有建议，不过，此时的陈岱孙还顾不上这个，他正满心憧憬着即将到来的远游。

6 月 13 日，陈岱孙渡过大西洋，在普利茅斯上岸，当天去往伦敦。在伦敦盘桓两周后，他坐着木头架子裹着帆布的最老式飞机去了巴黎，越过窄窄的英吉利海峡，用了两个半小时。在这段难熬的时间里，陈岱孙基本上一直在呕吐。其实这也没什么好奇怪的，世界民航业当时还处在史前阶段，舒适是根本谈不上的，至于快捷，倒可称得起是划时代的进步，续航能力则只有天晓得。查尔斯·林德伯格（Charles A. Lindbergh）在人类历史上第一次驾飞机从纽约飞越大西洋到巴黎（用了 33.5 小时），成为超级英雄，那还是一年以后的事。

此次旅欧，陈岱孙以巴黎作为根据地，因为这里物价便宜，加上法郎汇价又正逢走低——1 英镑最多时可兑换 189 法郎（1 美元约合 39 法郎）。所以，在大学生、艺术家们所钟爱的拉丁区，每天花六十美分就可以租到好房子，在上等餐馆花一美元便可以吃一份正餐，而且，吃了六年美国饭的陈岱孙觉得法国人的厨艺简直是好极了。

还有就是巴黎的交通方便，从这儿坐火车能直达欧洲大陆几乎所有的著名城市。陈岱孙选择的出游路线是，从巴黎出发，经日内瓦、米兰、威尼斯、佛罗伦萨、罗马、那不勒斯、庞贝、维也纳、布达佩斯、布拉格、德累斯顿、柏林、阿姆斯特丹、布鲁塞尔，然后回到巴黎。一路上信马由缰，走走停停，除了这些名城，还到过许多犄角旮旯的僻静地方，一趟下来历时四十天。陈岱孙在哈佛学过法语、德语，旅途中不存在语言障碍。在德国逗留的时候还正式加入了烟民的行列，后来他说是因为每在餐馆吃完饭要结账时，总是唤不来跑堂的伙计，而如果叼上一支烟，账单就会立刻送到，于是从此衣袋里就常备烟卷。至于戒烟，已是六十年后他八十多岁时候的事了。

在意大利，陈岱孙喜欢上了歌剧。他发现街头巷尾的贩夫走卒（包括遍布在水城威尼斯的众多“冈多拉”船工们），总爱在闲下来的片刻，自顾自地扯开嗓子唱上一段，余音绕梁，“人人唱得都很棒”。这立刻让他联想起了北京城的戏迷们，那种舒缓和惬意，那种落寞与苍凉，颇具异曲同工之妙，毕生酷爱京剧的陈岱孙对此激赏不已，真

陈岱孙在哥本哈根
摄于 1926 年

有他乡遇故知之感。相比之下，当初在哈佛买了学生票去听的波士顿交响乐团星期音乐会，曲目和形式就都显得过于高深和严肃了。

另一次从巴黎外出，为期十天，是陈岱孙在 12 月初启程回国之前，专程去哥本哈根看望刚刚就任中国驻丹麦公使半年多的罗忠诒舅舅和他的全家。阔别六年，舅舅、舅母大喜过望之余，不免一番唏嘘，然后便是倾谈国内政局、清华趣闻以及家中各人的近况，也不必细述。

除去两次旅行，陈岱孙在巴黎住了累计有三个多月。天气不好时，他会感到忧郁，有个别时候也会突然觉得无聊而无所事事地消磨整日。身在异乡为异客，这总是难免的。

好在绝大部分时间的生活很充实。毕竟巴黎以及周边地区有逛不完的好去处，市内不断有歌剧、有音乐会、有新上映的电影，到侨居在此的亲友家串门，出席旅欧清华同学的聚会，上街购物，拿着剪下的报纸广告中的图样去裁缝店定制各式衣裳——穿惯了洋服的陈岱孙必须为将来归国后的日子做些储备，偶尔去小赌场花几个零钱，到中国公使馆点个卯、看几张中文报纸，坐坐露天咖啡馆，还有就是在哈佛拿到博士学位之后报了名但只来得及学了一半的交谊舞课程，在巴黎还得找个学校继续下去，不可半途而废。

有了时间，陈岱孙还要到巴黎大学文法学院（今天的巴黎第四大学，Université de Paris IV，Paris Sorbonne）去旁听课程。巴黎大学不像清华园，而是“像一般欧洲大陆许多国家的大学一样坐落在城区，教室楼紧靠大马路，楼门大开，没什么门禁。任何人可以不经批准自由进入教室坐下听讲。只要循规蹈矩，绝没人加以干涉。我就是这样听了几个月利斯德（Charles Rist）教授的货币金融一课的。北京大学在沙滩的当年也有类似的传统。当时不少有志学问而无力入学的穷学生是北京大学的‘偷听生’。这个传统是值得赞赏的。为什么要高其门墙拒这些人于千里之外呢？”

陈岱孙在报纸上剪下的衣服样子

年底，钱终于花完了。陈岱孙在哥本哈根时曾向罗忠诒舅舅“借”了 65 英镑，结果定下回国的二等舱船票之后，算一下房费，身上还是几乎一文不名，临离开巴黎前又紧急找人借了 10 英镑，便立刻坐火车赶往马赛。路上慌慌张张，在马赛的出租车上险些丢了手提包。12 月 3 日，陈岱孙登上从马赛开往上海的法国轮船达达尼昂号（SS D’Artagnan）。4 日一大早，轮船驶离马赛。上了船就踏实了，一个多月的吃喝都含在船票里，船长在圣诞夜还招待音乐会和舞会呢。

一路上的人情世态，看过钱钟书小说《围城》第一章的，应该都能够知道个大概。

船过西贡时，陈岱孙迎来了 1927 年。

1 月 10 日，上海终于到了。

吾校庄严（之一）

西方世界自16世纪起就开始有汉学方面的研究，美国比较晚。

哈佛大学全体中国校友在母校校庆300周年时捐赠的纪念碑，摄于1936年

1879年，波士顿的对华贸易商人集资8750美元作为基金（年底增加到一万美元），邀请中国人戈鲲化与哈佛大学签约开课。7月2日，戈鲲化（安徽徽州人，1835—1882，久居宁波，候补知府衔，曾供职于沪宁两地的英美领事馆）同一妻二儿三女、一女翻译、一女佣，搭乘英国轮船格仑菲纳斯号（Glenfinlas）从上海启程，经过大约五十天的航行抵达纽约，随后转往波士顿，来到哈佛教授中文。戈氏于1882年患肺炎病逝，当时的哈佛大学校长查尔斯·艾略特（Charles W. Eliot）为他在亚培顿教堂（Appleton Chapel）举办追思仪式，后归葬。

1928年，陈岱孙毕业两年后，哈佛大学建立哈佛燕京学社

（Harvard-Yenching Institute）以及一座中文图书馆。图书馆内陈列着戈鲲化身着清朝官服的照片，还张挂了一些中国著名学者的墨宝，其中有宣统帝师陈宝琛在八十四岁高龄时书写的对联，“文明新旧能相益；心理东西本自同”。

1936年，陈岱孙毕业十年后，哈佛大学建校300周年，全体中国校友捐资在校园内敬立纪念碑一座。碑身采用中国传统式样，上有螭首，下有龟趺。碑文题曰“美国哈佛大学三百年纪念记”，全文如下（原文无标点）：

文化为国家之命脉。国家之所以兴也，繇于文化，而文化之所以盛也，实繇于学。深识远见之士，知立国之本必亟以兴学为先。创始也艰，自是光大而扩充之，而其文化之宏，往往收效于数百年间而勿替，是说也，徵之于美国哈佛大学，滋益信矣。哈佛约翰先生于三百年前由英之美，讲学于波士顿市，嗣在剑桥建设大学，即以哈佛名之。规制崇闳，学科美备，因而人才辈出，为世界有名之学府，与美

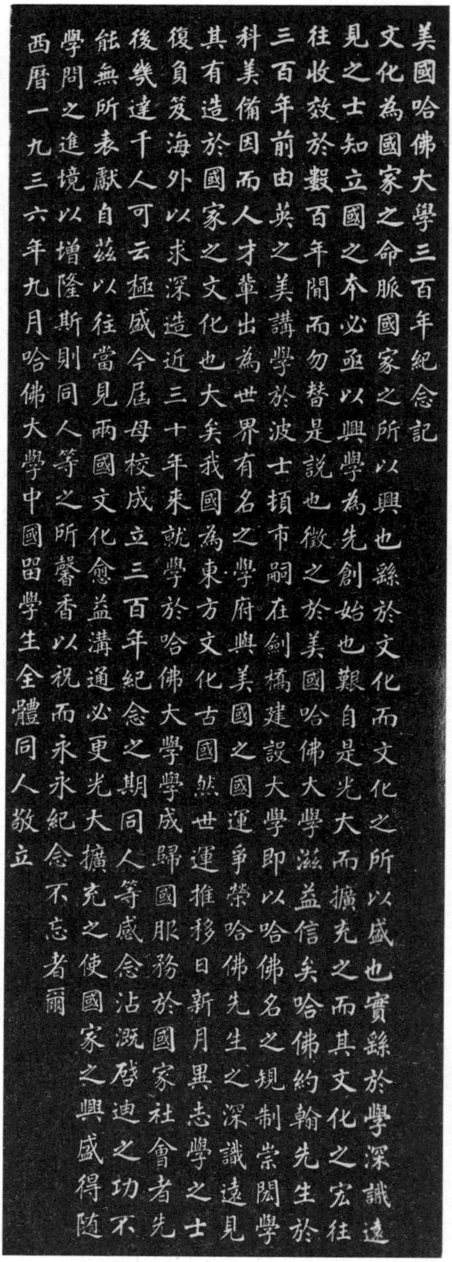

美國哈佛大學三百年紀念記
文化為國家之命脈國家之所以興也繇於文化而文化之所以盛也實繇於學深識遠見之士知立國之本必亟以興學為先創始也艱自是光大而擴充之而其文化之宏往往收效於數百年間而勿替是說也徵之於美國哈佛大學滋益信矣哈佛約翰先生於三百年前由英之美講學於波士頓市嗣在劍橋建設大學即以哈佛名之規制崇閎學科美備因而人才輩出為世界有名之學府與美國之國運爭榮哈佛先生之深識遠見其有造於國家之文化也大矣我國為東方文化古國然世運推移日新月異志學之士復負笈海外以求深造近三十年來就學於哈佛大學學成歸國服務於國家社會者先後幾達千人可云極盛今屆母校成立三百年紀念之期同人等感念沾溉啓迪之功不能無所表獻自茲以往當見兩國文化愈益溝通必更光大擴充之使國家之興盛得隨學問之進境以增隆斯則同人等之所馨香以祝而永永紀念不忘者爾
西曆一九三六年九月哈佛大學中國留學生全體同人敬立

哈佛大学全体中国校友向母校捐赠的纪念碑碑文，摄于1936年国之国运争荣。哈佛先生之深识远见，其有造于国家之文化也大矣。

我国为东方文化古国，然世运推移，日新月异，志学之士复负笈海外以求深造。近三十年来，就学于哈佛大学、学成归国服务于国家社会者，先后几达千人，可云极盛。今届母校成立三百年纪念之期，同人等感念沾溉启迪之功，不能无所表献。自兹以往，当见两国文化愈益沟通，必更光大扩充之，使国家之兴盛得随学问之进境以增隆，斯则同人等之所馨香以祝而永永纪念不忘者尔。

西历一九三六年九月，哈佛大学中国留学生全体同人敬立。

同学们

孔令烜（字耀青，山东曲阜人，孔子第七十六代孙，生卒年份不详），化学专业。1920 年清华毕业，1922 年威斯康星大学学士，1923 年俄亥俄州立大学硕士。孔令烜就读清华学校时曾担任孔教会会长，是“五四”时期清华学生运动的主要召集人之一，其余情况不详。

孔令烜，摄于 1922 年

曾昭承（字仲威，湖南湘乡人，曾国潢曾孙，1897—1979），经济专业。1920 年清华毕业，1922 年威斯康星大学学士，1924 年哈佛大学硕士。曾昭承学成归国后担任国民政府主计处科长，1940 年任云南锡业公司会计主任，1946 年赴台湾，任台湾糖业公司协理，1956 年在台湾工矿股份有限公司总经理任上因受贿罪被判处三年徒刑。胞弟曾昭抡（1899—1967），化学家，与曾昭承同年自清华毕业并赴美，就读麻省理工学院。胞妹曾昭燏（1909—1964），考古学家、博物馆学家，毕业于中央大学国文系，后留学英国、德国，1955 年任南京博物院院长。曾昭承其余一位胞弟（昭拯）和三位胞妹（昭懿、昭鏻、昭楣）均接受良好高等教育，各有专长。曾氏一门根深叶茂，与清末、民国各大望族之联姻关系错综复杂，几代人的遭遇又因时事变迁

1922 年自威斯康星大学毕业时的曾昭承

1922 年自威斯康星大学毕业时的毕祖培

而迥异，非专著不能详述也。

毕祖培（字稚轩，河北天津人，1892—1963），化学专业。1920 年直隶实业学校毕业，自费赴美留学，1922 年威斯康星大学学士。毕祖培学成归国后长期任职于开滦煤矿（唐山）。1941 年 12 月，太平洋战争爆发，日本接管原先由英国控制的开滦矿务总局和秦皇岛港，日本人柴田一美出任秦皇岛港务局局长，毕祖培出任副局长，此后，柴田和毕祖培还一起担任了秦皇岛地区的日伪妇女组织“善邻大会”的顾问，其各自的夫人则分任该会的会长、副会长。1950 年 5 月 17 日，开滦煤矿劳资协商会议成立，会议由劳资双方各 11 人组成，毕祖培以资方代表身份参加。毕祖培是秦皇岛市政协第三届（1962 年 3 月至 1963 年 10 月）和第四届（1963 年 10 月至 1981 年 11 月）常务委员，于任期内逝世。

萧蘧（字叔玉，江西泰和人，1897—1948），经济专业。1918 年清华毕业，密苏里大学学士，康奈尔大学硕士，1925 年哈佛大学博士，哈佛中国同

萧蘧在哈佛大学校园

学会会长。萧蘧学成归国后任教南开大学，1929 年起任教清华大学经济学系，1930 年 9 月至 1931 年 4 月兼任清华大学教务长。萧蘧自 1944 年 5 月至 1947 年 5 月继胡先骕之后担任国立中正大学校长。关于此事，有传说云，“开罗会议（注：1943 年年底）时，罗斯福（注：指富兰克林·罗斯福，Franklin D. Roosevelt，美国第 32 任总统，西奥多·罗斯福之侄）与蒋主席闲谈间，曾提及萧先生为其哈佛大学同班、成绩超人之语。返，即畀以中正大学校长之职；萧先生时在联大（注：国立西南联合大学）任教国际贸易与汇兑等课，得电大讶，及重庆派专使前来迎迓，并奉上旅费机票，始知端倪。初，亦颇踟蹰，然亦不得不然。故当其达教室向学生告别时，以‘最后一课’喻而笑之”。呜呼！萧蘧与罗斯福年龄相差 15 岁，怎可能在哈佛本科同班？罗斯福 1900 年入哈佛，萧蘧时年方才三周岁而已——究竟是蒋主席当了冤大头，还是萧先生揣着明白装糊涂，或是口述历史者胡说八道，只有靠读者自判了。1947 年，萧蘧赴纽约担任中国驻联合国代表团经济顾问，1948 年 12 月因医疗事故去世。

甘介侯（江苏宝山人,1896—1984），政治专业。1920 年清华毕业，1922 年威斯康星大学学士，1923 年哈佛大学硕士，1926 年哈佛大学博士。甘介侯君一表人才，在清华 1920 级同学中十分耀眼，当年在离沪赴美前夕的多场各界欢送会上就老是由他代表留学生致答谢词，他自编自唱的上海“滩簧”是哈佛大学中国学生聚会时必不可少的余兴节目。甘介侯学成归国后入仕途，是国民党新桂系负责外交事务的重要人物，历任武汉国民政府外交部秘书、秘书长，江汉关监督兼特派湖

甘介侯，摄于 1920 年

1922 年自密苏里大学毕业时的李榦

北交涉员，第一方面军外交处处长，第四集团军外交处处长，外交部常务次长（未到任），外交部驻两广特派员，第一、二届国民参政会参政员。1949 年年初，蒋中正宣布下野，李宗仁代总统，南北和谈气氛渐浓。甘介侯于 2 月 5 日对中央社记者发表谈话，声称准备前往北平“敲门”，以“敦促中共迅即指派和谈代表，并决定和谈之时间，以便政府代表团前往开始和平谈判”。但他此举遭遇毛泽东强烈反感并公开警告，“甘介侯这类从事‘和平攻势’的政治掮客，只有资格在南京上海一带出卖其‘和平攻势’牌的美国制造的廉价商品，人民的北平不欢迎这类货色，如果甘介侯竟敢混入北平，贩卖私货，则北平人民很可能把他驱逐出境”云云。之后，甘介侯奉李宗仁之命赴美从事外交活动，次年初，促成李宗仁与美国总统杜鲁门（Harry S. Truman，美国第 33 任总统）在华盛顿会晤。甘介侯余生居留美国，在新泽西州大学任教。

李榦（字芑均，江苏无锡人，1901—1999），经济专业。1920 年清华毕业，1922 年密苏里大学新闻学学士，1923 年密苏里大学文学士，1924 年哈佛大学经济学硕士，1927 年哈佛大学博士。李榦学成归国后历任财政部国定税则委员会委员，兼职交通大学、中央大学教授，驻美使馆商务参事，最高经济委员会副秘书长，输入临时管理委员会输入限额分配处处长，行政院输出入临时管理委员会副主任委员，外交部顾问兼驻美技术代表团团员。1940年10月，宋子文代表国民政府、李榦代表中央银行，在华盛顿与美国进出口银行签订《中美钨砂借款合同》，根据合同，美国提供中国两千五百万美元贷款。1941年4月，宋子文代表国民政府、李榦代表中央银行，分别与美国、英国签订《平准基金协定》，根据协定，美方认缴五千万美元、英方一千万英镑（包括之前认缴的中英货币平衡汇兑基金五百万英镑）、中方两千万美元，成立法币平准基金以稳定法币汇率并促进三国间贸易。1954年，李榦任国际复兴开发银行（即世界银行）执行董事，1961年返台任“中央银行”副总裁至1975年，退休后任“中研院”评议、“中央银行”常务理事等职。1990年，李榦在孙立人将军的葬礼上代表清华大学校友向灵柩覆盖校旗。

甘介侯和李榦二人后来闹翻了。

话说1950年3月2日，甘介侯经过将近一年的努力斡旋，绕过正常渠道，终于促成李宗仁以“中华民国（代）总统”身份会晤杜鲁门。

在美国留学的清华学校1920级同学聚会合影，前排左一李榦，左二陈岱孙（胸前佩戴着“Artus骑士团”的金钥匙），左三甘介侯，后排左一曾昭承

在此前夕，蒋中正于台北宣布“复职”，李宗仁之访美便遭到自驻美大使顾维钧以下全体使馆人员的强力抵制，正在主持驻美技术代表团的李榦挺身而出，在使馆记者会上向甘介侯当众发难，甘介侯亦不甘示弱，反唇相讥，双方剑拔弩张，势同寇仇。当时在里屋静听的李宗仁事后认为，李榦这一次向蒋氏献媚的表现，就是其日后大受台湾方面青睐而官运亨通的关键。

陈岱孙和他的同学们，无论其各自在离开校园后投身于何种事业，取得何等成就，以及最后以什么样的方式谢幕，有一点总是一样的——在那个黄金般的青春岁月中，他们都是最好的好学生。

第四章 翻云覆雨

（1927）

前途如何，有点茫然。

近乡情怯

民国十六年（1927 年）年初，整个东南半壁江山正是遍地硝烟。

由中国国民党主导、武装割据两广地区的国民政府，吸收了成立不久的中国共产党，并得到来自苏联方面的大规模军事援助，经过近两年的政治和军事准备，组织了十万劲旅，于上一年年中出师北伐。

北伐军 7 月 11 日攻入长沙，8 月 22 日占领岳阳，随后在汀泗桥、贺胜桥击溃吴佩孚主力。9 月 6 日、7 日分别攻占汉阳、汉口，更于 10 月 10 日“国庆节”那天攻下辛亥革命圣地武昌，转而向东攻入江西。10 月底，各路北伐军云集南浔铁路（南昌至九江）一线，11 月 2 日发动总攻击，4 日占领九江，8 日攻克南昌。孙传芳败回南京，宣布投靠当时控制北京政府的张作霖。

北伐军夺取江西后，继续向福建发动进攻，12 月 4 日进占陈岱孙的老家福州。

陈岱孙乘坐的达达尼昂号到达上海的两个多月前，这座城市刚发生过一次为响应北伐军东进的武装暴动。暴动很快被平息，但市面再也难以恢复平静。随着北伐军的迅速进展，上海的空气中弥漫着巨变将临之际的越来越浓厚的不安，下一次是城内的暴动还是外来的攻城？何时会到来？谁也说不准。还有不到一个月便是旧历新年，租界内外在这个腊月里的气氛可不像往年那般轻松。

另一边则截然不同，国民政府十天前（公历元旦）已经在武汉宣告挂牌，此时正喜气洋洋地走在从广州迁往武汉的途中。

尽管归心似箭，陈岱孙却没有急着马上回到已经阔别近七年的故乡，他需要在上海好好熟悉一下形势。老家已经挂上了“青天白日满地红”，如果局势依然照此速度发展，顷刻间便将是全国性的改朝换代，他未来的职业生涯还不知道在哪儿着落呢。

陈岱孙在上海住了半个多月，见了不少人，聚会还是安排得挺满。老同学曾昭承已在此地落户，他的老家湖南湘乡是北伐军最早占领的地区之一，近来农民运动势大，不免心有惴惴。

关于职业，“我知道像我这样的留学生回国后的就业不出经商、从政、教书三途，我对于经商的意愿最少”，“绝无意于银行、商业”。如此便还剩下从政和教书，明白了他的心愿之后，大家答应帮他留意。

年关将至，不能再拖了。1月27日，陈岱孙搭乘日本轮船“纪州丸”（Kishu Maru）航行了两天回到福州。正如七年前静静矗立着目送他远行那样，码头边的罗星塔此时正静静矗立着迎接他的归来。踏上故乡的岸，冬日清晨的薄雾尚未完全散去，码头上已是熙熙攘攘，人声鼎沸。

陈岱孙看着周围人们翕动的双唇，知道那发出的定是他熟悉而又陌生的乡音，但双耳感受到的却是一片寂静。

他看着路边摊档上五色杂陈的各式早点，知道那随着热气飘来的定是他常常梦到的一缕红酒糟的芳香，但却什么也闻不到。

他想随便找谁开口说点什么，但发现自己就连呼吸都觉得十分困难。

陈岱孙在人流中被挤来挤去，缓缓地走着。他的目光老是被什么给抓住，可又转瞬即逝，那个影子只有接着往前走才能看得更清晰、更真切。渐渐地，他望见了前清举人陈懋豫瘦削的身形守候在自家的一条木船边，渐渐地，他看见了父亲夹袄上沾染着的晨露。终于，四目相对，无言，唯有泪千行。

码头本就是悲欢离合之地，闽人对这样的场景更是司空见惯。周围过往的路人只是稍稍放慢了脚步，以免惊扰了这对中西合璧的父子。

许久，船夫扛来了岱孙的行李，两人跟着进入船舱好好坐下。船娘进来体贴地帮他们将暖和的毛毯在腿上裹好，端来茶点，然后只听舱

陈岱孙（右）与父亲陈懋豫（中），摄于 1927 年 11 月

外轻轻一声呼喝，那是船夫在发力拨正船头，眨眼间，船已经稳稳地向螺洲的家的方向驶去。三十里水路，还要走三个时辰。

江水波澜不惊，船轻轻摇晃，陈岱孙觉得自己的脸仿佛已经贴在了妈妈的怀中。

2 月 1 日是旧历除夕，螺洲陈氏宗祠张灯结彩，举行一年一度盛大的祭祖仪式。

大年初一清早，本族各家各户还要依照一套基于辈分和长幼，极其复杂但数百年来毫无更易的程序，进行为时整整一个上午的拜年活动。

昨晚和今早，陈岱孙必须换上中式袍褂，按部就班，行礼如仪。他跟着懋豫、伯瑛——这个三口之家是陈氏族中一个小得不能再小的家庭，既要出门叩见长辈，也要在家准备接待前来道喜的宾朋。今天，伯瑛梳妆得特别仔细，容光焕发，藏不住一脸的喜悦，儿子已经有八年没在家过大年了。岱孙每每想到父母这些年来的寂寞，心中总是一阵酸楚和歉疚。

螺洲陈氏宗祠外景（刘昀摄）

家乡的一切都是老样子，好像外面世界的变化和这里毫不相干。跟过去唯一不同的就是，族中的青年子弟们在冗长的典礼仪式中个个显得缺乏热情，只心不在焉地做做样子罢了。岱孙的返乡总算是为亲朋好友、左邻右舍增添了些许新鲜的话题，成年男子感兴趣的是他将去何处高就，年轻人喜欢听他说在美国时的见闻，女人们则是围着伯瑛，谈论岱孙的婚姻大事，叽叽喳喳，一会儿笑一会儿哭的。

是啊，“高就”！这是陈岱孙眼下最不踏实的一件事，快成他的心病了。

多愁多病

陈岱孙在美国主修财政，其志在于富国强兵，这是他早在留洋前就已经认下的死理。学成之后，走仕途是首选，最能不负平生所学，恩师布洛克教授也作如此期待。陈岱孙原先一点也不担心归国后的出路，以父母两大家族各自的声望和人脉，为他在北京政府财政部铺排一条锦绣前程，当属毫无问题。这也就是他在拿下博士学位后根本不着急回国而远赴欧罗巴悠游的理由。

结果，误打误撞，反倒撞得好运气，事实证明他没急着回来是对的。北伐军势如破竹，傲视群雄，短短数月之间，已成为国家统一大业最可期待的力量。就在民国十六年（1927 年）1 月，国民政府还相继收回汉口、九江两处英租界，民族复兴这回事现在看上去似乎也并不是遥不可及。而北京政府自民国十三年（1924 年）第二次直奉战争以来，已经闹腾得完全不成个样子，近来更是被张作霖把持，沦为彻头彻尾的军人政权，法统尽废，人心尽失。恐怕连小孩子都看得出来，北洋大帅们的气数已是尽了。

二十七岁的陈岱孙打心眼里欢迎这种令人耳目一新的变化，可就有一条没把握——他对南方来的那个新政权实在是太陌生了。

春节后，在家住住，去仓前山罗家住住，到福州城里的“三坊七巷”转转，旧历正月就这样在百无聊赖的等待中过去。终于，3 月 1 日，他等来了期待已久的那封信。

写信的人是他素未谋面的双料师兄——清华 1914 级毕业生、哈佛 1919 年经济学博士、布洛克的第一个中国弟子（陈岱孙是第二个）、目前任职国民政府财政部盐务处处长兼统计处处长的朱忠道。布洛克向陈岱孙提过这个人，也给朱博士去信推荐过陈岱孙。谁知国民政府年底年初从广州迁武汉，朱博士忙得不可开交，加上形势一天一变，政府也在调整人事，关于陈师弟的安排要等一等再说。现在好了，搬完家，过完年，尘埃落定，他向岱孙发出了邀请，信中说了些“革命形势进展至速，财经人才至缺”“学以致用，不负导师希望”等等的话。

国民政府打算给陈岱孙的职位，就是由朱忠道目前正暂时兼着的财政部统计处处长。陈岱孙第二天给朱师兄回信答谢，十天后再次去信，明确表示接受聘请。之后，他变得轻松愉快，简直是一边哼着进行曲一边注意着北伐军每天的战报。

3 月 21 日，上海。

3 月 23 日，南京。

云谲波诡的民国十六年（1927 年）4 月就要到来了。

4 月 6 日，鬼使神差，陈岱孙不知怎么得了疟疾，他吃着奎宁片，仍然强撑着起床写信，告诉朱博士他准备搭乘下一班轮船，途经上海前往汉口。

7 日、8 日，仍然高烧；9 日、10 日、11 日，逐渐好转；12 日，……

命里注定，他去不成了。

大病初愈的陈岱孙觉得他可能永远都无法搞清楚在这个月里发生的事。报纸上说，4 月 18 日在南京又成立了一个国民政府，形势大变，宁汉分家了。正在没理会处，曾昭承来信告知，清华已决定聘任陈岱孙为教授，差不多同时，朱忠道的信也到了，两封信都是从上海写来的。

北伐军攻克上海后，国民政府立派财政部部长宋子文、外交部部长陈友仁、交通部部长孙科赴沪指导一切工作。财政部则是由总务处处长宓瑞峙、盐务处处长兼统计处处长朱忠道、印花税处处长唐肇凯、税务处处长张福运为宋子文打前站，先期抵达，接管上海财政。结果，宁汉分裂，武汉政府对上海鞭长莫及了，朱忠道等四大金刚一下子找不着组织，无可奈何，滞留在此。

朱师兄在信中略述了事变经过，抱歉道，“前事不能再提了”。

陈岱孙订了4月底从福州去上海的船票，他想面见朱忠道，以对这瞬息万变的时局作一番详细的了解，并和曾昭承以及刚刚完成哈佛学业回国不久的李榦等人碰头，好好合计一下。谁知母亲又感染时疫，高烧卧床不起，只好取消船票，再作打算。此时，清华的正式聘书果然寄到。

陈岱孙总放不下上海那头的事，耽搁至5月下旬，他还是去了，一住四十多天。头十天里，除了拜访朱忠道并长谈一次，还跟着李榦一起赴南京一趟，看看那里的情况。李榦在南京事多，陈岱孙没等他，三天后独自回沪。

回到上海不久，清华学校校长曹云祥便辗转打来电话找到陈岱孙（这说明清华的校友联系网络确实是自“古”以来就很发达），追问他是否应聘教授职位，陈岱孙当即应允。

接下来的一个月，他看上去洒脱了很多。

李榦在南京混得不错。他往上海给陈岱孙写过信，叙说南京方面关键人物已经明确要求他们二人在税法改革问题上做做功课。这时候，陈岱孙已经不为所动，但李榦劝说的热情一直很高。

陈岱孙把他应聘清华教职的决定，通过口头或书面方式分别告知了有关人等（包括写信给布洛克教授），然后回到福州。在家又待了一个多月——考虑到前一段时间心神不定，又折腾了一趟上海、南京，根本没有在家住踏实，加上远赴清华任教不比在武汉或南京做官，路途远了不止一倍，今后回趟家又是不容易的事了，因此，尽管清华来信催他于8月10日前到校，他仍回信告假，延至8月中旬方才启程。

家中对于他的选择采取了无可无不可的态度，走仕途和做学问在老派人士看来本就是一回事，一样的欢天喜地。

陈岱孙北上之时，正是风大浪大的季节，从福州到天津（中间在上海换船又耽搁了几天）一路都在晕船状态中度过。就在他动身时（8月19日），武汉政府宣布迁往南京，宁汉分裂四个月后正式复合。

宁汉复合酝酿已久，其实双方自分裂伊始就一直在互通款曲，各种层面和渠道的接触密集而频繁，越到后来越成为公开的秘密。陈岱孙5月底甫至上海、南京时，就已经确知复合为势所必然。

在当时大多数局外人的心中，国民党党首汪兆铭的声望正是如日中天，在外征讨的北伐军总司令蒋中正堪称军事强人，一文一武，珠联璧合。武汉就是国民革命的圣地，国民政府就是国家的希望。蒋中正另立南京政府，无异于自古以来屡见不鲜的拥兵自重、悍然抗上的赳赳武夫之所为，与安禄山、赵匡胤之流毫无二致，举国舆论称蒋氏为新军阀，实在就是当时普遍的民意。陈岱孙在宁汉分裂之际因有个人前途问题挂怀而备受困扰，但也曾力图保持住某种所谓的立场。一旦探得宁汉从分裂走向复合的个中奥妙，从不关心政治的他顿然开悟，所有这些不过就是一场戏而已。

戏还要如何往下演，陈岱孙不知道，也不想知道。

大德敦化，小德川流，好在经世济民的道路并非仅有从政一途，教书育人更是百年大计。于是，次选成为首选，治国之才转为治学。

从陈岱孙和曹云祥校长通上电话的那一刻起，中国便少了一个政客，多了一位杰出的经济学家和教育家。清华幸甚。

陈岱孙的师兄朱忠道博士，后来，民国二十一年（1932 年）1 月，哈佛同学宋子文出任财政部部长，任命他为会计司司长。抗战爆发前，朱博士调任最高国防委员会设计处处长。民国三十三年（1944 年）12 月，宋子文出任国民政府行政院院长，又任命朱博士为行政院副秘书长。

学校里的事儿（之二）

王国维之死

当陈岱孙向曹云祥作出郑重一诺之后的不多久，他就再次陷入了深深的苦恼和沮丧之中——便在他和曹校长通话的同一天，民国十六年（1927年）6月2日，清华学校国学研究院导师王国维（字静安，号观堂，浙江海宁人，1877—1927）非正常死亡。

清华园里的海宁王静安先生纪念碑（刘昀摄）

那是清华快要放暑假的时候。6月1日，王国维出席了国学研究院第二届毕业典礼和午餐会，下午到清华园南院陈寅恪家小坐，回家后接待一拨学生，晚餐后又接待一拨学生，其间，他为人书写扇面，题有七律两首，是陈宝琛的《落花四首》之三、之四：

生灭原知色即空，眼看倾国付东风。惊回绮梦憎啼鸟，罥入情丝奈网虫。雨裹罗衾寒不寐，春阑金缕曲方终。返生香岂人间有，除奏通明问碧翁。

流水前谿去不留，馀香骀荡碧池头。燕衔鱼唼能相厚，泥污苔遮各有由。委蜕大难求净土，伤心最是近高楼。庇根枝叶由来重，长夏阴成且小休。

6月2日，王国维早8点到研究院办公室，让听差去家中取来学生成绩单，与同事商谈下学期招生事务。10时许，向吴宓借了五块钱，出门雇一辆洋车（车证是在学校登记过的第35号）至颐和园大门口，付车钱五毫，命车夫等候。进园后便未见再出。

王国维在昆明湖边的石船上坐了许久，不停地吸烟，然后又溜达了一会儿。附近的园丁听见扑通一声，便不见了人，连忙跑到湖边，跳下去将他抱了上来。岸边水深不过两尺，但王国维扑下去时，头先入水，以致口鼻都被淤泥所塞。园丁救人及时但不懂急救术，王国维还是窒息而亡，此时，他的内衣尚未浸湿。

下午2时许，王国维家中派人到研究院问先生何以未归。办公室同事询问听差以及在校门口等活儿的三轮车夫，得知先生上午坐35号车往颐和园去了，车一直不见回来。于是，有师生过去找，在颐和园门外见到35号车的车夫尚在等候。颐和园守门人听他们描述了王国维的相貌，说此人投湖自尽身亡，遗体已经打捞上岸，正停在鱼藻轩中。

傍晚，清华浙江同学会欢送毕业生。宴会将散时，有人进来与校长曹云祥私语，片刻，曹返身回座，向众人宣布了王国维的死讯。

王国维留有遗言，谓："五十之年，只欠一死，经此世变，义无再辱。"

有人说王国维殉的是退位的清室，有人说王国维殉的是衰落的文化，在他自己心中，两者根本就是一回事。

民国十二年（1923年），王国维奉清逊帝溥仪谕旨，入紫禁城，"在南书房行走"，"加五品衔，食五品俸"，受命整理宫内藏书，为此，他谢绝了北京大学的教授聘书。

民国十三年（1924年），第二次直奉战争爆发。10月，直系第三军总司令冯玉祥阵前倒戈，率部秘密回师北京，发动军事政变，囚禁总统曹锟。为转移舆论焦点，并以民国卫士的形象面对世人，冯氏重提七年前“张勋复辟”旧事，散布清室欲再度复辟的流言，随后单方面修改十三年来为民国历届政府所遵守的优待清室各项条件，驱逐溥仪出故宫。

溥仪出宫时，陈宝琛、朱益藩、王国维侍行左右，未敢稍离，一直护送其至潜邸醇亲王府。事后，王国维出于悲愤，几度欲投护城河自尽，皆因家人监视而未果。年底，胡适受清华学校校长曹云祥之托，恭请溥仪出面劝王国维接受筹备中的清华国学研究院之教授聘书，王国维奉诏赴聘。到得清华园，王夫人建议老公剪去脑后发辫：“到这个时候了，还留着这东西做什么？”王国维答曰：“正是到了这个时候了，我还剪它做什么？！”

冯玉祥仍无法控制北京局面，遂邀孙文北上议政，孙文尚在途中时，其又与张作霖达成协议，请闲居天津的段祺瑞出山，任“临时执政”。孙文抵京后不久，于民国十四年（1925年）3月病逝。当年年底，冯玉祥（也得到了来自苏联方面的大规模军事援助）又改而支持原先的死对头吴佩孚发动反奉战争，并于民国十五年（1926年）4月再度发动北京政变驱逐段祺瑞，但随即就被奉军逐出北京，撤至绥远[1]。9月，冯氏在绥远五原誓师，这一次，他宣布加入远在南方的国民党，要参加北伐了。

南边来的北伐军所过之地同样是天翻地覆。在湖南，王国维的好友、集第一流国学家和第一流土豪劣绅于一身的浏阳名士叶德辉，被农会公开宣判处决。人亡家破，妻离子散，藏书、金石、字画、古铜、遗稿，悉数无存。

王国维自尽前的一个多月，令他痛恨的冯军和令他恐惧的南军，两下子合力，已在河南境内会师并配合作战，北京朝不保夕了。王国维自尽前一天，连梁启超这等神通广大的人物都在研究院的午餐会上

---

〔1〕**绥远省：**

民国时期，绥远省下辖二十县、三市、四个行政督察区。二十县——归绥县、包头县、五原县、临河县、武川县、固阳县、东胜县、丰镇县、凉城县、兴和县、集宁县、陶林县、安北县、米仓县、狼山县、晏江县、萨拉齐县、清水河县、托克托县和林格尔县；三市——归绥市（省会）、包头市、陕坝市。

讲，“党军已到郑州，北京快有变化，我马上要到天津去，以后我们几时见面就很难说了”。

这就是王国维三年以来一直看不到尽头的“世变”。

“苦痛既达极深之度，殆非出于自杀无以求一己之心安而义尽也。”——陈寅恪《〈王观堂先生挽词〉序》

外有虎狼之师大军压境，内有盘踞于此的关外胡子张作霖发作着败退之前的歇斯底里，这正是北京最黑暗的时刻。

陈岱孙结束了强颜欢笑的居家日子，坐上轮船在异乎寻常的狂涛骇浪中一路向北航行，向着他所熟悉而又畏惧的京城走去。天下之大，竟无一处太平地方。晕船的不适一直困扰着他，今年这日子真是快过到头了。

研究院和大学部

王国维生前所在的清华国学研究院成立于民国十四年（1925年），正式名号中本无“国学”二字，而是一个准备包括各学科的综合性研究院。但因经费所限（董事会不批），便只先开了国学[2]一门，且自成

---

〔2〕**国学：**

今人关于“国学”的概念至为模糊，录以下文字，或可启发一二。

“良以中国经籍，自汉迄今，注释略具，然因材料之未备与方法之未密，不能不有待于后人之补正。又近世所出古代史料，至为夥颐，亦尚待会通细密之研究。其他人事方面，如历代生活之情状，言语之变迁，风俗之沿革，道德、政治、宗教、学艺之盛衰，自然方面，如川河之迁徙，动植物名实之繁赜，前人虽有纪录，无不需专门分类之研究。至于欧洲学术，新自西来，凡哲理文史诸学，非有精深比较之考究，不足以挹其菁华而定其取舍。要之，学者必致其曲，复观其通，然后足当指导社会昌明文化之任。然此种事业，终非个人及寻常学校之力所能成就，此研究院之设所以不可缓也。”——《研究院章程》

“惟兹所谓国学者，乃指中国学术文化之全体而言，而研究之道，尤注重正确精密之方法（即时人所谓科学方法），并取材于欧美学者研究东方语言及中国文化之成绩，此又本校研究院之异于国内之研究国学者也。”——吴宓《清华开办研究院之旨趣及经过》

立直至四年后停办[3]，研究院未再设立任何其他学科，故一直在习惯上被称为“国学研究院”。

国学研究院的教授被称为导师，有四位：王国维、梁启超、赵元任、陈寅恪。担任行政事务的吴宓，本来应该称为主任，不过他再三谦让，自称秘书。

研究院招收的是研究生，此时的清华尚未从留美预备学校改办为完全正规大学，又何以能够设立研究院呢？这就要讲到清华校史中的一段过渡时期。

清华学校在民国十四年（1925 年）成立研究院的同时，还启动了“大学部”。这项改革的主要内容是：（一）将旧有之中等科、高等科一律逐渐停办，在校的旧制学生俱归留美预备部管理，待其全部毕业后，未来的新制学生留学将通过公开考试选拔，全国其他大学的毕业生亦可投考（留学名额后来定为每年 40 名，其中清华 20 名，外校 20 名，获得录取者并不限定送往美国）；（二）开办大学部，学生分普通科、专门

---

〔3〕**国学研究院的开办与停办：**

1925 年 9 月 18 日，研究院主任吴宓作题为《清华开办研究院之旨趣及经过》的开学日演说，称：“（研究院）原拟规模甚大，兼办各科（如自然科学、社会科学等），嗣以经费所限，只能先办国学一科。且以国学之在今日，尤为重要……故今即开办研究院，而专修国学。”

尽管在开办之初有日后“兼办各科”的想法，但《研究院章程》却是为“专修国学”量身而定，研究院后来的运作也处处彰显出其“专修国学”之实。因此，在清华改办成为完全正规的综合性大学之后，国学研究院的“旨趣”便与学校的使命不相凿枘了。

此外，导师王国维、梁启超分别于 1927 年、1929 年辞世，这在客观上也使得国学研究院难以为继。

1929 年夏，国学研究院最后一届学生毕业，同时宣布停办。年底，清华大学再度开办研究院，重订章程，先行成立外国语文研究所、物理研究所，同时筹备化学研究所、生物研究所。

至 1934 年，清华大学研究院有文、理、法三科研究所。文科研究所设中国文学、外国语文、哲学、历史学、社会学五部；理科研究所设物理学、化学、算学、地学、生物学、心理学六部；法科研究所设政治学、经济学二部。

国学研究院教职员表及各教授指导之学科范围（1925年秋）

姓名（别号）	职　位	各教授指导之学科范围
王国维（静安）	教　授	经学：（一）书，（二）诗，（三）礼。小学：（一）训诂，（二）古文字学，（三）古韵。上古史。中国文学。
梁启超（任公）	教　授	诸子。中国佛学史。宋元明学术史。清代学术史。中国文学。
赵元任（宣重）	教　授	现代方言学。中国音韵学。普通语言学。
陈寅恪（寅恪）	教　授	年历学（古代闰朔日月食之类）。古代碑志与外族有关系者之研究（如研究唐蕃会盟碑之藏文阙特勒碑之突厥文部分，与中文比较之类）。摩尼教经典回纥译文之研究。佛教经典各种文字译本之比较研究（梵文巴利文藏文回纥文及中央亚细亚诸文字译本，与中文译本比较研究）。蒙古满洲书籍及碑志与历史有关系者之研究。
李　济（济之）	讲　师	中国人种考。
陆维钊（维钊）	助　教	
梁廷灿	助　教	
章明煌（芾亭）	助　教	
吴　宓（雨僧）	主　任	
卫士生（澳青）	事务员	
周光午（卯生）	助理员	

科两级，普通科相当于大一大二，专门科相当于大三大四，“纯以在国内造就今日需用之人才为目的，不为出洋游学之预备”。

所以，在这个过渡时期，清华学校有大学部、留美预备部、研究院，呈三足鼎立之势。在此前一年，清华实际上已经停止招收留美预备生，只待在校的全部毕业，留美预备部就会自动消亡，清华也将脱胎换骨而成为一所完全正规大学了。

大学部普通科（大一大二）课程中的共同科目很简单，似乎只有国文、英文、哲学、历史、体育、自然科学（生物、化学、物理）之一门、社会科学（经济、政治、社会）之一门。选修科目的内容则十分广泛，这是为该阶段的学生培养兴趣、选择专业而创造条件。在专门科（大三大四）阶段，学生已基本确定了兴趣和志向，从前每人所偏重的选修课也就变成了各自的专业课。

最初，专门科分成三大类（文理、应用物质科学、应用社会科学）和若干个“组”，有西洋文学组，社会经济组（包括社会学门、经济学门、商业门），生物学组（包括植物学门、动物学门、普通生物学门），教育心理及西洋哲学组（包括教育学门、心理学门、西洋哲学门），物理数学组（包括物理门、数学门），政治学组。每个组各有共修科目、专修科目、选修科目。

民国十五年（1926 年）4 月，大学部将这些“组”和“门”重组为 17 个学系，其中 11 个——国文学系、西洋文学系、历史学系、政治学系、经济学系、教育心理学系、物理学系、化学系、生物学系、农业学系、工程学系，先行设立专修课程。

曹云祥去职

曹云祥（字庆五，浙江嘉兴人，1881—1937）从民国十一年至十七年（1922—1928 年）担任清华校长六年。在他任内，清华学校最终确定了过渡时期总方针，成立大学部和研究院，改办大学的理想终于绘为蓝图，蓝图又终于付诸实施，扎扎实实向前迈出了好几大步。

但是，曹云祥的改革最终走向了他自己的对立面。

1920 年代中期，清华早期毕业生陆续完成留美学业，在曹云祥的延揽之下回校任教者日渐增多，无形中形成一个少壮派势力。少壮派对于清华仍然维持着外交部体系的官本位制感到极度不满。大家最直观的感受便是，由外交部小官僚摇身一变而来的学校职员的待遇要远远高于本国教员。

像绝大多数改革者一样，曹云祥不能超越他自己赖以安身立命的那个体制，当然便在少壮派眼里成为保守势力的代表。他实际上愿意努力去理解和适应少壮派的主张，甚至愿意与他们达成部分妥协，包括按照“教授治校”原则成立教授会、评议会等校内权力机构，但一

清华学校校长曹云祥（1881—1937）

有风潮发生，终究摆脱不了无奈去职的宿命。

陈岱孙对曹云祥时期的教授会、评议会制度有这样的评价："当时校内就有一个由全体教授参加的教授会，和一个由教授成员互选的拥有十多个成员的评议会，这大概是仿效美国大学的模式。但是当时这两个机构权限很少，作用更小。两会都由校长召集、主持，只不过是校长的咨询机构。虽然在学年终毕业成绩的审查和学位的授予上，教授会一直认为它的意见是权威性的。"

一代人做一代人的事，如此而已。关于清华"教授治校"制度的详细情形，本书将于下一章再表。

有了大学部和研究院，清华改制为大学看上去已经是万事俱备、只欠挂牌了。但就是这最后一步偏偏办不成，原因很荒谬——没钱。

董事会和基金会

清华成立之初是没有董事会的。民国六年（1917年），校长周诒春由于在任内大兴土木、花钱比较狠而受到"妄糜巨款"的指责。待他去职之后，外交部感到有必要把清华的财务权力收回，不能让校长继续由着性子花钱，于是在校长之上设立董事会。董事会由十人组成，全为外交部官员，职权主要是批准预算、稽核经费用途、巩固基金，不过无权干预教务。

民国九年（1920 年），清华发生校长张煜全被师生驱逐的事件。事件平息后，外交部为加强对学校的控制，将董事会权限扩大为“对于清华学校及游美监督处一切事务有协同校长管理之权”。同时，董事会成员减少为三人，两人为外交部官员，另一人则由美国驻华公使馆派员充任。

董事会代表外交部管理学校，权力大得没边，但其中完全没有人懂得教育，也没有人熟悉清华。它最为关切的不是清华的进步与发展，而是为外交部好好巩固住那笔数额可观的基金。

清华学校的经费用途分为两部分：一是本部开支；二是留美学务费用（在学校改办大学之前，后者一直多于前者）。经费来源除了学校本身有些许收入之外，绝大部分都是来自美国退还的庚子赔款。退款开始的头两三年，学校本部（当时还叫作游美肄业馆）尚未开学，花销不大，用不完的退款就开始形成一个积累——基金。以后，外交部收到每期退还赔款，在留出清华学校经费之后，结余部分都转入基金。基金规模逐年扩大，一部分存在银行（主要是定期，也有少量活期），一部分用于理财性质的投资。为此，外交部又设立“清华校务暨游美学务基金保管委员会”（简称“基金会”），专门负责基金的保值增值。

董事会和基金会都是在把校长周诒春挤走之后成立的，他们是穿一条裤子的。董事会的首要任务就是严格控制清华学校的预算，想突破预算动用基金，那是门儿也没有。如果在经常性开支以外实在要申请一点必需的基本建设资金，那也不能算是拨付，而是作为借款，基金会还要向学校计收利息。

官僚就是这样目光短浅、故步自封。他们认为，若干年后，当庚款退还完毕，只要基金还保持有一个相当的规模，清华靠吃利息能够维持着作为留美预备学校的存在，就是最高目标。他们把基金当成清华的养老金了。

改办大学就得扩充学校规模、广招天下名师，不但要花大笔的钱，一旦弄成了，学校连同基金还可能易主——改为隶属教育部，这岂不是白白丧失了一块优质资产？

所以，一方面是急需用钱，一方面是有钱不让用，最要命的是“国立清华大学”的招牌迟迟挂不上去。冯友兰回忆说：“学生已经分为旧制和新制两种。旧制（注：指留美预备部）的学生还是照留美预备学校的办法继续办下去，毕业后还是到美国留学；新制（注：指大学部）的学生上的是正规大学的课，毕业后不再送到美国留学，就称为清华大学毕业。可是这个改制，当时的外交部不予批准。清华还只能称为清华学校，新制的学生如果毕业，就成了没有清华大学的清华大学毕业生了。”

开学了

陈岱孙从福州坐船经上海、青岛到塘沽，换乘火车到天津，再到北京。9 月 6 日，当他赶到清华报到时，学校已经开学上课两天了。

经济学系主任朱彬元安排陈岱孙担任三门课：经济学概论、财政学、经济学说史。陈岱孙到校第二天即上讲堂，从此开始了他整整七十年的教书生涯。

这个学期，清华学校即将走到历史性的转折点上，校内新旧两派势力正在酝酿着最后的摊牌。陈岱孙来这里是为了寻找安身立命之处，与之前的种种矛盾一概无涉，与任何一派也不存在瓜葛，但是，历史在冥冥之中早已经为他安排好了一个光彩照人的角色。

临近年底，曹云祥终于去职，他在董事会和师生这两股力量对抗的夹缝里小心翼翼地当了六年校长，已是心力交瘁。在他为学校留下的各项遗产当中，有一句肺腑之言，说得很是恳切：“默察既往，远测将来，董事会问题不能解决，则校务一日不能发展，纵有种种计划，亦属空言无补。”

曹云祥走后，民国十七年（1928 年）年初，外交部派清华学校董事会前主席严鹤龄再度代理校长（上一次代理是在张煜全被逐之后），一切问题依然悬而未决。结果，人算不如天算，谁也不曾料到，随着

1928 年 4 月 28 日，清华学校十七周年校庆合影，前排居中者为校长温应星，第二排右三为社会学系教授陈达、右四物理学系教授叶企孙，第三排左二经济学系教授陈岱孙、右三政治学系教授余日宣，第四排左二物理学系教授梅贻琦（教务长）、右二研究院教授赵元任，后排右二化学系教授杨光弼、右五研究院主任吴宓

时局的变化和发展，只要再过半年，学校就将迎来改朝换代。

话说严鹤龄代理校长的时候，北洋时代的终结已是指日可待的事，北京政府的末代元首张作霖正准备收拾收拾搬回沈阳住。临走之前，张大帅可能是惦记上了清华那笔基金，居然在百忙之中为清华派了一位新校长。派去的这位仁兄名叫温应星，原先担任保定军警执法处处长，也是美国留学生，毕业于西点军校。

温校长 4 月份就职，出席了月底的校庆典礼，6 月，张作霖放弃北京，温校长便也跟着走了。

第五章　教授治校

（1928—1937，上）

如果校长能真正地把校治起来，广大的教师是不愿多管闲事的。

家住清华园（之一）

开学后不久，陈岱孙有生以来第一次领到了薪水，每月 240 元[1]，当时清华规定的新聘教授的起薪就是这个数。后来，校长罗家伦提高教师待遇，这个标准被调整到每月 300 元。

教员宿舍紧缺，陈岱孙暂时被安排到北院 7 号和叶企孙同住，结果一住五年多。

北院位于图书馆的北边，是清华学校最早兴建的高级教员宿舍，有 8 栋住宅、1 座会所，均为单层砖木结构的西式建筑，总建筑面积 2752 平方米（注：另有 3484 平方米之说）。每栋住宅至少有五个房间，客厅南向朝阳，全部由玻璃窗围合成落地式阳光外廊。室内厨房卫生设备齐全，造价高昂，后院还附有供用人居住的下房。

清华建校初期，北院专供美国教员居住，人称“美国地”

---

〔1〕**1935 年法币改革之前的银元购买力（以大米、猪肉、棉布、白糖、植物油等生活必需品在上海市场的价格为例）：**

1920 年至 1925 年平均数——米价为每市石（160 斤）9.5 元，即每斤 6 分，1 元可买 17 斤；猪肉每斤 1 角 4 分至 1 角 5 分，1 元可买 7 斤；棉布每尺 1 角 2 分至 1 角 4 分，1 元可买 8 尺；白糖每斤 1 角；植物油每斤 1 角 5 分；食盐每斤 2 至 3 分。

1926 年至 1935 年平均数——米价为每市石 10.2 元，即每斤 6 分多，1 元可买 15 至 16 斤；猪肉每斤 2 角至 2 角 3 分，1 元可买 4 至 5 斤；棉布每尺 1 角 5 分至 1 角 8 分，1 元可买 6 尺；白糖每斤 1 角 5 分；植物油每斤 2 角；食盐每斤 3 至 5 分。

当时，上海的物价比北京（1928 年以后改称北平）高出 10%—20%。

雪后的北院
摄于 1927 年年底

（American Teachers’ Residences）或者“小租界”。后来，随着清华的美国教员逐步为中国人所代替，北院也就慢慢被“收复”了。

叶企孙受聘从东南大学来到清华主持创建物理学系，搬进北院 7 号已有两年。7 号共有正房四室一厅，南面中间是客厅，东边是书房与卧室，书房朝南，卧室朝北，西边亦有两间，一南一北。叶企孙除了抗战时期外，在此一直住到 1952 年因“院系调整”离开清华。

陈岱孙搬进来住，叶企孙颇为高兴，正好每人一间朝南书房、一间朝北卧室，客厅公用。他们在美国留学时就认识，后来都是终身未娶，同属清华几大光棍之列，一辈子的交情。

当时大家都年轻，北院的好几栋房子里都合住着两三位单身教授。叶企孙和陈岱孙有古大人之风，吩咐厨师在自家设了个小食堂，名曰“饭团”，一批青年教授（包括几位并不住在北院的）每月按时缴纳定额饭费，一日三餐便都在 7 号小院的那口锅里吃了。“饭团”成员先后有陈岱孙、施嘉炀、萨本栋、萨本铁、金岳霖、张奚若、钱端升、蒋廷黻、浦薛凤、叶公超、周培源等，叶企孙是公认的团长。

他们一日三聚首，边吃边聊，谈得最多的自然还是学校里的事情。

“饭团”这些人——几十年后均被称为一代宗师——虽然当时还是一群过着半集体生活的小青年，却都担负着开创我国各学科现代课程体系与教授方法的历史重任，日后他们还是清华大学推行“教授治校”体制、实现教育独立的中坚力量。

左起，陈岱孙、施嘉炀、金岳霖、萨本栋、萧蘧、叶企孙、萨本铁、周培源，在北院 7 号门前合影，摄于 1929 年

北院 7 号饭厅里的一粥一饭，就这样在不经意间养成了清华的盛世气象。

陈岱孙教授（之一）

陈岱孙在清华的第一个学年教三门课，经济学概论、财政学、经济学说史，每周十五个课时（财政学和经济学说史都是每周三课时，经济学概论的选修者有一百多人，分三班讲授，每周九课时），颇感忙碌。

陈岱孙是个天生的教授，他的课堪称条理清晰、稳重得体、细致周密的典范，学生对此印象深刻。有人回忆道，“无论哪样艰深的理论，总是有条不紊的，分析得很仔细，灌输在听讲人的脑中，而且总是那样地从容不迫”，“听陈岱孙讲课是一种享受，无论谁，只要上过他的课，不能不赞叹他的口才，虽然是福建人，可是国语讲得够漂亮

陈岱孙在清华园，摄于 1930 年代初

（作者按：妈妈的天津话讲得就地道，见第一章‘母系家世’一节），一个一个字吐得很清楚，而不显得吃力”，“在上课的时候，学生没有一个敢作声的，只精心凝听，因为他的声音是有节奏的，有韵律的，能使人如同听音乐一样，起着一种内心的快感”。

陈岱孙是典型的“讲义派”，备课十分用功，讲义一遍一遍地讲，一遍一遍地改，却总是觉得无法令自己完全满意而总是不肯拿出来出版。学生们则发现，在陈岱孙课上记的笔记，不增不减就是一篇浑然天成的好文章。西南联大时期的研究生任继愈回忆说：“这种出口成章的才能，联大教授中只有两位，一位是陈先生，另一位是冯友兰先生。”

课堂上的陈岱孙衣冠整洁，一丝不苟，举止高雅，兼有中国学者风度和波士顿少年派头。每次上课，他总会提前几分钟站到教室黑板前，板书本堂课的提纲和参考书目，上课铃一响便准时开讲，如有学生迟到，则必约略重复一次。他一般很少提问，但乐于回答学生的任何问题，然而，相同的问题可千万别问他第二次，因为他可能会嘟囔道：“那么笨！”

课堂上的每一分钟都在陈岱孙的控制之下。下课铃响，他也刚好讲完，有一次讲完了铃还没响，后来一查，是铃响得晚了。

陈岱孙早在来清华报到的途中，就从同船的几位清华学生那里听说，清华教师在讲课时经常中英文夹杂并用，尤其是在讲到学术上关键的概念、词句时总要插进外文原词。全校唯有社会学教授陈达在讲课时绝对用中文表达而不着西文一字。

这个轻描淡写说出来的小掌故让陈岱孙特别不舒服。他想起从法国一路回来时，沿途经过印度、锡兰、马来西亚、新加坡等地停泊，上岸游览，也约过几位旅伴参观当地的学校，多次听到教师用本地语言和英语夹杂着的讲授，当时就感到十分刺耳。他认为这是殖民地心态的表现。所以，尽管陈岱孙还不认识陈达，但已将他引为知己，心中十分佩服。

到达清华之前，陈岱孙就在备课时一口气把所有在讲课中可能涉及的学术术语、概念和借以表达意思的词句都译成中文。从第一天上课起，他在课堂上就纯粹用中文讲，只在特别必要时才把原文写在黑板上当作注释。

这种讲法把陈岱孙累得不轻。因为他几乎全部的专业学问都是以外文的形式固化在脑海中的，用的时候直接拿出来就是了，现在则必须先作一次转换，实在别扭。“但我仍认为在中国学校的讲坛上，除了外文课或外籍客座教师授课外，一个中国教师用纯粹的国语来讲授应该是一个原则。殖民地和半殖民地所养成的惯习必须予以痛绝。我从到清华教书起，在几十年的教书的生涯中，这是一条自律的原则。”

一生中只有一次例外。清华当年正处于从留美预备学校过渡到完全正规大学的改制过程中，既有大学制的分系学生又有尚待毕业的旧制（留美预备部）学生。陈岱孙的经济学概论一课三班，其中有一班是最后一届旧制学生。这班学生有一天给陈岱孙递了条子，说经济学概论如果全盘汉化，对于他们未来赴美留学将有不便，可否要求他改用英语讲授。陈岱孙觉得这条子所虑言之有理，当时便询问同学意见，经举手表决，全体同意，他就从当天起对这一班学生全部改用英语讲授，直至学年结束。

虽然陈岱孙实现了纯粹用中文讲课，但学生手里的教科书和参考书却还是英文的。所以，他很快就产生了一个宏大的志向——编写中文教科书。“我当时深深感觉到大学中一个待决的问题是教材。我们许

陈岱孙（二排左一）与研究院经济学部师生在清华图书馆门前，摄于1930年代初

多学科——例如经济学系——的课程因袭者都是西方国家的名称和内容，我们自编的各科教科书都几全付阙如，更说不上可供进一步学习、参考的专著了。当时城内高校采用的主要是讲义制，将教员在讲堂所讲的择要编印给学生。清华因为外文基础较强，索性直接使用外文教科书。这一缺点在我当时思想中一直是一个急于解决而又不能速决的问题。在经济学系的各课程中，我认为我有责任对我所专任的财政学一门作一尝试。”

“我的计划是以国家财政预算制度一课题为突破点，然后再进入财政学中各方面专著的编纂，以构成一个较全面的、结合中国实际的财政学教材系列。”

编书这件事，说起来结局至为沉痛，且不是本章所要叙述的内容，留待第七章再表。

全用中文讲课（以及力图编写中文教材），为此，陈岱孙到底翻译引进了多少经济学专业名词和术语，已是一件难以统计和考证的事。但是，由于他后来甚至从不用英文写作任何公开发表的东西——恐怕这便是他自己所说的那种“近于狂热、执拗的爱国主义思想”所致，使得他自此在国际学术界渺无声息。

牺牲是自愿的，而代价也是巨大的。

一学年为本科生讲三门课是当时国内大学教授所应承担的最起码的教学任务。陈岱孙到清华的第二年担任了经济学系主任，这时经济学系一至四年级的课程全部开起来了，他为了那三门课的任务以及系里乱七八糟的事情忙得一塌糊涂，天天“点蜡烛”（意指熬夜、透支体力）。直到第三年——民国十八年（1929年），他又兼任了法学院院长，管着政治学、经济学两个系，才根据新校规——“惟受聘学院院长或系主任者，得因公务繁重，酌量减少其授课钟点，但至多以减少每周三小时或每学年六学分为度”，被“豁免”了一门课，改为每学年只教两门。

校长（之二）：从罗家伦到梅贻琦

空降

民国十七年（1928 年）年中，张作霖在退出北京败回沈阳的途中，被日本关东军暗杀。年底，东北宣布易帜，民国总算统一。

北伐成功是国家统一的基础，但这次光荣的胜利却极不稳固，后患无穷。北伐过程中的蒋中正确实表现得像个新军阀，但是，仅仅指责他一个人是不全面的，甚至也是不公平的。客观地说，他是新军阀的代表人物——把全国各地的大小新军阀统统联合起来，一起将旧军阀给打倒了。

合伙打下来的江山是要分的。北平〔2〕历来不是蒋氏地盘，张作霖败走之后，蒋干脆做个顺水人情，任命山西省主席阎锡山兼平津卫成总司令，并任命阎的部属商震为河北省主席，这就表示南京政府正式承认了北平是阎老西的势力范围。不过，北平地面上的旧中央政府机

---

〔2〕**北平**：

国民政府定都南京后，北京遂由首都变为“故都”。1928 年 6 月 20 日，北京改名北平，为特别市（直辖市）。1930 年 6 月，降为河北省省辖市，同年 12 月复升格为（行政）院辖市（直辖市）。

在本章以及下一章所涵盖的历史时期——1928 年至 1937 年，北平尽管已不具有全国政治中心的地位，但仍在文化教育方面保持着关键的优势。1931 年“九一八事变”之后，东北沦陷，国家威权逐渐南移，在华北地区唯以平津一带的文化力量与日本相争持。

关和产业，该南迁的要南迁，搬不走的则要由南京政府派人北上接管。就这样，连任清华学校教务长不久的梅贻琦，在校长温应星走后代理了三个月校务，等来了南京派出的新校长罗家伦。

国立清华大学历任校长一览表（1928—1937）

职务名称	姓名	在校任期	教育部 委派日期	国务会议 任命日期
代理校长	梅贻琦	1928 年 6 月 9 日— 1928 年 9 月 17 日	1928 年 6 月 11 日	
校　　长	罗家伦	1928 年 9 月 18 日— 1930 年 5 月 23 日		1928 年 8 月 14 日
校务会议 代理校务	叶企孙	1930 年 5 月 24 日— 1930 年 7 月 10 日		
校务会议 代理校务	冯友兰	1930 年 7 月 11 日— 1931 年 4 月 15 日		1931 年 3 月 19 日
校　　长	吴南轩	1931 年 4 月 16 日— 1931 年 5 月 29 日		1931 年 3 月 19 日
代理校务	翁文灏	1931 年 7 月 3 日— 1931 年 9 月 15 日	1931 年 7 月 3 日	
校务代行	叶企孙	1931 年 9 月 16 日— 1931 年 12 月 2 日	1931 年 9 月 15 日	1931 年 10 月 14 日
校　　长	梅贻琦	1931 年 12 月 3 日—	1931 年 10 月 14 日	1931 年 10 月 13 日

略早一些时候，8 月 17 日，国民政府改“清华学校”为“国立清华大学”，清华终获正名，但其归属问题仍未彻底解决。外交部不撒手，所以又折中了一下，由大学院[3]和外交部共管，董事会也相应改

〔3〕大学院：

1927 年 10 月 1 日，南京国民政府仿效法国制度，成立大学院。这是一个由蔡

为由两部门合组，人数增加至九人，职权不变。清华名义上恢复了清朝末年由学部和外务部共管的格局，但外交部仍一如既往地处于主导地位，美国方面也仍然保持着关键影响力，在九人董事会中占有三席。

8 月 29 日，罗家伦接到任命他为国立清华大学首任校长的训令。训令还是由外交部部长签发，显得不伦不类，但他此时顾不了这许多，去了再说。

校長羅家倫
President Chia-Luen Lo

国立清华大学首任校长罗家伦（1897—1969）

罗家伦（字志希，浙江绍兴人，1897—1969），历史专业，毕业于北京大学，是“五四运动”时的学生领袖，留学回国后参加北伐，任职北伐军总司令部政务委员会教育处处长。他来北平时只带了个秘书，到清华就任之前，顺手从隔壁的燕京大学挖走杨振声、冯友兰两名北大校友，这就是罗氏内阁的全部班底了。

罗家伦带了一支纯粹北大出身的小分队前来接管清华，用今天的眼光来看，他具有典型的“二杆子”性格。不过，两校当初的政治地位之悬殊是今人所很难体会的，北大小分队的心理优越感在冯友兰几十年后的回忆文字中仍然异常鲜活——“在清华那边，教授和学生们也都震于北伐的声威，表示欢迎。我们这个班子就顺利地把清华接收了。罗家伦

（接上页）元培（时任国民政府中央教育行政委员会常务委员）一手创建的教育行政机构，以取代中央政府教育部。蔡元培是大学院首任院长，他的理想是废除各地方的教育厅（局），而将全国划分成若干个大学区，将每区内原有各高校合并为一所大学，设校长一人，兼管区内一切教育行政事务，是为“行政学术化”。

大学院与大学区制推行了一年多，遭遇各方强烈反对，无法取得成果。蔡元培于1928年10月6日辞去院长职务，10月24日，大学院裁撤，教育部旧制恢复，改革宣告彻底失败。

聘请杨振声为教务长，我为秘书长（注：后改任文学院院长）。……开始作了一些重要改革。……有些事是校长的职权所不能办的，那就得大动干戈了。这场干戈是清华反对半殖民地教育的一场严重的斗争。”

罗家伦果然先声夺人。任命公布后，离他正式就职还有三周，学校里便已沸腾。校园中一下子张贴出了无数的标语，写着“建设新清华”“实行男女同校”“经济公开”等口号。学生全体大会通过了欢迎罗家伦校长的议案，并决议驱逐政治学系主任余日宣、化学系主任杨光弼、化学系教授赵学海、图书馆主任戴志骞、农学系主任虞振镛等五位校评议会成员（在曹云祥时代“把持校务”的所谓“五凶”）。夜里 12 点，学生还唱着歌游行到五教授家门外，敦促他们天一亮就要离开学校。

罗家伦在一种如火如荼的热烈气氛中迈进了清华园，空气中的味道再熟悉不过。他愉快地做着深呼吸，又要革命了。

四化

通过明察暗访，罗家伦给清华挑出八条毛病：（一）骈枝机关太多，因人设事，冗员充斥；（二）职员人数过多，地位权力过大；（三）浪费太大，尤其是煤电两项；（四）“设备完善”徒有虚名，全是表面文章，仪器图书根本不够用；（五）教员待遇只重资格不重学识；（六）缺乏浓厚的研究风气；（七）学生人数太少，人均开销太高；（八）音乐、农学、体育三系有名无实，一个正式学生没有，教职员倒有好几个，每年要消耗五六万元。

针对上述考察结论，他宣布要在清华实现“四化”：廉洁化、学术化、平民化、纪律化。

廉洁化——合并部门，精简职员。提高校工地位和待遇。厉行节约，整顿煤炭采购渠道（此事派了叶企孙牵头负责）。

学术化——废止原有教授聘约，聘书一律重发，解聘一批，新聘一批。减少教员总人数，改善教员待遇，人均加月薪六十元。赶在其他大学开学之前，立即进行本学年的第二次招生，以增加学生数量，同时开放女禁，腾出古月堂作为女生宿舍。新设地学系、土木工程学系。取消音乐、农学、体育三系，仅留少量教员开设公共课。明确各系办学方针和目标，重订课程表。出版校刊、学报。

平民化——似乎没有实质性的内容，只是说反对将清华办成贵族学校。

纪律化——实行军事化管理，全校学生分成四队，每队有队长，上面还有大队长，学生的起居行止完全按照军营标准加以规范。

“四化”的推行，搞得有人欢喜有人愁。

罗家伦在宣誓就职后的第四天（9 月 21 日）便找到陈岱孙，要他当经济学系主任，原系主任朱彬元一气之下离校出走。走就走，罗校长才不在乎。可陈岱孙觉得面子上太不好看，反复和罗商量，想请朱彬元留下，罗最后同意了。陈岱孙兴冲冲跑到城里告诉老朱这个喜讯，可这位老朱却摆上了臭架子，要求把薪水涨到三百四，否则不回去。陈岱孙觉得十分无趣，心中暗骂一声“弱智”，扭头上戏园子看梅兰芳去了。果然，罗家伦后来闻得此事，勃然大怒，朱彬元没了台阶，只好正式辞职。

11 月 2 日，陈岱孙被教授会推选为评议员。

11 月 3 日起，倒霉的学生们每天早晨要上军操了。六点整，校长罗家伦和教务长杨振声——身穿军服，脚蹬马靴，靴子后跟还佩着马刺，夸张得很——就站到操场上看学生操练。学生们在开始的时候还觉得挺新鲜，但是，时值深秋，白天越来越短，早晨越来越冷，来上操的就越来越少了。罗家伦下令，早操无故缺席者记小过一次（三次小过为一次大过，三次大过就开除学籍），结果不管用，学生们还是不来，后来连校长自己也觉得行不通，早操就不了了之地取消了。

有两个学生的遭遇比较极端。沈有鼎经常不上操，也不请假，积累了八次小过，再有一次就要被开除学籍。正在此时，早操取消了，他这才幸免，带着八次小过熬到毕业，数年后还回到哲学系当上了教授。他的同学张岱年从北师大附中毕业，本来有资格免试直接升入师大，可非要上清华，被录取之后，没待上几个星期就觉得早操实在受不了。幸好时间还没过师大的入学截止日期，于是张岱年马上从清华退学改上师大，其实要是多坚持几天也就没事了，结果毕业后还是到清华哲学系，不过只好屈尊当助教。

年终盘点，罗家伦的四化中有两化——廉洁化、学术化——比较成功，平民化不知所云，纪律化完全失败。难能可贵的是罗校长精力充沛，这么一大堆事儿，到校两个月就都给办出了结果。

大动干戈

11 月下旬，罗家伦先礼后兵，写了份报告给董事会。他把到校两个多月来整顿校务的情况详细作了说明，特别指出，他的改革连美国使馆也表示同情和支持。然后，话锋一转，开始谈财务问题。

他说，往后学校不但要厉行节俭，还要做到财务公开透明，账目要定期公布。但是远在华盛顿的驻美学生监督处，开支一向“浮滥”，负责人赵国材（前副校长）对整改训令一向置若罔闻，最近还无故要求增加每月用度，已经派了前教务长梅贻琦赴美接替其职务。（作者按：两年多以前，陈岱孙提前通过哈佛大学的博士论文答辩，经赵国材批准，从监督处支取了余下五个月的生活费 400 美元，用于补贴赴欧洲游历一路上的花销。类似这样的情况恐怕便是罗家伦指责监督处开支浮滥的明证之一。不过，陈岱孙对赵国材成人之美的义举倒是一直感念在心。）

在报告中，罗家伦对梅贻琦大加赞赏，称“梅君为人廉洁诚实，曾任清华教授和教务长有年，对于留美监督处弊端知之最详。在他未去之先，商同家伦，曾将留美章程及监督处办事章程大加修改，认真考查学生学行，减省用费，并裁减监督职员名额和经费”云云。

属于“校长的职权所不能办的”但又是“图穷匕首见”的内容主要有两项，均以教授会、评议会决议的形式提出。一是要求动用清华基金，购置图书仪器，建设男女生宿舍、自然历史馆、化学实验室，以及扩建图书馆，总额近百万之巨，“十分迫切必要”。二是改革现有的基金管理体制和保管方法，要求设立由清华教授会所推举的专门人士（陈岱孙位列上佳人选，已受命在暗中对基金幕后实情展开详细调查）参与的财务委员会来实际管理基金，并清查现有亏损，追究责任。

12月初，在年底的董事会上，罗家伦所有关于学校扩充规模的计划全部被拒。

来年，民国十八年（1929年）4月初，基金会、董事会再次召开会议讨论清华预算问题，罗校长再去南京。

会议首先把1928年度的预算核减了六万多元（注：当时清华大学的预算年度是从本年7月1日至来年6月30日，与学年同步）。这就是说，罗家伦辛辛苦苦干了大半年，先不说有没有功劳苦劳，如果他不想在第一个年度拉下亏空，就只能马上在教授当中进行大裁员了。

关于1929年度预算，罗家伦报的是八十三万元。当时美元兑国币的汇率大约在2.2的水平，但董事会却以2.0计算，这一下就先减去八万。原计划最后一批官费留美学生只有十名，但董事会却增订为三十名。两项综合，刨去留美学务那一块，清华大学本部预算经费只剩下不到六十万，还不如上年度的水平。

会议期间，有冯友兰作为教授代表，希望列席会议以支持校长的各项申请。谁知冯教授驾到之后，竟然不被获准与会，几经力争，才只允许他发言十五分钟。冯大先生愤然回校，原原本本向教授会汇报了受辱的经过。

教授会立刻讨论对策，争论非常激烈。激进一派主张董事会应当撤销，稳健一派认为董事会可以改组，稳健派占据上风，通过的决议是：（一）反对本届董事会决议；（二）要求改组董事会，改组方案由评议会拟订；（三）如改组方案不能贯彻，则要求国民政府取消董事会制度。

教授会决议到了评议会，在家的六位评议员——吴之椿（教务长、政治学系主任）、陈岱孙、金岳霖、杨振声、叶企孙、张广舆（秘书长）——当晚便开会，会上仍然是两派意见。在罗家伦缺席时代理校务的吴之椿继续坚持主张董事会必须立即无条件撤销，他表现得有些气急败坏，言辞尖锐，上纲上线，满口“帝国主义”“半殖民地教育”等字眼，使陈岱孙、金岳霖、叶企孙感受到莫大的压力。最后，双方勉强达成一致，吴之椿的意见写进决议——认为董事会已经无可改组，建议直接呈请国民政府取消清华大学的董事会制度，陈、金、叶的意见也写进决议——“实行教授治校，校长由教授推举，呈请国民政府任命之”。

这后一条意义深远，二十来个字保障了清华今后十数年的长治久安。

在南京开完会的罗家伦没有马上回到北平，4月11日，他撂挑子了——向教育部递出辞职报告。同时，还拟了一篇洋洋万言的谈话稿寄给上海新闻界，把清华的管理弊端一五一十全部抖落出来。文中甚至公布了学校为前任校长曹云祥报销的几项开支明细：某年月日曹校长治牙费二百三十元，某年月日曹校长体检费一百四十四元，某年月日曹校长夫人医药费七十五元，某年月日曹校长购汗衫一件四十一元八角七分。虚假得太过离谱，让人笑掉大牙。至于基金保管方面的暗箱操作、通同作弊种种情事，所爆之料更是骇人听闻。

清华改办大学之后，基金会由基金保管委员三人——外交部部长、教育部部长、美国公使——组成，但投资、存放等实权均操于外交部两三个秘书手中。截至当时，基金账面价值为八百三十多万，但实际价值可能已经缩水一半。

在新闻稿中，罗家伦列出了清华基金会当时所持有的主要垃圾公债和垃圾股票（均为民国北京政府时期发行）细目：十年期公债六十二万零六百元、京绥铁路股票五万二千元、中国银行股票二十万元、交通银行股票十九万元、龙烟铁矿股票十万元、九年期公债三十二万七千九百元、十年期七厘公债八万三千八百元、十四年期八厘公债三十三万元、湖广铁路股票一万一千八百六十镑（注：约合十二万七千元），以上合计超过两百万，尚有其他。

垃圾外汇则有俄国克伦斯基政府时期的卢布五万七千二百（注：约合六万五千元），早已是一文不值的废纸。

银行存款也有小一百万打了水漂：因北京商业银行倒闭而损失四十八万元，因大裕银行倒闭损失五万元，因中华汇业银行倒闭损失十万元，最近又有北平农工银行倒闭，损失不知若干。

最后还剩下四百多万现金，存放在何处，则不得知，听闻在某一家银行就存了多达一百万元。

罗校长自曝家丑，引起舆论大哗，公关工作取得全面胜利。之后，他接着采用传统打法——走上层路线。教育部部长自然不在话下，他游说的对象从陈果夫、戴季陶、孙科，一直到谭延闿、蒋中正，终于把清华问题从行政院的层面一直捅到了国务会议。

教育部部长蒋梦麟——真是太凑巧了，又是一个北大人——很快作出反应，4 月 20 日向罗家伦下达训令，中心意思是：你干得很好，不许辞职。

接下来发生的事只有四个字可以形容：势如破竹。

4 月 30 日　行政院训令教育、外交两部长，以基金保管委员资格在“清华校务暨游美学务基金保管委员会”提议，将清华大学基金全部移交中华教育文化基金董事会[4]管理；

---

〔4〕**中华教育文化基金董事会：**

1924 年，美国国会二度通过法案，批准将其余庚子赔款——本金总额一千二百五十五万美元，连同利息——作为“中华教育文化基金”以资助中国的教育和科学事业，是为“第二次退还庚款”。中美两国商定，基金董事会由 15 人组成，中方 10 人，美方 5 人，有蔡元培、丁文江、翁文灏、任鸿隽、胡适、赵元任、顾临（Roger S. Greene）、司徒雷登（John Leighton Stuart）等，皆为一时之选。

在成立后的二十多年中，

一、基金资助了一批有基础的大学的理工科建设。从 1926 年起，基金连续三年共补助北京大学物理系 3 万元，以增加仪器设备，1932 年至 1937 年，每年向北京大学拨款 20 万元建立特别研究基金，用于设立 35 座研究教授席及添设图书和实验室设备。1926 年至 1932 年，基金资助南开大学自然科学教学研究共 13.5 万元，资助中央大学物理系 1.5 万元、化学系 1 万元、医学院 9 万元、农学院每年 3.5 万元，先后补助上海交通大学共 14 万元以发展工业教育。此外，还资助了复旦大学、大同大学等多所学校的理工科。

二、基金资助了一些初创的研究机构，以促进西方科学技术在中国的成长。1926 年至 1932 年，基金资助地质调查所共 13.5 万元，资助中国科学社生物研究所共 19.5 万元。1929 年，基金资助新成立的中央研究院 50 万元，用于其物理、化学、工程研

5月3日　清华基金会作出决议，将全部基金移交中华教育文化基金董事会管理（注：清华基金会就此寿终正寝）；

5月　教育部呈准行政院，并经美国公使同意、美国国务院核准，将清华大学每月经费，自当年起，至庚子赔款终了之年止，概行交由中华教育文化基金董事会代领代发；

5月10日　国务会议议决，清华大学改归教育部专辖；

6月20日　教育部呈准行政院，颁布清华大学新规程，设立文、理、法三学院；

6月29日　教育部明令撤销清华大学董事会；

8月2日　清华大学基金全部移交清楚；

（接上页）究机构的建筑及设备费用。基金1928年设科学研究补助金、1930年设立少数研究教授席，直接补助科学家个人，补助标准从500元到2000元不等，涉及学科22个，接受过补助的中国科学家共有415人。

三、为提高中等学校自然科学教学水平，基金选择了以培养中学师资为重要任务的六所高校——中央大学、武昌大学、北平师范大学、东北大学、广东大学、成都高等师范学院，在物理学、化学、动物学、植物学和教育心理学五个学科共设35座科学教授席，每教授席每年可得资助1万元到3万元不等，用于改进实验教学设备和补助附设的实验学校经费，以支持这些大学培养合格的中学理科师资。同时，基金还资助这些学校与其他高校合作举办暑期科学讲习会，以提高在职中学教师的自然科学水平。

四、基金大力资助了中国的图书馆事业。今天的中国国家图书馆，始创时名为北海图书馆，基金以每年25万元提供其租房和订购外国自然科学书刊的经费。1929年，北海图书馆与北平市政府的一家主要收藏中文书籍的图书馆合并，改称北平图书馆。1931年，基金提供北平图书馆一千一百三十七万元建成文津街馆址，这处馆址一直使用至1987年紫竹院新馆建成。此外，基金每年以1万元资助由美国教会在武昌建立的文华图书馆专科学校，该校至1934年累计有72名学生毕业，在1956年北京大学设立图书馆专修科之前，这里是全国唯一培养图书馆管理人才的专门学校（于1952年并入武汉大学）。

20世纪40年代，因战争影响，国币大幅度贬值，基金实力大减。1949年，中华教育文化基金董事会迁往美国，从此中断了同祖国的联系。

清华大学校门和竖匾（清华大学校史馆提供）

10 月　　　　清华大学基金管理手续全部移交清楚。

6 月间，罗家伦超额完成任务，载誉而归，回校之前还找到行政院院长谭延闿写了“国立清华大学”六个颜体大字，制成竖匾，悬于校门。罗校长炫耀之情于此达到极点。随后，他立即向金城、中南两家银行借款四十万元，开建各项工程，现在清华已经不怕没钱还债了。

心照不宣

民国十九年（1930 年）5 月，罗家伦干得好好的，突然辞职。

这件事看上去很是蹊跷。先是学生会开会，会上有人临时动议要求校长辞职，表决时，这个议案没有被通过。两天后，罗家伦却真的辞职了，留下一纸布告，宣布把职权移交校务会议，自己去了南京。之后，学生会又一次开会，这回是压倒多数拒绝罗家伦回校。

关于这个事件，各方面说法不同，后世也一直议论纷纷。

先说学生方面，他们不喜欢罗家伦的理由主要有两条。首先是罗家伦到校伊始所推行的军事化管理让广大学生深恶痛绝，而他既不将自己的主张坚持到底，又不将根本无法行得通的军操制度明白废止，采取的却是一种极不严肃和不负责任的做法——不了了之，正可谓虎头蛇尾，前张后弛，有始无终。这让学生对他在厌恶之余又十分轻视。第二，罗家伦在上一年和清华基金会、董事会摊牌时宣布辞职，并多次公开表态，无论斗争胜利与否，自己绝对无意复职，一副天下为公的派头。学生会在同步发起请愿时也公开声明，请愿行动的目标只限于体制改革的实现和清华大学的长远发展，绝不以挽留校长作为附加条件。结果，改制成功，罗家伦却又回来了，使得学生对他愈发瞧不起。

罗家伦复职后的一年以来，学校发展走上正轨，校长和学生井水不犯河水，上述两件旧事不可能构成（部分）学生对校长突然发难的理由。事件的缘起在于不久前，阎锡山、冯玉祥、李宗仁等地方割据势力组成针对南京政府的军事同盟，中原大战全面爆发了。北平一时成为北方地区反蒋势力的中心，罗家伦顿失靠山，一部分学生受阎锡山方面的驱使，在学生会上发动“倒罗”。不过，乱世之中，人心毕竟向稳，“倒罗”议案未能得逞。清华大部分学生觉得这样的结果已经很给罗校长面子了。

但是，罗家伦却不领情，不但宣布辞职，离校前还留下一份极具挑衅性的文告，满篇牢骚话，对学生颇有指责。就是这篇东西把学生给得罪光了。

再说罗家伦又何必如此？

据有关当事人记载，他是被一部分教授给“劝”走的。教授们的理由是，阎锡山与蒋中正翻脸，罗家伦在清华早晚待不住，不如顺坡下驴，争取主动，避免进一步受辱，何况“表示辞职也是一种反击的办法”。这最后一句堪称绝妙，是冯友兰的创意，说动了爱面子的罗校长。罗校长采纳了这一意见，扔下一篇激怒全校学生的牢骚文章，扬长而去。

最后说说清华的教授们。实际上，他们的态度才是至为关键的。

罗校长在教授们的心目中，和“学者”这路人是不大扯得上关系的。他纯粹就是个政客外加生意人，少年得志，举止轻狂，喜欢夸夸其谈，但学问又很肤浅。但正是这样一个不讨人喜欢的家伙，偏偏能够办成事，而且能够办成天大的事，因为他拥有极为可怕的政治资源，这恰恰是令教授们最不放心的。

教授们个个曾经沧海，他们早就习惯了在变幻无常的政治气候中，各司其职，各负其责，稳稳地驾驶着清华这条船，有惊无险地安然渡过一切困境，而不管这条船上到底有没有船长。他们可能也会需要一位船长，但理想的人选应该是一个能够使清华远离政治——离得越远越好——的高手，而绝不是带领大家冲进政治旋涡中心、把大学的命运捆绑在某一派政治势力的命运上的那个人。

多年以来，清华教授们在应付各种恶劣环境的斗争实践中，逐渐摸索出了一套行之有效、以不变应万变的土政策，叫作“教授治校”。这个制度的核心是设计出三级相互制衡的校内权力机构——

教授会（Faculty）。由清华大学全体教授组成，是学校的最高决策机构，但实际权限比较抽象和宽泛：（一）审议教学及研究事业改进方案；（二）审议学风改进方案；（三）决定学生考试成绩及学位授予；（四）向评议会提出议案；（五）审议由校长或评议会交来之议案；（六）选举评议员。

评议会（Senate）。评议员包括校长、教务长、秘书长、各学院

清华大学1932年度评议会成员合影，前排左起：王文显、叶企孙、蒋廷黻、冯友兰、梅贻琦、张子高、陈达，后排左起：浦薛凤、陈岱孙、杨公兆、吴有训、杨武之、萧蘧（《清华年刊（1932年）》）

院长，以及教授会推举的若干名教授（推举人数比当然成员人数多一人），实际权限极大：（一）制定学校重要规章制度；（二）审议预算、决算；（三）制订学校基本建设计划；（四）决定各学院、学系之设立或废止；（五）决定学校派遣及管理留学生的计划以及留学经费之分配；（六）审议由校长交来之议案。

校务会议（Council）。校务委员包括校长、教务长、秘书长、各学院院长，权限是“议决一切通常校务行政事宜”。

以上三会均设主席，主席只管主持会议，一般由校长担任。若校长缺席，会议则另行推举临时主席。三会运作公开透明。自梅贻琦掌校，清华大学所有重要规章与重大决策，包括其形成之过程，均明文载于校内周刊，付诸师生公论。

简单地说，校务会议就是由几个人在一起集体当校长；评议会的权力接近于清华原先的董事会；教授会则有点像现代企业里的股东大会，是最高权力机构，是学校的大老板，但只要选出德才兼备之人组成评议会和校务会议，便可以垂拱而治。

陈岱孙从民国十八年（1929年）起担任清华大学法学院院长（法学院最初有政治学、经济学两个系，抗战期间，社会学系由文学院改隶法学院，抗战胜利后，法学院又增设法律学系）[5]，一直是当然的评

---

〔5〕**法学院：**

国民政府于1929年7月26日公布的《大学组织法》载明，“大学分文、理、法、教育、农、工、商、医各学院”，“凡具备三学院以上者始得称为大学”，“大学各学院……得分若干学系”。

在我们今天的体制和语境中，是不大区分“人文”与“社会科学”的，“文科”一词将“人文”学科与“社会科学”学科混为一谈，这使得今人在理解民国时期大学的“法学院”的含义时发生了困难。

民国时期的大学，对于“人文”学科与“社会科学”学科有着严格的区分，前者在文学院，有中文、外文、历史、哲学等学系，后者在法学院，有政治、经济、社会、心理等学系。法学院各学科之研究路径与“人文”学科不同，而与“自然科学”学科则颇为近似——它们均强调研究成果须经实验的证伪或证实，均注重科学研究方法与国际学术标准。

清华大学 1932 年度校务会议成员合影，左起：叶企孙、陈岱孙、冯友兰、梅贻琦、杨公兆、张子高（《清华年刊（1932 年）》）

议员和校务委员。关于教授治校制度的成因，他解释说，“蒋梦麟从教育部部长下台到北京大学任校长时，就曾针对当时正在清华形成的体制，宣称他主张‘校长治校，教授治学’。他这个主张其实也无可厚非。如果校长能真正地把校治起来，广大的教师是不愿多管闲事的。但在动荡的 30 年代，至少在清华，是不具备这条件的”，教授们“要求有一个在可以撇开校长的情况下，自动推动学校工作的力量”。

关于教授治校制度的运作，陈岱孙介绍说，“评议会是这个体制的核心，以校长、教务长、秘书长、各学院院长及教授互选之评议员若干人组成。互选之评议员人数比当然成员的人数规定要多一人。同时，各院院长都由教授会从教授中推荐，教务长习惯上也由教授中聘任。评议会实际上是教授会的常务机构，……是校内最高的决策、立法和审议机构。主要的法案、章制都由评议会动议、制订。在法定地位上，评议会还是校长的咨询机构，但由于校长是评议会主席，其他校务会议成员都是评议会当然成员，评议会的决议对于校各级行政领导是有一定的约

（接上页）那时候，“应用文科”也经常被纳入法学院的范畴，如 1952 年“院系调整”之前的清华大学法学院包括了法律学系（但未包括心理学系），又如抗战时期的西南联大法商学院则包括了商学系。

束力的。如果说清华这个领导体制是当时所谓‘教授治校’的典型，则‘教授治校’的作用就是通过评议会职能而表现的”。

可惜，罗家伦是个强势校长，尽管也曾游学欧美六年，民主这件事他还是搞不大明白。最初因威望不够，他跟教授们的合作还算愉快，但时间一长，他就厌烦了。

民国十八年（1929 年）7 月，清华设立文、理、法三学院，院长到底如何产生的问题立刻被摆到了桌面上。根据民国《大学组织法》，大学的教务长、秘书长、各院院长均由校长任命。但是，国法到了清华就是敌不过土政策，教授们说，教务长和秘书长的人选可以由校长说了算，但学院院长不行，因为院长主管教学和研究，必须由教授选举。

双方争执不下，最后妥协。每个院长均由教授会经过选举公推出两个人选，由校长从中挑一个任命，但校长必须充分考虑两人的得票差别。

罗家伦在和教授会争执的过程中，曾想试试分化瓦解之术。他第一次找陈岱孙，希望任命他为教务长，陈岱孙不在家。第二次是在暑假里给陈岱孙写信，希望任命他为法学院院长，陈岱孙在福州家里写回信，明确表示拒绝。

当时的罗校长始终不能懂得，明明结果是一样的，为什么这些教授非要被选出来才肯干，任命的就偏偏不要？关于这个问题，陈岱孙他们觉得没有必要回答。

所有的原因加在一起，罗家伦离开清华是个必然事件。学生会如何如何，阎锡山又如何如何，其实都不要紧，教授的态度才是决定性的。教授们看上去三三两两、心不在焉，但他们一旦共同认准了一个道理，从成为信念到付诸执行，那可是有着比钢铁还要坚硬、比尖刀更为锋利的意志的。

相信罗校长后来一定懂得了究竟是谁真正把他“请”出清华的，关于这一点，大家始终都不挑明，心照不宣为好。教授有教授的方式，一般人理解不了，所以才给后世留下了那么多的猜测和争议。

罗家伦和他在上任之初带到清华的死党们——

杨振声（字今甫，山东蓬莱人，1890—1956），国文专业，毕业于北京大学，是“五四运动”中因火烧赵家楼而被捕的三十二名学生之一。他在罗校长离开清华之后到青岛大学任校长，政绩斐然。民国二十七年（1938年）起任教西南联合大学中文系，历任联大秘书长、联大叙永分校主任。抗战胜利、联大解散，杨教授负责北京大学的北返工作，并任教北大直至1952年被“调整”到东北人民大学（长春）中文系。

稍晚于罗家伦、杨振声、冯友兰来到清华的吴之椿（湖北江陵人，1894—1971），武昌文华书院毕业后留洋，政治专业，学成后归国从教。吴之椿和罗校长的早先经历相似，也曾投笔从戎，加入北伐大军，官拜武汉国民政府外交部秘书兼政务处处长，在收回汉口、九江英租界的过程中执行过关键任务。吴教授在宁汉复合后退出政界，应罗校长之聘任教清华大学政治学系，罗辞职后，他先后赴青岛大学、武汉大学任教，抗战前在中央研究院（南京），抗战中在西南联大教授现代政治思想史、英国宪法史等课程，十分叫座。抗战后在北大政治系，1952年“院系调整”之际离开北大，去往新设的北京政法学院。吴之椿的前任女友袁震后来成为吴晗夫人，他的夫人则是令吴宓着迷的欧阳采薇。

不知罗家伦的辞职究竟有没有产生任何“反击”的效果，反正结果是罗氏小分队的大部分队员都撤走了，而只有提议“表示辞职也是一种反击的办法”的哲学家冯友兰（字芝生，河南南阳人，1895—1990）留了下来，直到1952年，他和陈岱孙一块儿从清华被“调整”到北大。晚年两人在北京大学燕南园比邻而居，都是寿享近百岁的人瑞。

国立清华大学首任校长罗家伦在民国十九年（1930年）以后，历任武汉大学历史系教授、中央政治学校（南京）教育长、中央大学（南京）校长等职，1969年卒于台湾。愿清华学人记住他在短短两年校长任内的作为，至于功过是非、盖棺论定这种事，对于一个性格如此鲜明有趣的人来说，实在并不重要。

插曲三则

民国十九年（1930年）的整个下半年，中原数省陷入一场规模空前的大混战，各方投入兵力总数超过一百三十万，可谓天下大乱。南京政府正当危急存亡之际，也顾不上来管清华大学的事儿。

罗家伦于5月23日辞职离校之后，清华有将近一年没校长，始终由校务会议主持局面。教授治校，和谐愉快，学生偶尔有些无理取闹之举，比如要求减免学费，或者毕业后一律免试进入研究院什么的，掀不起大浪，也不必细述。

6月间，阎锡山派来新校长——清华1919级毕业生乔万选。乔万选以校友身份拉拢教授，可是教授们对这位仁兄丝毫不感兴趣。学生则认为此人还不如罗家伦，“依他的资格、程度和名望，至少还得做十年有益于社会的工作才行”。

乔万选软的不行就来硬的。6月25日，他手持“太原阎总司令”的一纸命令，带着全班接收大员，在三车大兵的护送下，到清华上班来了。刚到校门口，就被学生纠察队挡驾。此后的谈判是令乔老爷终身难忘的噩梦，他居然是在签了“永不任清华校长”的保证书后才被赶走的，全过程中，好像都没怎么轮到教授们出手。如此本事，就敢到这种地方撒野，乔某人的确太过自不量力。

当天，清华以校务会议名义给阎锡山发去电报，措辞软中带硬，大意是我们这里一切都好，就不劳您老多费心了。两天后，教授会发表宣言，布告天下：“本校不幸因校长问题引起纠纷，同人等职在教学，对于校长个人之去来本无所容心。惟本校为最高学府，一切措施应以合法手续行之，校长自应由正式政府主持教育之机关产生，若任何机关皆可以一纸命令任用校长，则学校前途将不堪设想。查本校自罗校长辞职后，校务由教务长、秘书长及各院长组成之校务会议维持，所有计划照常进行，学生毕业丝毫未受影响。经费则自去春起，由美使馆按月拨给中华教育文化基金董事会依法定手续转交本校正式当局。本校基金亦由该会保管，不受任何方面干涉。所愿学校行政亦能超出政潮独立进行，俾在此兵戈扰攘之中，青年尚有一安心求学之处，倘有不谅此衷别有所图者，同人等职责所在，义难坐视。谨此宣言。”

然后，就再没有杂七杂八的人敢来清华了。此为插曲之一。

年底，仗终于打完，中央以少胜多，彻底打败地方。北伐遗留问题集中爆发，集中解决。但是，因熟谙明朝末年兴亡故事而笃信“攘外必先安内”的蒋委员长面临的难题还有很多。中日关系早晚会出大事，那将是决定中华民族存亡绝续的殊死较量，为培养国家元气，以应对那生死关头的到来，政治、军事、经济等领域的改革和建设都迫在眉睫。北伐时被自己一手清出去的中共，一直游击于湘赣边界，借中原大战之机得到喘息，渐渐站稳脚跟，已成武装割据之势，必须加以认真对待。此刻，他最感忧虑的还有：中国国民党几经折腾，形同散沙，若不是自己手里握有中央大军，真不知还有几人称孤、几人称王；各级政府暮气沉沉，官场陋习积重难返，有些地方之不堪甚至有过于旧军阀政权。

因此，党务工作必须强化，党的组织系统必须壮大到与国家行政体系合而为一的程度，三民主义必须成为全体国民的类宗教式信仰，党化教育必须继续在全国深入推行。蒋中正相信，非如此，国民不能团结；非如此，国家就永远没有一个进步的目标。

清华大学是国民党“原教旨主义派系”在高等教育界强力推行党化教育所面对的最大钉子户，规定每周一上午举行“总理纪念周”、将党义课定为必修等等，这些都是表面文章，关键是那个“教授治校”体制如果不除，长此以往，全国各高等院校必群起效仿。到时候又是一派思潮泛滥的局面，人心就更难收拾了。

清华大学等了十一个月，等来了新校长——国民党党棍、中央政治学校副教务主任吴南轩。吴南轩就是奉命来拔钉子的，清华师生对此心知肚明。说起来，罗家伦绝对也是三民主义的忠实信徒，不过他毕竟讲礼义、知廉耻，不脱书生本色，新来的吴校长可是要动真格的了。

民国二十年（1931 年）4 月 16 日，吴南轩到校，20 日举行校长就职宣誓仪式。国民党元老、北平政治分会主席张继赶来代表政府致辞，因为迟到了一个多钟头，再加上说话逻辑混乱，颠三倒四，结果被哄

捍卫清华大学教授治校体制、率先挑战吴南轩威权的四教授，从左至右，教务长萧蘧（经济学系教授）、法学院院长陈岱孙（经济学系教授）、理学院院长熊庆来（算学系教授）、文学院院长冯友兰（哲学系教授），合影于明十三陵，摄于1931年

了下去。这是学生给吴南轩的下马威。

教授的已经给过了。

吴南轩一到校，在过去十一个月中行使校长职权的校务会议就开始向他移交关防账册。交接完毕之后，校务委员——教务长萧蘧、代理秘书长李相宏、文学院院长冯友兰、理学院院长熊庆来、法学院院长陈岱孙（注：工学院此时尚未成立，故学院院长仅有三位）——按照换届的惯例集体辞职。教务长、总务长等职，吴南轩自有带来的亲信（陈石孚、朱一成）充任，对于三位院长，他则重新发出聘书。谁知，那三位“忽生枝节”，开始向吴南轩念起了他们从前已经给罗家伦念过一遍的那套经：“照清华的办法，院长要由教授会提名，请校长召集教授会，如果教授会提名中还有我们，我们就接受聘书，不然就不能接受。”

吴南轩不信邪，他觉得拔钉子的时候到了，打算撇开这几位另外找。于是准备了聘书，请王文显、吴有训、陈锦涛就任文、理、法三院长，三人坚不应聘；又去请陈达、高崇熙、张奚若，三人也是坚不应聘。

吴南轩至此对教授彻底绝望，于是又分批招待各年级学生，“飨以茶点”，挑拨师生关系，破坏师生感情。岂料学生吃完喝完，一抹嘴回去接着开会，说吴校长十分无耻下作。

吴南轩这才真正领教清华风骨，干脆一不做二不休，马上南下，去南京到教育部提请变更清华大学规程，变更后，校长将获得聘任院长和教授的全权。更有甚者，他返校时还从外面聘回来一个文学院院长。

5月28日，教授会开会，认为吴南轩“惟务大权独揽，不图发展学术，蔑视教授人格，视教授如雇员”，“忍无可忍”，通过决议，要求教育部撤换校长。决议以三十八票对两票通过，投否决票的两位当场起立声明，表示对于议案内容完全赞同，只是觉得措辞有点儿过分。当天，清华大学全部五十九名教授中，除了十位外籍教授以及当时在外休假的叶企孙，有四十八人签字声明——倘若教育部不能另派校长并恢复学校原有规程，则定于下学年全体辞职。

5月29日，学生会三百一十三人会议，全票通过宣言支持教授。会后，学生立即包围工字厅和甲所（校长住宅），“叫嚣咆哮，捣乱什物，无所不至”“情势汹汹，不可理喻”。吴南轩仓皇之下，避入北平城内东交民巷的利通饭店，以“国立清华大学临时办事处”名义在报端发表启事，称清华校内有“反动分子”违抗部令、煽动学潮。清华教授会针锋相对，通电教育部，称“‘反动’为党治之下最重罪名”，校长既出此言，则请求教育部彻查。

吴南轩颜面扫地，心灰意冷，终于称病辞职，当时亲自兼任教育部部长的蒋中正一面给他去电表示慰留，一面派前任部长、时任北京大学校长的蒋梦麟到清华实地考察情况，并力所能及地做些调停工作。蒋梦麟是个明白人，这次吴南轩和清华师生的矛盾激化，究竟谁是谁非，是个说不清楚、就算清楚也不能明说的事情。吴南轩躲进东交民巷使馆区，托庇洋人，已是有伤国家体面，教育部来电慰留，无非是要为政府挽回点面子罢了。他在清华园转了一圈，念了些不得要领的官样文章，就一刻也不想多待了。临走时遇到教授里的个别老熟人，私下坦露心声，说他发现了一个规律：一个大学中有三派势力，一派是校长，一派是教授，一派是学生，在这三派势力中，如果有两派联合起来反对第三派，第三派必然要失败。蒋梦麟正事没怎么办，倒是从清华经验中获得

左起，施嘉炀、钱端升、陈岱孙、金岳霖、周培源、萨本栋、张奚若，在北院7号门前合影，摄于1931年

些许启示，自己也是当校长的，或可时时引为警惕。

根据蒋梦麟的“三派势力论”，清华之所以能够在“撇开校长的情况下”凝聚起“自动推动学校工作的力量”，是因为有两大法宝，除了前面介绍过的“教授治校”，还有就是“师生大联合”。而将这两大法宝充分运用起来并且大显威力的，正是每天三餐凑在北院7号开伙的“饭团”。

关于“饭团”的核心人物，具体到吴南轩这件事情，作为成员之一的周培源回忆说：“最初我们在教授会开会时不通知吴南轩，不让他来，另选一个主席（作者按：除非离校外出，校长本该是当然的教授会主席）；陈岱孙是个‘背后诸葛亮’，出主意，不出面；表面由蒋（廷黻）、萨（本栋）等带头，我们一哄就把他（吴南轩）赶走了。”

回到原话题。

事情僵在那里，教授会便推举代表到南京继续请愿，在校学生则成立武装护校团，日夜戒备，以防不测。吴南轩倒是没有把教育部的慰留当真，再三请辞，教育部只好接受其辞呈，经北京大学教授陶孟和、丁文江举荐，教育部常务次长钱昌照做主，改派地质学家翁文灏暂时代理校务。此为插曲之二。

教育部这次被搞得比较狼狈，对清华的教授、学生一概没有追究，但表示十分痛心于学校的乱象。

翁文灏品学都无可挑剔，受到清华师生很高的礼遇。他可能是一方面认为清华本无事，庸人自扰之，另一方面又觉得清华教授太难对付，因此就“驱吴”风潮略作善后处理，以及把新学期开学筹备相关事务应付完毕之后，8 月底就向教育部呈文，说自己最近手臂受伤，需要休息，最多可以坚持到新学期开学，接下来绝对不干了，请尽快确定正式校长。

他的呈文中有一句意味深长的话：“万一校长一时不能到校，即照罗前校长成例，将校务交由校务会议暂行代理，亦必能循轨进行。”

开学后，翁文灏说到做到，不管有没有人接替，把公事往主持校务会议的理学院院长叶企孙那里一交，就此作别。此为插曲之三。

终结者

一波三折之后，他们终于想起了梅贻琦。

梅贻琦（字月涵，天津人，1889—1962），清光绪三十年（1904 年）入读南开学堂，为该校首期学生。宣统元年（1909 年）考取首批庚款留美学生，是清华大学“史前期”老学长，同年入读伍斯特工科大学（Worcester Polytechnic Institute）电机工程专业，民国三年（1914 年）获得学士学位回国。民国四年（1915 年）起任教清华学校，初教英文、数学，后专授物理学。民国十年（1921 年）公费入芝加哥大学进修，民国十一年（1922 年）获得硕士学位回国，继续在清华教授物理。民国十五年（1926 年）当选清华学校教务长，民国十七年（1928 年）连任教务长并一度代理校长，同年（接替赵国材）改任驻美学生监督。

梅贻琦是在罗家伦掌校清华后不久被派往美国主管留学生事务的，成行之前，罗家伦大张旗鼓的除旧布新运动已经基本结束，有不

国立清华大学“终身校长”梅贻琦（1889—1962）

少与梅贻琦同样老资格的教员离开了清华。

以梅贻琦的学位头衔、学术地位、从教经历，恐怕并非罗家伦眼中的“良好教授”而极有可能不在大加延聘之列。关于担当整顿驻美监督处的使命，是罗选择了梅，还是梅主动靠拢，谁也不敢妄加猜测。不过，无论事实究竟如何，梅校长的形象都不应该也不可能因此受到丝毫贬损。的确，梅贻琦因工作岗位的适时变动而在当时清华教员队伍大换血中得以保全，甚至至今仍有个别清华早期教员的亲属后代——可以笑称其为“前清遗老遗少”——对梅在当时的立场、站位有所议论，但梅的（自我）保全正应了一句古话：将以有为也。

教育部这一次为清华选择新校长的过程十分艰难，自吴南轩离职、翁文灏代理开始，酝酿了整整一个月。他们最后选中梅贻琦，大概是基于三点：（一）他是百分之百的清华人；（二）他三年不在局中，身份无比超然；（三）他为人和气，做事稳健。至于其他，就考虑不了那么远了。

感谢政府，这就够了。

10 月 13 日，梅贻琦被公布为清华大学校长，他随即交卸驻美监督处公务，启程回国，然后安顿家室，至于到校视事已经是 12 月了。

没关系，清华可以等。

民国二十年（1931 年）12 月 3 日，受人尊敬的翁文灏教授在大礼堂向清华师生告别，赠言曰，“希望清华以后在安静的空气中求进步”。新任校长的训话内容基本上是礼节性的，但有一句被传诵不绝，他套用孟子的“所谓故国者，非谓有乔木之谓也，有世臣之谓也”说道：“所谓大学者，非谓有大楼之谓也，有大师之谓也。”

作为和梅贻琦从此开始共事十八年、在清华大学今后数次兴亡关头共同担负历史责任的同事之一，陈岱孙晚年有公开发表的对梅贻琦的评价，曰：

“梅来任校长后，也有一个如何对待在他出国的几年中，在没有校长或校长不发生作用的情况下形成起来的新领导体制的问题。无疑地，对一个校长来说，这个体制削弱了他的独断的权力。但梅不但完全接受这个体制的精神，还协助把它巩固下去。他真正如何考虑的，我们不得而知。有些可能的原因是明显的：在出国任留学生监督之前，梅一直是清华的教授，从感情上和对教育的基本观点上说，他和广大教师们是一致的。他平易近人，作风民主，学校大事率多征询教师意见，这也和他的谦虚平和的性格有关。他似和政治无缘，在他就任校长后头几年，连一个挂名的国民党员也不是。在南京他没有政治资本，没有人事渊源。他只有和全校教师们一起才能发挥他的作用。在清华教师中，许多人是他过去的学生或后辈。他们对于他是尊敬的。他也相信广大教师是有办好清华的共同事业心的。同时他也知道力图控制高教阵地是 C.C. 集团既定的派系策略。吴南轩的拙劣表演虽告失败，但他们是不会就此罢手的，一有机会，还会卷土重来。保留清华这一块净土，这是他和全体教师的共同愿望。一个以教育学术民主自由为号召的校内管理体制，在抵抗和缓和外部政治派系势力的侵入和控制上也许能起到作用。

无论如何，梅在受任校长后接受了这一体制，并加以扶植。在 1931 年到 1937 年中，这个以评议会为中心的体制得到进一步的发展和巩固。在理论上，教授会、评议会、校务会议、校长四者之间，在权限和意见上是可以发生矛盾的；但在实际上却没有发生过任何裂痕。校长是教授会、评议会、校务会议的主席，在会上梅总是倾听群众的意见，而与会的成员也十分尊重他的意见。当然各种会议上分歧意见是不可避免的，激烈辩论也是经常发生的，但梅先生的持重态度却起到稳定的作用。”

清华大学终于等到了理想的船长，这位船长另有一个尊称——“终身校长”。

吾校庄严（之二）：清华大学1936年度教职员一览表

梅贻琦

校　长
教授会主席
评议会主席
校务会议主席

潘光旦

教务长
评议员
校务委员

沈　履

秘书长
评议员
校务委员

文学院

冯友兰

院长
评议员
校务委员

中国文学系

朱自清

教授兼主任
评议员

陈寅恪

教授
与历史学系合聘

杨树达

教授

俞平伯

教授

刘文典

教授

闻一多

教授

王　力

教授

浦江清

专任讲师

赵万里

讲师

唐　兰

讲师

许维遹

教员

余冠英

教员

李嘉言

助教

张健夫

助理

外国语文系

王文显

教授兼主任

毕　莲

Miss A.M.Bille

教授

陈福田

教授

吴　宓

教授

温　德

R. Winter

教授

翟孟生

R. D. Jameson

教授

钱稻孙

教授

叶公超

教授

本学年请假

吴达元

教授

华兰德
Miss L. Holland
教授

吴可读
A.L.Pollard-Urquhart
教授
本学年休假

陈　铨
教授

杨业治
专任讲师

秦善鋆
讲师

黄伟惠
讲师

张锦宏
教员

朱木祥
教员

雷　夏
E. C. Reicher
教员（兼任）

史丕司列夫
A. N. Spesneff
教员（兼任）

徐锡良
教员

邱汉森
教员

蒋恩钿
助教

王友竹
助教

龚泽铣
助教
兼办图书馆事务

哲学系

冯友兰
教授兼主任

金岳霖
教授

邓以蛰
教授

张荫麟
教授
与历史学系合聘
本学年请假

沈有鼎
教授

贺　麟
讲师

洪　谦
讲师
下学期到校

张岱年
助教

王　森
助教

申荆吴
书记

历史学系

蒋廷黻

教授兼主任

本学年请假

刘崇鋐

教授兼代理主任

评议员

陈寅恪

教授

与中国文学系合聘

孔繁霱

教授

噶邦福

J. J. Gapanovich

教授

张荫麟

教授

与哲学系合聘

本学年请假

雷海宗

教授

王信忠

专任讲师

邵循正

专任讲师

齐思和

讲师

谭其骧

讲师

吴　晗

教员

何　基

助教

鲁光桓

助教

谷光曙

助理

吴　达

书记

社会学系

陈　达

教授兼主任

吴景超

教授

本学年请假

潘光旦

教授

李景汉

教授

杨　堃

讲师

史镜涵

助教

苏汝江

助理

理学院

吴有训

院长
评议员
校务委员

物理学系

吴有训

教授兼主任

叶企孙

教授
评议员

萨本栋

教授
评议员
本学年上学期请假

周培源

教授

本学年休假

赵忠尧

教授

任之恭

教授
与电机工程学系合聘

霍秉权

教授

张景廉

教员

王谟显

助教

傅承义

助教

赫崇本

助教

孙珍宝
助教

戴中扆
助教

马产宁
书记

阎裕昌
仪器管理员

化学系

张子高
教授兼主任

高崇熙
教授

萨本铁
教授

黄子卿
教授

张大煜
教授

邵德辉
讲师

张为申
教员

江世煦
助教

罗建业
助教

陈光旭
助教

孟广俊
助教

高振衡
助教

张光世
助教

陈　彬
助教

王守震
书记

算学系

熊庆来

教授兼主任

郑之蕃

教授

杨武之

教授

赵访熊

教授

曾远荣

教授

戴良模

教员

陈鸿远

教员

吴新谋

助教

徐贤修

助教

李杏瑛

助教

半时

段学复

助教

半时

地学系

冯景兰

教授兼代理主任

翁文灏

名誉教授

袁复礼

教授

张印堂

教授

洪　绂

教授

张席禔

教授

李宪之

专任讲师

王炳章

教员

刘　汉

助教

夏湘蓉

助教

李洪谟

助教

王　植

助教

王　素

助理

白福祥

助理

陈墨夫

书记

孙瑞琉

气象台助理

黄绍先

气象台助理

赵　恕

气象台助理

生物学系

陈　桢

教授兼主任

吴韫珍

教授

李继侗

教授

彭光钦

教授

赵以炳

教授

寿振黄

讲师

杨承元

助教

顾昌栋

助教

李祖桂

助教

沈善炬

助教

张尔琼

助教

半时

王志均

助教

半时

梁其瑾

助教

半时

余光蓉

绘图员

齐季庄

助理

蒋荇荪

书记

心理学系

孙国华

教授兼主任

本学年休假

周先庚

教授兼代理主任

藏玉淦

教授

下学期到校

陈　立

名誉讲师

陈汉标

助教

张民觉

助教

米景沅

助教

郑沛缪

特约研究助理

法学院

陈　总
（岱孙）

院长

评议员

校务委员

政治学系

浦薛凤

教授兼主任

王化成

教授

张奚若

教授

评议员

萧公权

教授

赵凤喈

教授

沈乃正

教授

陈之迈

教授

燕树棠

讲师

王彦美

助教

曹保颐

助教

经济学系

陈　总
（岱孙）
教授兼主任

蔡可选

教授

本学年请假

萧　蘧

教授
评议员

余肇池

教授

本学年休假

赵人儁

教授

本学年休假

张　玮

讲师

杨承祚

讲师

秦　瓒

讲师

梁其凯

讲师

刘鸿万

讲师

黄曦峰

讲师

裘开明

讲师

下学期到校

王秉厚

助教

周新民

助教

张振声

书记

工学院

顾毓琇

院长
评议员
校务委员

土木工程学系

施嘉炀

教授兼主任
评议员

李　协

名誉教授

王裕光

教授
评议员

蔡方荫

教授

本学年休假

陶葆楷

教授

本学年上学期
请假

张泽熙

教授

本学年休假

张润田

教授

本学年请假

李谟炽

教授

吴柳生

教授

胡立猷
讲师
下学期到校

许　靖
讲师
下学期到校

张人俊
助教

刘隽快
助教

吴尊爵
助教

茅荣林
助教

夏震寰
助教

金启畴
助教

周葆珍
助教

杨天祥
助教

张连荣
助教

秦鸿钤
助教

邵继兴
书记

刘九如
书记

张明贵
绘图记

机械工程学系

庄前鼎
教授兼主任
请假

李辑祥
教授兼代理主任

刘仙洲
教授

殷祖澜
教授

殷文友
教授

汪一魁
教授

华敦德
F. L. Wattendorf
教授

冯桂连
教授

李宗海
专任讲师
下学期到校

王季绪
讲师

曹国惠
教员

张捷迁
教员

载中孚
教员

董树屏
助教

葛祖彭
助教

陈文龙
助教

张听聪
助教

胡同霖
工场技士

林荔生
实验室管理员

蒋蕴章
工场管理员

吴景福
绘图员

王致祥
书记

电机工程学系

倪　俊
教授兼主任

顾毓琇
教授

章名涛
教授

任之恭
教授
与物理学系合聘

李郁荣
教授

赵友民
教授

严　晙
教员

沈尚贤
教员

范崇武
教员

朱曾赏
助教

张思侯
助教

钟士模
助教

刘砥石
书记

石文元
绘图员

农业研究所

虫害组

刘崇乐

教授

本学年上学期请假

毛应斗

教员

朱　宝

助教

范新润

助教

郭海峰

助教

徐德林

书记

病害组

戴芳澜

教授

周家炽

助教

王清和

助教

赵士赞

助教

体育部

马约翰

教授兼主任

本学年休假

涂　文

专任讲师兼代理主任

李剑秋

教员

赵逢珠

教员

夏　翔

教员

张龄佳

助教

杨魁光

助理

刘　垲

书记

军事训练部

乔　迁

教官兼主任

王中人

教官

杨国杰

教官

李海春

教官

谷云翔

书记

其他教师

王　宣

党义讲师

古普克

P. Kupka

军乐部导师

张肖虎

军乐队助教

校长办公处

傅任敢

秘书

张元博

助理

教务处

汪振武

事务员

助理、书记、女生指导员等，三名

注册部

朱荫章

主任

事务员、助理、书记等，十二名

图书馆

钱稻孙

主任

外国语文系教授

事务员、助理、书记等，二十三名

宿舍办公室

邵恒濂

事务员

丁树声

助理

秘书处

事务员、助理、书记等，四名

医院

祝振纲

主任

本学年上学期休假

校医、医员、事务员、助理、护士等，九名

文书科

陈傅绪

主任

助理、书记等，五名

庶务科

毕正宣

主任

技师、事务员、助理、书记等，十七名

会计科

毕国箴

主任

事务员、助理、书记等，十五名

出版事务所

助理、书记等，三名

长沙特种研究建筑工程办事处

事务员、技师等，二名

校卫队

正副队长，二名

资料来源：《清华年刊（1932年）》，《清华大学一览（1937年）》。
（陈寅恪、闻一多、金岳霖教授1930年代肖像来源于公开资料。）

第六章　白银年代

（1928—1937，下）

我生平最宁静，最平淡，最快乐，最值得怀念的时期。

忙碌的假期

去欧洲看书

陈岱孙想要编写一套财政学教科书，第一本是《比较预算制度》。但是，关于英、法、美、苏等主要国家预算制度的资料，在中国国内完全没有，而关于这个题目的系统性的论著，在当时的世界范围内也很少见。所以，他只有从头做起，当年撰写博士论文时练就的搜集和整理原始统计数字的功夫，这次要派上用场了。

民国二十一年（1932 年），陈岱孙在清华大学服务已满五年。根据学校规定，他可以享受为期一年的休假，其间领半薪（或者休假半年

Rosso 伯爵号轮船上的中国旅客在庆祝“双十”国庆节，后排左四为陈岱孙

摄于 1932 年 10 月 10 日

从苏伊士赴开罗途中的陈岱孙，摄于 1932 年

而领全薪）。他要利用这个难得的假期到欧洲去看书、搜集资料。对于像他这样在休假期间仍计划从事研究工作的教授，清华大学有鼓励政策，去欧美国家的话，学校补助路费共一千零四十美元，每月另发津贴一百美元。

于是，陈岱孙把公事向代理法学院院长和代理经济学系主任萧蘧移交完毕后，暑假里回了趟家，差不多在新学年开学时，坐上意大利轮船 Rosso 伯爵号（M.S. Conte Rosso）启程前往法国。

陈岱孙再次到巴黎住了半年，这是他的又一次甚为密集的读书时间。教了五年书，陈岱孙尽在放电，现在该充电了。此番的读书范围比较明确，只限于和预算制度相关的文献。他几乎每天都在法兰西国家图书馆搜找、抄录有关资料，累了就在周末享受一场歌剧或者音乐会。

陈岱孙每隔一段时间就会把抄录下来的数据、整理好的笔记、买到的参考书打包寄回北院的家中，由叶企孙代收。作为清华大学特购图书委员会主席，他还要留意为学校选购一些公开出版发行的外国政府刊物及档案资料，同样定期打包，寄给清华图书馆。

成果还不错。

年底，陈岱孙前去日内瓦过圣诞节，二舅罗忠诒正在那里作为中国代表团成员参加国际联盟年度全体大会和全体大会特别会议。这届国联大会的首要议题是对一年前发生在中国东北的“九一八事变”进行仲裁。中国代表团的首席代表是曾经数度出任民国北京政府外交总长和国务总理的老资格外交家颜惠庆，第二代表是驻法公使顾维钧，第三代表是驻英公使郭泰祺。翌年2月，颜惠庆离开日内瓦赴莫斯科担任驻苏联大使，顾维钧顺序接任代表团首席代表，郭泰祺任第二代表，罗忠诒任第三代表。

陈岱孙来到这里看望舅舅，更想亲身观察一番，关于李顿报告书[1]所提供的事实，国联将会如何采取行动。

颜惠庆在罗忠诒的住处见到了陈岱孙。颜氏与清华颇有渊源，他在清末民初曾短暂代理过清华学堂监督（校长），还是之后担任过六年清华学校校长的曹云祥的表哥。两人一见如故，很是投缘。闲谈中，颜惠庆对陈岱孙关于白银问题的看法颇为认同，这位青年教授给他留下了深刻的印象。几个月后，当颜惠庆接到另一项临时委派时，他决定找陈岱孙帮忙。

圣诞、新年过后，陈岱孙回巴黎继续他的工作。还有，六年前在欧洲游历时没来得及去的西班牙和葡萄牙，这次要补上。

3、4月间，陈岱孙转往伦敦，在供职于中国驻伦敦总领事馆的大

---

〔1〕**李顿报告书：**

1931年，“九一八事变”爆发，中国向国际联盟理事会控告日本侵略中国领土，破坏国联盟约，要求国联采取行动，制止日本对和平的威胁，恢复东北在事变前的状态。12月10日，国联理事会通过决议，派遣一个调查团到远东实地考察事变情况。1932年1月21日，国联调查团成立，由英、美、法、德、意五个国家的代表组成，团长是英国人李顿伯爵（Victor Alexander George Robert Bulwer-Lytton）。李顿调查团于1932年3月14日抵达上海，4月21日抵达沈阳，这时，日本已完全占领和控制中国东北三省，并策划建立了伪满洲国。

1932年9月4日，调查团完成报告书，10月2日，报告书在东京、南京、日内瓦同时发表，共分10章，文长272页、14.4万字。李顿报告书肯定东北是中国领土之一部分，主权属于中国，但是，它主张东北既不应维持伪满洲国现状，也不应恢复到“九一八事变”以前的状态，而建议由中日两国各自撤出武装力量，改由西方各国共管。1933年2月24日，国联大会以42票赞成、日本1票反对，通过了接受李顿报告书的决议，重申不承认伪满洲国。日本则于3月28日以抗议该报告书为由，宣布退出国际联盟。

陈岱孙（前排左四）与旅居英国的亲属们在一起，后排左三为赶来伦敦参加国际经济货币会议的罗忠诒，摄于 1933 年 7 月

舅罗忠诚家中，碰见一大群已经长大成年的表弟表妹。他们延续着罗家自上一辈开始形成的传统，相继来到英国留学。

在伦敦的生活与巴黎相仿，陈岱孙大部分时间都消磨在大英图书馆里，直到夏初，一件不期而遇的事情找上门来。

伦敦·国际经济货币会议

被第一次世界大战破坏殆尽的金本位制度，在战后，通过建立起一个退而求其次的国际货币体系——金汇兑本位制度（旧译“虚金本位制”）——逐渐开始恢复。在这个新体系中，因黄金储量充足而有实力维持金本位制的国家（如英国、美国），其所发行的货币代替了黄金，成为其他实行金汇兑本位制国家的发行准备和外汇储备。如此，第一次世界大战所造成的黄金在各国间分布失衡的问题不再构成对世界经济复苏的威胁，各国货币的汇率迅速稳定下来，国际贸易、跨国借贷与投资又呈现出欣欣向荣的局面。

但是，金本位制国家的货币，当其作为金汇兑本位制国家的发行准备时，使得金汇兑本位制国家的信用发生膨胀；当其作为金汇兑本位制国家的外汇储备时，又反过来促使金本位制国家的信用也发生膨胀；两者各自新发生的信用又通过相互间的贸易、借贷、投资，继续和成倍地放大，这种国际化的通货急速膨胀的现象在纯粹的金本位制时代从未出现过。法国经济在“一战”后恢复最快，通货膨胀也最为显著（怀揣美元、英镑的陈岱孙 1926 年下半年在法国觉得当地物价好便宜，正是这个原因），它所持有的巨量汇兑准备很快成为扰乱国际货币体系稳定的重要因素。

果然，1928 年，法国修改中央银行法，骤然改金汇兑本位制为金本位制，大量抛售外汇、收购黄金，使伦敦、纽约两大黄金窗口顿感威胁。

金汇兑本位制度的稳定，本就依赖于少数黄金储备大国维持市场的能力，这些国家一有风吹草动，市场信心便会受到影响。何况，1929 年还发生了纽约股市灾难性的大崩盘。

挤兑风潮首先冲向伦敦，一向坚如磐石的英格兰银行招架不住，于 1931 年 9 月 20 日宣告停止兑现，其他金本位制国家跟进效仿。到 1932 年年底，世界各国的发行准备和储备资产已完全兑成黄金，通货紧缩至最低限度，依赖金汇兑本位制建立起来的国际信用体系完全崩溃，“一战”之后世界经济复苏十年所积累的财富顿时化为乌有。

1933 年，大萧条进入了第四个年头，这时的美国是世界上唯一还没有宣告放弃金本位制的国家，在当选总统富兰克林·罗斯福就职前，美国的黄金库存正以每周超过两亿美元的速度减少。

年初，由几个大国发起，要在夏天于伦敦召开国际经济货币会议，希望在会上达成某种多边合作协议，以恢复各国货币与黄金之间的固定比价关系，稳定汇率，缓和国际贸易与金融局势的持续恶化。几乎所有国家都在被约请之列，当然也包括中国。

中国是当时极少数实行银本位制的国家之一，大萧条对中国的影响不大，除了造成银价相对于金价有显著的下跌。陈岱孙觉得这对于中国有利有弊，且利大于弊——银价下跌固然加重了中国的外债负担，但国币的贬值显然有利于产品出口、保护国内工商业、改善国际收支，“我们所憎恶的汇价高涨也许还是一种‘伪装下的祝福’”。不过，国内的金融巨头们可不这样看，因为银价下跌直接导致他们手中财富的价值缩水，这种关切和银产量占世界六分之一的美国西部八个州的银矿矿主们是高度一致的。

在伦敦会议上关于白银问题与美国达成某种协定，是中国政府唯一感兴趣的地方，为此，财政部部长宋子文在赴伦敦之前，先到美国走了一趟。

参加伦敦会议的中国代表团匆匆组成，宋子文挂名团长，出席一下开幕式便要回国，其余团员还是在几位驻欧使节中考虑，颜惠庆、郭泰祺和罗忠诒便又位列其中。

颜惠庆将于宋子文离开代表团之后继任团长，他忽然发现，代表团中竟无一个懂得经济货币问题的专才，连忙与郭泰祺商量，两人居然不约而同地想起了陈岱孙。颜与陈数月前在日内瓦有一面之交，而郭与陈则根本不认识，是陈的好友钱端升知道在伦敦要开这么一个会，而且知道陈就在伦敦，于是特地写信给郭，说如果有困难就去找岱孙。

陈岱孙一开始有顾虑，因为他关于白银问题的见解一定不合哈佛校友宋子文的口味，但听颜惠庆介绍了宋的行程之后，就痛快地接受邀请，成为中国代表团的专家。反正书也看得差不多了。

大会小会天天有，一共开了两个月，大部分场合根本轮不着中国说话，即便如此还得出席，陈岱孙觉得很无奈。

关于白银问题，美国在伦敦会议上将西部银矿矿主们的诉求（抬高银价）写入协定：（一）加入协定的产银国家每年由政府购买若干现银以增加银的需求；（二）加入协定的存银及用银国家不得随意在国际市场倾销白银，以减少银的供给。中国在协定中的主要义务就是第二项。

在中国代表团的内部讨论中，陈岱孙反复强调他不赞同以任何人为方式抬高银价，因为过去几年中的银价下跌对于中国国内经济的影响实在是利多于弊。美国的建议在根本上对中国没有好处，中国加入该协定，不过是单纯增加了国际义务而不见得有什么利益。

不过，当时掌握决定权的人士没有预见到：（一）美国的白银利益集团果真有如此强大的影响力，使国会在一年后通过法案，规定在美元的发行准备中白银须占四分之一，从而迫使美国政府大量收购存

伦敦国际经济货币会议期间，颜惠庆（前排右一）与陈岱孙（前排左一）、罗忠诒夫妇及其亲属一同在泰晤士河畔观看亨利皇家赛船会（Henley Royal Regatta），摄于1933年7月

银；（二）两年后，中国政府迫于银价上涨而进行币制改革，放弃银本位制，白银在理论上果真变成了可以无限制出售的一般货物。

既然没有预见到，那么，反感归反感，协定中的义务也许不见得就一定会发生。所以，争论了一番，犹豫了一番，向国内请示了一番，中国还是签字了。后来的事实证明，接受这个协定令中国吞下了一枚不小的苦果，但也催生了一场意义深远的币制改革。

在美国，民主党人罗斯福于3月4日就任总统后，从3月9日制定《紧急银行法》至6月16日通过《全国工业复兴法》，实施新政满一百天，其间，金本位制被废除。7月3日，罗斯福针对正在伦敦召开的国际经济货币会议发表声明，称："旨在恢复与黄金固定比例关系的努力是所谓的国际银行家的古老迷信"，以及"那种汇率稳定是一种金玉其外败絮其中的谬论"。这个声明的发布意味着美国退出伦敦会议，并且决定不再参与任何试图挽救金本位制的国际合作。

会开到这里只好草草收场，会议代表们四散回国。看来，大家除了督促各自国家的印刷厂开足马力印钞票之外，也没有什么别的好办法了。

当时全世界的经济学家中，大概只有约翰·凯恩斯（John M.

Keynes，1883—1946）一人为此高兴，他认为管理通货制比金本位制更好，所以说罗斯福“做得对极了”。

陈岱孙大失所望之余，不禁对中国维持银本位制度的前途感到忧心忡忡。他花了几天工夫写成一份关于伦敦会议的总结报告交给颜惠庆、郭泰祺，随即搭船横渡大西洋到北美参加下一个国际会议。

邦佛·太平洋国际学会双年会

陈岱孙在邦佛，摄于1933年

陈岱孙在6月中旬接到太平洋国际学会的电报，受邀参加8月中旬在加拿大邦佛（Banff）召开的双年会。他并不是该学会的会员，算是被特邀出席的嘉宾。伦敦会议提前结束，日程上不存在任何不便，回国也顺路，于是应邀去了。

太平洋国际学会是一个主要由洛克菲勒基金会资助的，研究太平洋地区政治、经济、外交、社会、文化等问题的区域性非官方国际组

参加太平洋国际学会双年会的全体代表在路易斯湖畔合影，第一排中坐者为胡适，陈岱孙在倒数第三至四排中间位置，摄于1933年

参加太平洋国际学会双年会的代表们在烧烤野餐会上，前排左四为陈岱孙，摄于 1933 年

陈岱孙在加拿大洛矶山区，摄于 1933 年

织。1920 年代末至 1930 年代中，太平洋国际学会十分关注中国经济研究，赞助了若干规模和影响较大的项目，包括何廉与方显廷主持的南开大学社会经济研究委员会（后发展为南开大学经济学院）关于天津工业化问题的研究、刘大钧主持的上海工业化问题研究、卜凯主持的金陵大学中国土地资源利用调查。

1933 年的邦佛双年会，计划重点讨论如何从民间角度缓和大萧条对太平洋地区各国的冲击，但是，和伦敦国际经济货币会议一样，被罗斯福 7 月 3 日的声明给搅了，原有主题完全不知从何谈起，会开得很不顺畅，不到十天就散了。

对于双年会的效果，亲身经历了伦敦那个场面的陈岱孙早有预料，此番前来，乃是醉翁之意不在酒，在乎山水之间也。

船于纽约靠岸后，在赶去邦佛的路上，他顺道重访母校哈佛大学，看望了导师布洛克教授，老头为他感到十分骄傲。

邦佛是位于加拿大洛矶山区的度假胜地，双年会的会址就在路易斯湖（Lake Louise）湖畔，景色宜人。在这里，陈岱孙遇到很多直接从国内过来的同行、故交，难得凑得那么齐，宛如神仙聚会。

会后，陈岱孙还约了几个人在这一带的其他几个名胜湖区转了一圈。9 月初，他从温哥华搭乘日本轮船帝国号（SS Empire of Japan）途经檀香山归国，回清华接着拿起粉笔教书。

家住清华园（之二）

团圆

民国二十一年（1932 年）6 月，在年初“一·二八”淞沪抗战中享誉中外的国军第十九路军接军事委员会命令，全军移驻福建。年底，总指挥蒋光鼐改任福建省主席，军长蔡廷锴任驻闽绥靖公署主任，迅速接管福建军政大权。

十九路军在福建的首要使命是与闽西、闽北的红军作战，但战况一直十分不利，求援无助，损失无补，还受到上峰多次严厉斥责。该军由于对日抵抗坚决，被民众视为中国军队的模范，如今落到此番田地，只能归因于自己并非中央嫡系部队而遭受刻意排挤和削弱的缘故，遂与蒋中正的隔阂日深。

十九路军脱胎于粤军第一师第四团。民国九年（1920 年）11 月，孙文回到广州重建军政府，将粤军编为三个师，任命陈铭枢为第一师第四团团长，蒋光鼐、蔡廷锴分任副团长、警卫营长。此后，第四团经过历次改编、扩编，于中原大战结束后形成由第六十、六十一、七十八师组成的十九路军。十多年里，陈铭枢始终是这支部队的最高长官，与各级军官的渊源极深，即使在离开后，他也仍然是本军的精神领袖。

民国二十二年（1933 年）5 月，结束旅欧考察的陈铭枢经香港来到福州，与蒋光鼐、蔡廷锴等密议反蒋。福建方面的策划没有得到广东、广西两省的支持，于是唯有联共。10 月，十九路军派出代表前赴位于江西的中华苏维埃共和国首都瑞金，月底双方签署初步协定，实现停火。

蒋中正得悉福建局势异动后，多次设法劝阻，不但未能奏效，反而刺激了对方那已经敏感到极点的神经。11 月 18 日，福州城内的所有头面人物在鼓山召开紧急会议，决定立即发难。11 月 20 日，“中国全国人民临时代表大会”召开，宣布废除中华民国国号和年号，成立“中华共和国”，另定国旗。11 月 22 日，“中华共和国人民革命政府”成立，新政府将福建划分为闽海、延建、兴泉、龙漳四省，定福州、厦门为特别市，定福州为首都。新政府全体成员宣布脱离国民党，集体加入新组建的“生产人民党”。这一事件史称“福建事变”或“闽变”。

国府认为“闽变”是“继袁世凯以来所谓洪宪、张勋复辟、苏维埃、伪满之后第五次变更国体制度的叛国行为”，调动中央军 11 个师分三路杀向福建。

口号毕竟代替不了实力。眼看着前线节节败退，民国二十三年（1934 年）1 月 13 日，势单力孤的“中华共和国人民革命政府”停止办公，主要领导人四散逃离福州。又过半月，福建全境丧失，十九路军残部停止最后抵抗，接受改编，那个光荣的番号则是被永远撤销了。

“闽变”期间，清华园里的陈岱孙忧心如焚，尽管事件历时 53 天便告平息，他仍然时时感到后怕。家乡的父母如果在兵荒马乱中遭遇不测……，他不敢再往下想了，立即着手安排把二老接来北平定居。

北平有陈、罗两家不少亲友，父母迁居此地，毫无他乡之感。陈岱孙在城内租下了一处小院，供他们长期居住。

恰好，清华今年还解决了陈岱孙等一批教授的住房问题，他们都将自立门户，不用两三个人合住一处了（北院 7号的“饭团”自动解散，改为定期会餐）。这样，懋豫、伯瑛只要有兴致，可随时前来清华园与岱孙相聚。

罗伯瑛（前排左一）在陈岱孙的新家——清华园新林院3号门前，四位年轻人是伯瑛的内侄、陈岱孙的表弟表妹，左起，依次为罗孝越、罗孝超、罗孝建、安娜，摄于1935年

新林院3号

民国二十一年（1932年），清华大学在土木工程学系基础上成立工学院。教授人数更是增多，宿舍紧缺的问题越来越严重，原有三处教员宿舍——北院（建于1911年）、南院（建于1921年）、西院（建于1924年）——根本不敷使用。于是，1933年在西院之南扩建出“新西院”，1934年在南院之南扩建出“新南院”，1937年在新南院之西南又扩建出“新新南院”。“新新南院”本是个临时瞎起的名字，抗战期间，远在昆明的清华校务会议为表示对于农业、无线电学、金属学三个特种研究所驻地大普吉村的感谢和永志纪念，决议把“新新南院”正式定名为普吉院。

抗战胜利后，清华校园光复，经朱自清提议，新南院被重新定名为新林院，（旧）南院被定名为照澜院。这两个名字没有什么特殊的意义，都是取谐音，以求在字面上显得更雅致一些而已。（注：为便于修辞，本书一律称新南院为新林院、旧南院为照澜院）

民国二十三年（1934年），新林院落成，陈岱孙分得3号，他搬出叶企孙家，从此有了自己的独门独户。他在这里住到抗战全面爆发、

迁入新居的陈岱孙，摄于 1934 年

清华南迁。抗战胜利后北返，他仍住回这里，直到 1952 年。

新林院总建筑面积 6677 平方米（注：另有 6588 平方米之说），工程总价 20 万元，有高标准教授住宅 30 套，均为独栋单层花园洋房，内部设施十分摩登，每家都有电话，有进口锅炉以备冬季取暖以及在一年四季全天供应热水。

新林院一经建成便成为清华园里最引人注目的焦点。加上新居主人各有一份独特的魅力，一时间，各路“粉丝”和“探秘者”就趁着工程收尾之际纷至沓来，以观究竟。学生们在大饱眼福之余，更是写下“游记”刊登于校内刊物——

“内部规划之精密，真是极其旁通曲折，虽不必雕梁画栋，然而洁白明净，若得在其中作寓公，哪怕不心旷神怡？有大客厅以资宴客，有小书房以备藏修，其余寝室、贮藏室，应有尽有，以之供给五口之家的小家庭，尽可绰绰有余。屋之后进偏东，有浴室兼厕所一间，再外一间，为更衣室。前一间内，充满极精美的 20 世纪用品，计有大洋浴盆一、白磁洋马桶一、洋脸盆一，盆之上装有大镜一方。出浴室为后庭，两边各有小房数间，西为厨房与仆人住室共三间，东边除浴室、更衣室外，尚有一间，此外尚有存煤处一，及仆人厕所一。至全屋之

陈岱孙在新林院 3 号门前
摄于 1936 年

地板，除后庭之小房与中间通路为三合土做成之外，其余皆属赭色地板。总观三十所住宅外部形式与里面结构，几乎皆是一模一样，虽略觉单调，然无此优彼劣之分，亦属平等待遇之法。至建筑之精美，皆非旧有者所能比拟，新南院实别有天地。

“新落成的新南院，屋子虽然精致，可是没有树儿、草儿、花儿，就显然有点单调了。可是那宽整的炭屑路，轩朗的场地，也自别有风光啦。路旁的梧桐、杨柳，不久也可以长大了。教授们正各自别出心裁地在布置自己的园地。总之，这儿是新开辟的境界，……有一副天真烂漫的面孔，有一团蓬蓬勃勃的朝气……”

陈岱孙打心眼里爱他的新居，在房前屋后种了很多树木花草，在不同的季节里为它们拍了很多照，自己也经常在门前留影。

民国十六年（1927 年），陈岱孙有过一次关于从政或是从教的选择，当时的大环境比较特殊，他受聘于清华的一部分原因是自己对教书确有一定的兴趣，但更多的还是出于对局势感到暂时的迷茫。大学校园是个进可攻、退可守的地方，在清华的头几年中，他的仕进之心并未泯灭，仍在时时关心着外面的世界。

“北伐成功，北洋军阀消灭了，南京的新朝又复如何？我于 1928 年、1929 年两年暑假，由于我的一位叔父在南京最高法院工作（注：指陈懋咸，时任国民政府最高法院刑事第一庭首席法官），借回家之便，都去南京看他们一家，也顺便地看看不少在政府工作的同学、朋友。必须说，官场的风气似乎有胜于旧军阀政权者，然而官海的积习、人际的关系实在令人望而生畏。我想起少时读孟子一书有‘胁肩谄笑，病于夏畦’一语。做官实在太累了。我由之得出的结论是，我不是做官的材料。在这以后，我才真是绝意于所谓仕进，以教书为我安身立命的事业了。”

抗战前后的新林院住宅分配名单

	抗战前	复员后		抗战前	复员后		抗战前	复员后		抗战前	复员后
1号	彭光钦	吴达元	2号	周培源 霍秉权	周培源	3号	陈岱孙	陈岱孙	4号	俞平伯	周先庚
5号	王明之	王明之	6号	萧公权	霍秉权	7号	毕国箴	沈　履	8号	赵忠尧	梁思成
9号	陈　铨	赵访熊	10号	张席褆	张席褆	11号	潘光旦	潘光旦	12号	吴有训	赵忠尧
21号	赵凤喈	赵凤喈	22号	张印堂	张印堂	23号	李郁荣 庄前鼎	庄前鼎	31号	孔繁霱	毕正宣
32号	毕正宣	李广田	41号	倪　俊	雷海宗	42号	李辑祥	李辑祥	43号	王　力	王　力
51号	戴芳澜	戴芳澜	52号	曾远荣 蔡可选	陈寅恪	53号	施嘉炀	施嘉炀	55号	陈　达 赵以炳	陈　达
61号	洪　绅 刘崇乐	刘崇乐	62号	殷祖澜	张奚若	63号	汪一彪	陈　桢	71号	张荫麟	陶葆楷 金岳霖
72号	闻一多	杨武之	81号		吴柳生						

从此，陈岱孙对于从政的所有希冀和抱负已然烟消云散，他苦笑一声，断绝了一切关于仕途的念头，而把安静的心放在了清华园，放在了新林院。这里是世外桃源，是他永永远远的家。

1997 年 7 月 27 日清晨，已离开清华园四十五年之久的陈岱孙即将告别人世。弥留之际，他躺在北京医院的病房里，口中喃喃念道，“这里是清华大学”。他当时眼中的幻象应该就是新林院 3 号吧。陈岱孙的后半生遭遇了重大意外变故，否则，他本该终老在那里的。

闲情

陈岱孙教授是个大忙人，除了经济学系主任、法学院院长、研究院法科研究所经济学部导师（指导经济学理论、货币银行学、财政学三个专业的研究生）兼法科研究所所长、评议员、校务委员之外，还是清华大学绝大部分专门委员会[2]的委员，是其中特购图书委员会和特种研究事业建筑财务委员会的主席。他是《清华学报》的编辑（学报编辑通常约有二十人，陈寅恪、蒋廷黻、吴宓、钱端升、陈岱孙、陈达、吴景超、王文显、浦薛凤等均曾名列其中），平津一带的报刊也经常约请他撰写经济评论文章。

然而，无论本兼各职的名目如何繁多、责任多么重大，这一切都建立在"教授"这个基本身份之上，所谓皮之不存，毛将焉附。教授的基本任务就是教学和研究，所以，陈岱孙再忙也要把他最主要的精力和时间用于备课（每学年两门）和著述（《比较预算制度》）。书写得挺顺利，到抗战前，已经完成大部分章节的初稿，存放在新林院 3 号的家里和新图书馆一层 15 号房间他的办公室内（清华大学新图书馆于 1931 年 11 月竣工落成，文学院、法学院各系暂时集中在此办公，准备待文、法学院教学大楼建成后再行迁入，但教学大楼的兴建计划后来因抗战爆发而搁浅，终成泡影）。

难得之处在于，当年清华大学的几位"校级领导"，平均年龄不到四十岁，除了治学优秀、均是各自专业领域的宗师级人物以外，在处理行政事务上也都具有超强的能力。校内广大师生对陈岱孙这方面的评价是：不苟言笑，言简意赅，再大再难的事总能办得极有效率，结果极圆满。

---

〔2〕**清华大学的专门委员会：**

清华大学根据校务的需要，常设了一批专门委员会，各会委员均在本校教职员中聘任。至 1937 年度，有：聘任委员会，招考委员会，出版委员会，《清华大学一览》委员会，图书馆委员会，特购图书（中外政府刊物及档案）委员会，校景设计委员会，集会典礼委员会，奖学资助委员会，学生生活指导委员会，周寄梅先生纪念奖金委员会，丙寅论文奖金审查委员会，梁思忠少校纪念奖学金委员会，卫生委员会，供电指导委员会，八家村建设工作计划委员会，职员体育训练委员会，特种研究事业筹划委员会，特种研究事业建筑工务委员会，特种研究事业建筑财务委员会。

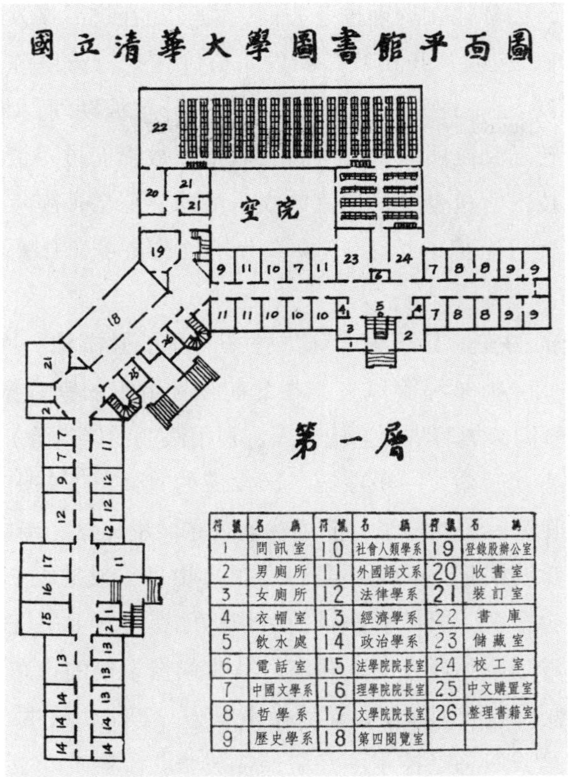

扩建后的清华大学图书馆一层平面图

中文系主任朱自清擅长用旧体诗来刻画人物，他在西南联大时期有一首《赠岱孙》：

浊世翩翩迥不群，胜流累叶旧知闻。
书林贯穿东西国，武库供张前后军。
冷眼洞穿肠九转，片言深入木三分。
闻君最爱长桥戏，笑谑无遮始见君。

陈岱孙出身望族，家学渊源，故而诗的首句云“胜流累叶”；陈的专业是财政学，所以诗用晋代杜预治财有道、被朝野誉为“杜武库”的典故，称赞他在处理校务方面，尤其是在抗战爆发、清华南迁一路上的擘画之功；“长桥戏”指的是桥牌。朱自清说陈岱孙“最爱长桥戏”，实在是一种无奈的苦笑和叹息——抗战期间，北大、清华、南开三校辗转迁到昆明联合办学，在后期，教授们过得清贫至极，打桥牌是最有技术含量也是最便宜的娱乐活动。陈岱孙晚年回忆起这一段时还有点无可奈何的情绪，“实在打不过陈省身，他是数学家，脑子太好了”。

在抗战前的安逸日子里，陈岱孙平时玩的是游泳、网球、马术、高尔夫、狩猎，他是浦薛凤夫妇在北院4号组织的家庭舞会的常客，也偶尔与同事们参加清华师生旅行团，利用假期结伴出游。

陈岱孙喜欢听戏，一般在第二天没课的时候，下午出发进城，在前门外吃过晚饭后去戏园子，散了戏就睡在城里父母、亲戚、朋友家，或是清华大学设在北池子骑河楼39号的办事处，或是位于东单的北平基督教青年会宿舍，第二天一早回清华。也有时候上午进城去听下午场的戏。从清华园到西直门这段路，有时候搭学校的班车，有时候乘火车，有时候先骑驴到海淀，然后换坐骡车。驴比较认生，脾气又倔，陈岱孙会骑马，但总是控制不好驴，曾被驴驮着径直走去墙根，人被挤在墙上，蹭了一身的土。

结伴进城听戏的常有朱自清、俞平伯、浦江清、王化成、蔡可选、浦薛凤等人。陈岱孙和他们在清华园组织过一个“谷音曲社”，由俞

陈岱孙与金岳霖在北戴河海滩，摄于1936年

陈岱孙在骑马，摄于1937年

清华师生旅行团在大同，左起第八人为陈岱孙，右起第三、第四人为邓以蛰和他身怀六甲的夫人，右起第十人为朱自清，摄于 1936 年

平伯发起并任社长，并从城内聘请了一位名叫爱新觉罗·溥侗（别号“红豆馆主”）的前清宗室子弟担任教习，课余凑在一起研习昆曲，常常粉墨登场。

抗战中的昆明，物力维艰，陈岱孙的这些爱好，除了唱戏、旅行尚能开展之外，其他的只好统统作罢。

战前的北平有个 9 洞的高尔夫球场，在西郊八宝山。陈岱孙等到练习得差不多可以下场的时候，从美国邮购了一套 MacGregor 球杆，货到之时，已是“卢沟桥事变”前夕，还没来得及用上一次，战争就爆发了。刚从庐山北返、滞留北平城内的陈岱孙，临危受命，立即掉头南下为清华大学迁校打前站。不久，大队人马抵达，带给陈岱孙一些他的家中男仆帮着从新林院 3 号匆忙收拾出来的物品（可偏偏忽略了最重要的——书籍和手稿！），其中就包括这套球杆。从此，陈岱孙一路保存着这包百无一用的心爱之物，六十年后打开来看，依然完整光鲜。

战前，清华教授们仅依靠薪资便可以享受相当优越的生活条件，当然，由于陈岱孙是单身，家累少，日子过得不免更显奢侈。

清华另一位著名的光棍汉、哲学系教授金岳霖（字龙荪，原籍浙江诸暨，生于湖南长沙，1895—1984）也是一个讲究人。他是建筑学家梁思成、林徽因夫妇最亲密的朋友，一起住在北平城内的北总布胡同 3 号，梁家住前院（大院），他住后院（小院）。老金只在有课的时候才到清华园去。

金岳霖雇了个姓汪的西餐厨师，因为“我那时吃洋菜”。其实，他一般只在家用早餐，午饭、晚饭大都是到前院和梁家一起吃。每周六才是汪师傅大显身手的日子，那一天，老金的朋友们固定到他家的客厅聚会，下午洋茶点，晚上洋大餐——“‘星期六碰头会’吃的冰激凌和喝的咖啡，都是我的厨师按我要求的浓度做出来的。”

来赴“星期六碰头会”的有常客、稀客，也有慕名而至的生客，三教九流，身份很杂，其中以学界的朋友居多，梁思成、林徽因、张奚若、徐志摩、陈岱孙、钱端升、周培源、邓以蛰、陶孟和、萧乾、沈从文、美国人坎南和费正清、英国人瑞洽慈……，也不乏梨园名角、丹青妙手，甚至精于花鸟鱼虫之道的闲散人士也能在老金家里找到一席之地。

这些人个个都是娴于辞令、妙语连珠的人物，谈论时政，切磋学问，品酒赏花，把玩古物，互不相扰，各得其所。北总布胡同的金宅渐渐成为北平最热闹的一处周末沙龙，因主人是湖南人，遂得名“湖南饭店”，老金得意非凡，欣然接受。

这等雅集，有一位镇得住场子的女主人是凝聚人气的关键，这个角色便由前院芳邻、美丽的才女林徽因担当了。不料，这却招来同在北平的另一位才女冰心的深深妒意，她撰文讥讽林氏“商女不知亡国恨”之余，还奉送给“湖南饭店”一个名气更大的别号——“我们太太的客厅”。林徽因去山西考察古建筑，带回晋省土产“一坛又陈又香的醋”，一怒之下，便以此物回赠冰心。两位福州女乡党自此绝交。

关于教授的薪资水平，《国立清华大学教师服务及待遇规程》载有明文：新聘教授的起薪为每月三百元（资格较高的可以超出此数）；之后每服务满两年（休假之年除外）加月薪二十元，如在本学科有特殊学术成绩，则加月薪四十元，但每年享受特别加薪的教授人数不得超过该年加薪教授总人数的十分之一；教授月薪以四百元为限，但在本学科有特殊学术贡献的可以超过此限，最高可加至五百元，而月薪高于四百元的教授人数，不得超过全校教授总人数的五分之一。

照此规定，陈岱孙在民国二十六年（1937 年）月薪拿到了四百元。

同样照此规定，由中文系、历史学系合聘的教授陈寅恪，因“工作极为精勤，其著述散见本校学报及中央研究院历史语言组集刊者，质量皆可称述”，在同一年，月薪被加至四百八十元。

陈岱孙等在校内有各项兼职的教授们，是没有额外的职务津贴的，都属于能者多劳的性质，况且，上有校长梅贻琦以身作则——月薪不足六百（大致相当于国民政府简任三级文官[3]待遇），有专车但轻易不用，甲所家中的一切开支（包括电话费、冬季取暖费）也从不在学校报销。清华规定校长住宅是免交房租的，要不是大家拦着，连这一条梅校长都想废除。

关于我国国币在不同几个时期的购买力，本书在之前有关章节的注释中有简单介绍。上世纪二三十年代，清华园里的教授们可谓财大气粗。民国二十四年（1935 年），陈岱孙为祝贺他的堂弟陈纮从燕京大学经济系毕业，唤上亲朋好友，在丰泽园请了一桌饭，燕鲍翅一应俱全，结账时付了八块钱——这相当于北平小康人家一个月的生活费了。因此，这顿大餐令陈纮（1914—2009）终生牢记，“那时候大哥真是太有钱了”。

但是，关于富裕的理解，各人看法殊为不同。陈岱孙在美国留学时每月领生活费 80 美元，如果把他在清华服务十年后的月收入换算成美元的话，不过 120 块，十年里增长了 50% 而已。无怪乎尽管教授的收入令国人艳羡，他却仍然感到教学生涯的清苦；无怪乎尽管清华大学的办学条件在国内属首屈一指，但和美国各大名校比较，则“相差不知多少”。

---

〔3〕**民国的文官等级：**

国民政府于 1933 年公布《暂行文官官等官俸表》，规定文官分特任、简任、荐任、委任 4 等 37 级。特任文官只有 1 级，月俸 800 元。简任文官分 8 级，第一级月俸 680 元，一至五级每级递减 40 元，五至八级每级递减 30 元，第八级月俸 430 元。

附:《绥北道上》(节选，作者陈岱孙，原载《独立评论》第225号，1936年)

记得孩时吃丸药，常常喜欢把外边的糖壳先吃掉，尝一尝里边的苦味。久住在都市中，常感觉我们沿海省市所谓物质文明，不过像丸药的糖壳，实在的生活是要在这糖壳底下去体尝。还有，我虽然是生长华南的人，而对于江南一带山明水秀的景物，虽非毫不领会，然而实在觉得有点厌倦。反之，塞外的高原，广漠，连延不断的远山，旷野游息的羊群，对于我似乎有一种说不出的神秘的诱性。

我们在双十节的前夕，坐平包快车离平。向例，三等车厢中是挤得连座位都没有。我们一行四人，虽然除开猎具外，每人只带提包一只，铺盖一卷，行军床一具——此外还有两大包的干粮食具——聚合起来也就可观。车厢中加上这些物件，更显得了无隙地，而我们这四个人当然几于无所容足了。还好一站一站的过去，下车的人比上车的人多，到了晚间，我们不但有了座位，并且可以斜靠着铺盖卷而假寐了。

我们在双十节的早间到了包头。我们的目的地是包北约一百五十里地的大青山的西北岭。我们原订计划是当日从包头坐载重汽车到包头北一百二三十里地的固阳县一宿，第二天再由固阳县骑马或徒步北进大青山。我们的目的是要打到几个大角盘羊做标本，其他的野兽并不注意，而据我们所知，只有包北大青山里边有

载重汽车

这一种的羊。到下午三时，好容易才寻得一部轿式旧汽车，而汽车夫看见我们四个人之外还有许多行李，借口天色已晚，路上难走，一定不肯走。我们也觉得行李太多不是一个小车所能载，只能决定在包头下店一宿，第二天拂晓再走了。

客店寻好之后，我们就到城内最热闹的前街去观光，顺便买点小东西。粗野的装束，引起不少街上人的注意。有两次铺子里伙计都问我们是否开飞机的。我们因之记起一个月之前，平津报纸一度登载日军在包头设立飞行场一节的新闻。

第二天清早，我们的行李都上了新赁到的小载重车，我们就坐在行李上面。这个车，据说在包头营业小载重车中算是一辆较好的车。然而其破旧的程度也就可观了。开车的是个天津人，并且是一个基督徒。他双十节那一天从包西五原地方刚载货回包，今日就要走远路，他自己说这个车许多机件都松了，要不小心，路上恐怕出毛病。他又说今天是安息日，照说不应工作，如果路上出什么毛病，牧师又有话说了。果不其然，我们车将出北关，缴验护照的时候，车厢中的破布着了火。如果发觉得慢，也许要出个乱子。因为车厢旁边还有两大桶汽油，而车上还有数百颗猎枪子弹。把火弄灭，车的发动机又摇不动了。

我们只得下车，把车推出城去。推了几步，发动机动了。等到我们上车，它又不动了。城外北去的路是上坡的，不宜推车，于是车夫又转过车头，我们又帮着推进城去。如此推来推去，花了一点多钟，总算是推走了，而出城之后，走了

推来推去

修理机器

20分钟的路，便得打住修理机器。我们走的路虽然名为可通汽车，而其实是普通的大车路。不过绥北大车是宽辐的，汽车的左右轮刚好可以放在大车轨中。

我们车是在一个山沟中绕着走。两边山峰高耸，形势颇为险要。我们因为赶路，不敢多做盘桓，不过在车上四周环顾，稍稍领略而已。

在包头北边约六十余里地有一个山缺，本地人叫做坝。汽车到此，要沿着山边斜上，到山腰，再回头一转折，再沿着山边，直上过这个山缺。过了这个山缺，再走不多路，便是一片高原，一直到固阳。我们因为车上行李甚重，并且汽车在路上又常有毛病，决定下车步行过坝，以减轻车上的重量。汽车到坝下，开足马力往上直冲。不想头一段的斜坡还没有走了一半，发动机又停了，车子便不进而退，往下倒溜，车闸复坏，开车的简直没有法子收住，眼看就要溜下坡来。开车的一着急，极力的把车往里边拐，拐到里边的石沿上，只听得隆然一声，车子翻了，车上的行

车子翻了

李都倒出来。这个时候，我们还在坡下慢慢的向上走。第一个感觉，就是开车的一定伤了，或者开车的伤势不重，车子也一定坏了。一霎那间，我们臆想夜间在山边露宿的滋味。然而等我们赶到车子翻处时，车夫已经从车厢中爬出，一无所伤。他第一句话就是“有耶稣的保护”。我们再查看汽车的机器，似乎也没有什么损坏。于是最急切的问题，就是把这个翻倒的汽车扶过来。车夫建议先由我们几个人试一试。可是车身太重，我们不能将其扶正。只好暂时休息，再想其他办法。大约等了20分钟之后，坡上来了几辆大牛车，由这几个赶牛车人的帮忙，我们居然把这个车扶了起来。车夫上去试一试发动机，一摇即着。这一翻反而把机器翻灵了。为避免再有同样的事情发生，我们还请这几位赶牛车的朋友帮着我们推着车子上坝。可是只推过一半以后，机器的力量已经能自己直上无阻了。过了这坝，不多路，就是一片高原，车行倒甚顺利。不过车闸还是不行，所以每遇下坡的时候，车夫就没有法子管制，只好让这车子一直溜下去。而每次经过这

塞北村落

早出晚归

乏了便歇

种经验之后，他总是笑一笑，摇摇头，说一句“有耶稣保护”。我们因为他有这种信念，也得到一种安慰。而同时又怕他的信念太坚，真的什么都靠着耶稣，那就有点麻烦。

当日下午三点我们才到固阳。同行者在没有去之前，已经有一封信给当地天主堂神父请他替我们接洽一切。到了固阳之后，我们一直驱车到天主堂拜会这位神父。我们拜会神父的意思，就是看我们托他介绍跟我们入山做向导的本地猎户来了没有。

我们因为预定的目的地是在大青山西北岭中一个山沟，去固阳还有三十里的山路，太晚了不大好走，所以匆匆别了神父，同着两个向导和一个厨司上道。

我们的目的地，名义上是一个村，而其实只有一个院落，中间住了三四个家庭，我们居停共有里外两间的房子。他把里间让给我们，自己一家人睡在外间大炕上。里间房子只有外间一半大，除开一个大炕外，便只有十二三尺长三尺宽的余地。像北地普遍的布置一样，炕头就是瓮，煮好东西，就在炕上吃，瓮中的火气又可以做暖炕之用，倒也合适的很。就是一样，本地不但没有柴火，便是稻草一类的燃料也都没有，只好以牛马粪代薪，所以院子中遍地是牛马粪，以待太阳晒干。而干粪烧起来，虽然不十分臭，然而也不十分好闻。

成绩不错

我们在山五日，每天都是天明而起，吃点东西就出发，午时在山上略进干粮，下午早则四点，迟则六七点回来。平均每日翻六七十里的山。头两天的确是累的要命，第三天之后便渐渐相习，可以多走了。我们三个向导对于本地情形相当的熟悉，所以在走乏休息的时候，同他们攀谈也觉得颇有趣味。我们房子是在一个山沟里。房子的后面是一座大山。山上有一道高不过四尺的颓垣。我的向导告诉我，这就是万里长城。我似乎没有听说过阴山大青山岭上有长城的遗址。不过在山的最高峰向西望，这道墙倒是随山起伏，一望无际呢。

五日的成绩倒也不错，而兴趣也尽了。照预订计划，我们又回到固阳，谢过神父，我们赴县公署投一张名片之后，依然坐前此送来的汽车回去。经过开车的数日修理，车走得顶顺利，只走了四个钟头就到包头，路上一点毛病没有。

平包通车是早上10点钟自包东开，经过归绥、平地泉一段正是白天。在平地泉附近铁路北边山上——去铁路不过一二百米——掘有壕沟及其他设备，坐车厢中，可以看得很清楚，不禁有寇深矣的感觉。

外面的世界（之三）

法币

国民政府成立后，为统一国家金融，拨出资本金两千万元，于民国十七年（1928 年）11 月 1 日成立中央银行。中央银行设理事会、监事会、总裁副总裁，实行立法、监察、行政三权分立。总裁之下设发行、业务二局，发行对于业务完全独立，若无法定准备金，不得滥发一纸。

政府随即取消中国银行和交通银行在民国北京政府时期所享有的代理国库的特权。中国银行被改组为政府特许的国际汇兑专业银行，业务限定为经办政府发行海外公债及还本付息、经办政府存在国外之各项公款及收付、发展及扶植海外贸易、经办国内外汇兑及货物押汇、经办商业期票及汇票贴现。交通银行被改组为政府特许发展全国实业之专业银行，业务限定为代理公共实业机关发行债券及经办还本付息、代理交通事业之公款收支、办理其他奖励及发展实业计划。民国十七年（1928 年）、民国二十四年（1935 年），政府分两次对中国银行和交通银行实施增资扩股，使国家资本在中行的比例达到 50%，在交行达到 55%，从而完成了这两大银行业巨头的国有化改造。

民国二十四年（1935 年），政府又将“豫鄂皖赣四省农民银行”改组为第三家国有专业银行，即负有“供给农民资金、复兴农村经济、促进农业生产”之责的中国农民银行。至此，以中央银行为首的“中、中、交、农”四大行，加上中央信托局（业务侧重于国营进出口贸易）与邮政储金汇业局，合称“四行二局”，成为国家金融支柱。

国进民退，私人商业银行逐渐淡出江湖。中国国货、农商等，被“官商合办”；中国通商、中国实业、四明商业储蓄等，因周转不灵接受政府援助，结果被“债转股”；广东银行被直接并购；浙江兴业、浙江实业、上海商业储蓄等，创始人或主要经营者身份转换，被政府吸收进入“体制内”，往后说话也开始言不由衷了。至于各地大大小小的老式钱庄，本属夕阳产业，只要政府出台个政策，或是来一场金融危机，顷刻间便是大面积房倒屋塌。

与整顿金融机构同步，统一币制是政府又一项刻不容缓的工作。

当时我国市面上流通的货币种类可谓琳琅满目，堪称世界奇观。

我国自古以来用银为货币，以银的重量计值，以“两”为本位。清末，墨西哥银元“鹰洋”输入中国，之后中国亦自铸“龙洋”。银元使用起来比银两方便，逐渐通行全国。清宣统二年（1910年）颁布的《币制则例》、民国三年（1914年）颁布的《国币条例》都已确定以银元为本位货币。但是，由于“鹰洋”“龙洋”“袁大头”等各种银元的重量、成色不同，“两”仍得作为大宗交易时的记账单位使用。

但是，事情远没有那么简单，因为关于“两”的定义可称得上是五花八门。清朝国库收支所使用的库平、海关的关平、上海的规元、天津的行化银、汉口的洋例银，成色均不一致。更为复杂的是，就连现银的使用都是百里不同俗，“天津不用锭，北京不用宝”，天津用的“行平白宝”五十两一个，北京用的“十足长锭”十两一个。

袁世凯头像银币壹元，1914年（来源于公开资料）

因此，在“两、元并用”的时代，对于跨省做生意的商人来说，要想解决货款的兑换问题，只能花钱求助于那些历史悠久的专业机构——钱庄。

东三省银行拾元，1921 年（来源于公开资料）

民国头十几年，群雄割据，地方诸侯们还印出各式各样的纸票子应付军需。这一搅和，事情就混乱到黑色幽默的境界了。假如有位东北商人要向上海供货商支付货款一万元，而张作霖大帅规定的现银出境限额仅为 50 元，在东北地区流通的纸币“奉票”又为上海人所拒收，因此这位商人只能先将奉票兑换成日元，通过设在大连的朝鲜银行〔4〕汇去日本，再由日本某银行转汇到上海。先不说过程中要发生多少道费用，一旦中日绝交，那又如何是好？！

国民政府整理货币，首先得从自己开始收拾。民国十七年（1928 年）11 月，财政部发行四千五百万元金融长期公债，用以兑换民众持有的武汉国民政府时期由汉口中央银行发行以及委托中国银行、交通银行发行的共三种印有“汉口”字样的钞票，兑换一度由汉口中央银行代

---

〔4〕**朝鲜银行**（1909—1945）：

朝鲜银行是日本统治下的朝鲜的中央银行，所发行货币为“朝鲜银行券”。

朝鲜银行总行设在汉城（时称“京城”），初期总资本 250 万日元，30% 的股份由日本政府持有，总裁由日本政府任命，业务由日本驻朝鲜总督直接控制。

朝鲜银行早期的活动范围仅限于朝鲜半岛。1913 年起，根据日本的“鲜满经济一体化”政策，该行陆续在上海、沈阳、大连、抚顺、长春、天津、北京、青岛、济南等地开设分行。第一次世界大战爆发后，日本在中国东北的势力增强，朝鲜银行在此一地区的分支机构扩大到 13 处，银行资本总额迅速扩张，最高时达到八千万日元。1917 年，日本政府整顿其在中国东北的金融体系，将原属横滨正金银行的钞票发行权与代理东北地区国库业务的特权移交给朝鲜银行，该行便成为日本在东北的“中央银行”和商业金融枢纽。

1936 年，根据伪满洲国政府公布的《满洲兴业银行法》，朝鲜银行、正隆银行、满洲银行所属分支机构改组，并入由伪满与日本合资的满洲兴业银行。

第二次世界大战结束后，朝鲜银行解散。

兑的“湘鄂赣三省通用大洋券”和“湘赣桂三省通用毫洋券”。另外，还由中央、中国、交通三行直接以现金收兑市面上的北伐战争期间由总司令部发行的“中央辅币券”。这些举措大得人心，政府为百姓手中的废纸买了单，威望和信用便一下子树立了起来。

对于其他形形色色的钞票，政府就不怎么客气了。当时有纸币发行权的银行不胜枚举，政府马上开始调查其发行数额与发行准备情况，严格制止滥发行为，发现有不具备发行条件的就坚决取消资格并责令回收。至于多如牛毛的各省、县的钱庄和商号，则不问青红皂白，一律禁止其发行纸币以及任何类同于纸币的票券。

中国实业银行壹元，1931 年（来源于公开资料）

铸币的整理比纸币更困难，首先须清理铸造机关、集中铸造权。政府将上海造币厂改扩建为中央造币厂，筹办开铸统一的国币，筹办工作包括清偿该厂旧债、扩充厂基、建筑厂屋、添装机器、聘任外籍技师，另外还要确定国币图案、向外国定制模具。其他如天津、南京、武昌、成都、广州、昆明、沈阳、长沙、重庆、杭州、安庆各厂，则是能裁的就裁，能并的就并。

民国二十一年（1932 年），上海各金融机构因“一·二八”淞沪抗战的结束而恢复了与内地的交易往来，乃纷纷要求内地银行和钱庄以现款结清旧账。这一来，各地银元涌入上海，至第二年春，上海市场上的银元存量猛增了 70%，价格直线下滑，跌破铸造成本，银元供应变得丝毫不成问题。此时，适逢中央造币厂已完成改扩建，产能可达每天四十万枚。

万事俱备，民国二十二年（1933 年）3 月 1 日，中央造币厂正式开铸新版银元。新币重 26.697 克，成色 0.88，含纯银 23.49 克，比“袁大头”略低，因有孙文头像，故被俗称为“孙小头”。中央造币厂装备工艺精良，“孙小头”们个个合乎质量标准。

孙文头像银币壹元，1933 年（来源于公开资料）

4 月 6 日，国民政府颁发废两改元训令，“兹定四月六日起，所有公私款项之收付及一切交易，须一律改用银币，不得再用银两”，并委托中央、中国、交通三大银行对于银两实施按成色兑换。

第二天，财政部部长宋子文辞去兼任的中央银行总裁职务，启程取道美国，到伦敦出席国际经济货币会议开幕式。陈岱孙应邀以中国代表团专家身份参加这个会议。

会议期间，中美主要就白银问题进行双边谈判，最后关于维持银价水平达成协议。尽管条款内容看上去都是属于比较原则性的，陈岱孙还是觉得满腹疑虑。结果，他的担心不多久便成为现实，相继放弃金本位制的各主要国家的货币汇率一路下跌，到民国二十三年（1934 年）年初，英镑、美元汇价各下跌 40%，日元下跌 60%。

英、美、日三国占了中国外贸总额的七成，中国银币坚挺，国货输出难，外货倾销易，致使国内百业凋零。

美国放弃金本位制的做法比较独特——“注水”：将美元的发行准备由足金改为金三银一，银占 25%，由财政部所属国家造币厂以官价收购。这显然是西部银矿矿主们不遗余力对国会和政府进行游说的结果。这一招对于中国可谓雪上加霜，数以亿元计的巨额白银外流，导致白银准备锐减、通货紧缩、物价跌落、全国主要工业产值大幅度下降，国家自统一以来苦心建设起的现代金融体系乃至整个国民经济都到了崩溃的边缘。

作为当事人之一亲历了伦敦会议的陈岱孙尤其有一种上了人家圈套的感觉，他在天津《益世报》上发表文章《美国宣布白银国有》[5]，

---

〔5〕陈岱孙在天津《益世报》上发表的文章：

1934 年 6、7 月间，陈岱孙受时任天津《益世报》主编的钱端升委托，为该报撰

大骂罗斯福。

他同时预见，在眼下的国际经济格局中，银本位制若不除，则中国永无宁日，“白银国有，及后此美国政策，虽无对于任何国家有所轩轾，而吾国以用银本位故，其影响将至深且重”。并且，他还对政府智囊机构里的御用专家们大加挖苦：“国人过去之患，在头痛医头，足痛医足，痛患稍减，辄复淡忘。数月前，美议提高银价时，国内人士，奔走相告，不可终日，政府当局亦纷征国内专家意见，组织委员会，以谋所以应付之策。曾几何时，而一切淡忘，漠不关心，而所谓委员会者，曾未闻发一言，决一策，抑若问题久经解决，不足以劳伴食诸公之神者。此则吾人所深引为痛者也。”

民国二十四年（1935 年）11 月 3 日晚 9 点，接替宋子文财政部部长兼中央银行总裁职务的孔祥熙，断然宣布事先在绝密状态下拟定的《紧急安定货币金融办法》（即《财政部改革币制令》），这历史性的一刻宣告了在我国维持千年的银本位制度的终结。该法令规定，从第二天开始，以中央、中国、交通三银行所发行之钞票为法定货币（“法币”），所有完粮纳税及一切公私款项之收付，概以法币为限，不得行使现金，违者全数没收，对于私藏隐匿白银者，将按照《危害民国紧急治罪法》处治。

法令宣布成立发行准备管理委员会，办理法币准备金之保管及发行收换事宜，同时接收除中央、中国、交通三行之外的其他发钞银行的准备金和库存新旧钞票。此外，法令特别规定，“为使法币对外汇价按照目前价格稳定起见，应由中央、中国、交通三银行无限制买卖外汇”。

11 月 4 日凌晨，国民政府又相继公布《财政部改革币制布告》《发

（接上页）写了若干篇经济社论，依例均未署名。查《益世报》1934 年 6 至 9 月共发表经济社论 17 篇，经陈岱孙本人确认，有 5 篇出自他的手笔：《欧美间之战债问题》（6 月 15 日）、《论遗产税法草案》（6 月 24 日）、《论整理旧债》（7 月 10 日）、《外债与建设》（7 月 15 日）、《美国宣布白银国有》（8 月 13 日），均被收录于 1989 年 11 月由北京大学出版社出版的《陈岱孙文集》。

陈岱孙在伦敦，摄于1933年

行准备管理委员会章程》和《兑换法币办法》。

《兑换法币办法》规定的法币和银元的兑换率是1比1，但在实际操作中，为提高法币的流通量，采取了银币6元兑换法币10元的办法，银行还可以用白银60%、票据40%兑换100%的法币。增加货币供应量的效果可谓立竿见影，物价在当月便开始回升，农工商各业显示出一派繁荣景象。

中国实施法币改革后，对内采取管理本位，对外实行金汇兑本位。法币汇率与英镑挂钩，法币1元兑换1先令2便士半（即14.5便士，

中央银行法币伍元，1941年（来源于公开资料）

当时1英镑等于20先令，1先令等于12便士）。其他汇价则由镑汇算出，法币1元约合0.30美元、1.03日元。这一汇率大体上相当于银元在过去连续三年中的平均最低价，比改革前夕则贬值40%，国货输出困难的局面大为改观。

法币发行准备所需外汇由国民政府将收归国有的白银在国际市场出售换得，政府则授权中央、中国、交通三银行无限制买卖外汇以维持汇率稳定。

中国出售白银换取外汇，是件多多益善的事，但却不得不受到1933年伦敦会议上中美协定的约束。当时中国所承诺的义务是，不得随意在国际市场倾销白银——从这一点来看，说美国人高瞻远瞩毫不过分。不过还好，两国最终达成妥协，美国反正也不想看到中国跟英

国走得太近，于是在法币政策公布前一天表示同意购银。11月13日签订协议，美方以每盎司0.6625美元向中国购买白银五千万盎司，限定所得款项悉数用于稳定新币币值。第二年5月14日，两国再次达成协议，美方向中国购银七千五百万盎司，每盎司价格0.45美元，另以五千万盎司作为抵押，提供中国两千万美元贷款。中国则承诺在法币发行准备中至少保持25%为白银，以及保持币制独立，不与世界任何货币集团联系。

陈岱孙为此在《独立评论》上发表文章《中美卖银协定》，表现出谨慎的乐观。所谓谨慎，是他对几个问题总放心不下：中国对外贸易长期处于逆差状态，如果不能扭转，外汇储备再多也应付不过来，汇率稳定则无从谈起；国家内外战事不断，财政一直入不敷出，实行纸币制度绝对增加了爆发大规模通货膨胀的风险，如此，外汇储备将更为捉襟见肘——“现银既然卖去，外汇也复用尽，法币制度是否会因此而发生困难确是值得忧虑的。”法币制度是管理本位与金汇兑本位的混合体，当然，彻底让法币与外汇和贵金属储备脱钩也不是不可以，那样的话，货币政策将可变得更为灵活，但是我国金融当局真有那样高超的管理能力吗？

无论如何，在民国二十五年（1936年），中国经济收获了法币改革的成果。农业，除川豫粤三省受灾外，全国均获丰收，农业总产值比上年增长5.9%，其中重要谷物收成比之前连续三年的平均产值增长45%。工业品总产值比上年增长11.1%，比十年前的民国十六年（1927年）增长83.2%。当年铁路货运量是民国五年至三十五年（1916年至1946年）三十年间的最高峰。

从废两改元到法币改革，中国的货币金融体系总算进入现代国家之列，中央政府整合调动全国经济资源的能力空前强大，存放于海外的白银与外汇作为一项战略储备，还可以在国家存亡之际直接换回宝贵的战略物资。中国能够坚持对日抗战多年，实赖于币制改革的巨大成功。

抗战中后期，物价飞涨令人民生活愈发困苦，不过，世界上又有哪一个国家在面临如此规模的大战时能够幸免于通货膨胀呢？不仅如此，通货膨胀甚至还是一种被普遍采用的战时动员手段，要不是在战前就完成了币制改革，国民政府恐怕连抗日官兵的军饷都发不出来。

从培养综合国力的角度来看，中国自然希望战争越晚打响越好，但主动权不在我手。一年后，战争说来就来了。

寇深矣

战争其实早已开始，而且一直没有停歇，因为日本等不及了。这个海盗本性的蕞尔岛国自清朝末年以来曾经多次挑战我国在亚洲日渐衰落的威权，并一再获得喜出望外的战果。对于日本而言，如任由中国复兴崛起，无异于坐以待毙。

民国二十年（1931 年），根据以往条约驻屯在南满铁路（包括部分支线）以及沿线地带的日本关东军发动“九一八事变”，东北军绝大部分未作抵抗，撤入关内，移防热河〔6〕、察哈尔〔7〕、河北诸省。日军在关外迅速扩大战事，半年不到，占领东北三省全境。

当日本陆军在东北如入无人之境的同时，上海的反日运动达到高潮。12 月，上海进口总额中日货的比例仅有 3%，而上一年的数字则是

---

〔6〕**热河省：**

民国时期，热河省下辖二十县、二十旗。二十县——承德县（省会）、滦平县、平泉县、隆化县、丰宁县、凌源县、朝阳县、阜新县、建平县、绥东县、赤峰县、开鲁县、林西县、围场县、经棚县、林东县、鲁北县、天山县、宁城县、凌南县；二十旗——喀喇沁右翼旗、喀喇沁中旗、喀喇沁左翼旗、土默特右翼旗、土默特左翼旗、唐古特喀尔喀旗、锡埒图库伦旗、巴林右翼旗、巴林左翼旗、克什克腾旗、翁牛特左翼旗、翁牛特右翼旗、敖汉左翼旗、敖汉右翼旗、敖汉南旗、奈曼旗、喀尔喀左翼旗、札鲁特左翼旗、札鲁特右翼旗、阿鲁科尔沁旗。

〔7〕**察哈尔省：**

民国时期，察哈尔省下辖十九县、一市、四个行政督察区。十九县——万全县、宣化县、赤城县、龙关县、怀来县、阳原县、怀安县、蔚县、延庆县、涿鹿县、张北县、商都县、康保县、沽源县、多伦县、宝昌县、新明县、崇礼县、尚义县；一市——张垣市（省会）。

29%。截至年底，几个主要行业的日资工厂有90%停工或关闭。截至1932年3月底，日商遭受损失的总额据说超过四千万日元。

当国际联盟理事会宣布派遣调查团到远东实地考察“九一八事变”之后，日本陆军省、海军省、外务省根据参谋本部意图，在关东军所提出方案的基础上，迅速制定出《中国问题处理纲要》。《纲要》要求最迟在1932年3月上旬，即国联调查团到达东北之前成立伪满洲国。同时，为转移国际视听以及报复上海的反日风潮，决定在上海发动“假战争”，具体目标是迫使驻防上海的十九路军后撤20公里至南翔以西。

1932年1月28日，“一·二八”淞沪战争爆发。日本海军希望取得与陆军在东北同样辉煌的战绩，谁知却屡战屡败，日本内阁不得已又派遣大批陆军赴沪，战争规模远远超出了“假战争”的预想。双方交战历时一个多月，日军投入兵力77,000余人，死伤10,254人，国军第十九路军和第五军并肩作战，总兵力42,000余人，死伤14,801人。

3月3日，日军占领真如、南翔后宣布停战。5月5日，《淞沪停战协定》签字。协定第二条规定，“中国军队在本协定所涉及区域内之常态恢复，未经决定办法以前，留驻其现在的地位”；附件一规定中国军队的留驻地位为：从安南镇正南苏州河沿北经望仙桥，然后至西北长江口上的浒浦口。根据协定，中国既无权宣布“常态”的恢复，也无权改变其驻军地位，在中国领土上发生的一切停战疑问，中国无权过问，而须由第三国查明处理。这就是说，日本实现战前目标，中国失去了在上海的驻兵权。

日本在勾画伪满洲国的宏伟蓝图时，是把热河省也包括进来的。1933年1月3日，日军攻陷山海关，2月23日分三路发起总攻，3月2日赤峰失守，4日承德失守，21日，热河宣告沦陷，被并入伪满洲国。

之后的八十天，中日双方在长城沿线作战，国军有35个师参加，日、伪军各有十多万。论实力，国军未必不能战胜，却又一次以惨败告终。5月31日，《塘沽停战协定》签字。根据该协定，国军撤退至延庆、昌平、高丽营、顺义、通州、香河、宝坻、林亭口、宁河、芦台一线以西、以南，确认长城一线为日军占领（事实上认可日本据有东北四省），长城线和中国撤军线之间的冀东二十多个县被定为非武装区。

在那个地方军政长官全凭个人意志决定是否听命中央的年月，无论中央旨意究竟如何，生于斯、长于斯，后来一直自诩“家仇国恨集于一身”，但却在事发当时莫名其妙连失东北和长城内外大好河山的张学良少爷，以及他麾下的几十万装备精良、粮饷弹药充足的东北军，是一定要被钉在历史的耻辱柱上的。

从此，华北进入多事之秋，北平已是孤城一座（特别是北平西南城外的宛平县境内，自《辛丑条约》签订以来就一直驻有日军），清华大学不再太平。校务会议认为，鉴于日趋恶化的时局，战事终不可免，而华北将首当其冲。

民国二十五年（1936年），清华决定无限期暂停原计划建于校园内的文、法学院教学大楼等各项新校舍工程，将五十万元修建费改为投入“特种研究事业”。为此，设立特种研究事业筹划委员会、建筑工务委员会、建筑财务委员会等三个专门机构，陈岱孙担任筹划委员会委员、建筑财务委员会主席。

所谓特种研究事业，包括金属研究所、无线电研究所、航空研究所、农业研究所、国情普查研究所等项目，这些机构在后来的抗战期间都在战略意义上为国家做出了显著的贡献，不过，在战前它们大多还是一些比较虚无缥缈的憧憬。

实际上，清华大学是以特种研究事业的名义，将巨额经费移作应付未来战争的未雨绸缪之用。在长沙，清华大学购买了湘江西岸岳麓山南麓“左家垅”的一大片临江地皮，规划了包括教室、实验室、教职员和学生宿舍在内的全套备份，并且立即动工。校务会议还下令在年末把精选出来的档案、书籍、仪器装箱，在接连好几个深夜，从清华园火车站启运，送往武汉暂存。这一切都是为了一旦华北战事爆发，学校可立迁长沙。

天尽头 何处有香丘

民国十七年至二十六年（1928—1937 年），是陈岱孙“生平最宁静，最平淡，最快乐，最值得怀念的时期”，也是最有条件让他踏踏实实解决婚姻大事的时期。

在此之前，他有七年留洋在外，学业压力所迫，顾不上谈恋爱。在此之后，抗战期间，颠沛流离，物力维艰，包括他在内的几位单身教授俱是一人吃饱、全家不饿，还经常接济其他一些拖家带口的同人，倒也自在。再之后，国共又战三年，忧国伤怀，又逢父亲陈懋豫撒手人寰，自己身为独子，守孝为大。待到战事结束，陈岱孙已届知天命之年，家中还有老母需要侍奉，纵是在母命难违之下被拖着去相过几次亲，内心里实在是无意再引一位女主人进家门了。

以上是笔者根据陈岱孙前半生几个主要阶段的生活状态大体上得出的判断。在抗战前的那十年里，他绝对有机会、有条件结婚，但却终身未娶。往事如烟，竟成了一个谜。

不着边际的说法很多，主要有下列几个版本。

抗战后期入学西南联大、抗战结束后毕业于清华的经济学系学生蔡麟笔回忆：“每岁值春夏之交之某日，陈先生必着笔挺之西装，左襟别白色鲜花一朵（注：另有红色鲜花一朵之说）。初不悉其故，及后始知为纪念其已故情侣之忌辰。数十年如一日，而终身不娶。其坚贞卓绝，生死依之之金石恋情，又岂常人之所能望其项背？”此为“凄美绝伦说”。

弗吉尼亚大学教授、历史学家易社强（John Israel）花了二十多年工夫研究西南联合大学，最终著成一部《战争与革命中的西南联大》（*A Chinese University in War and Revolution*），被一批港台和海外校友认为是迄今为止写得最好的一部联大校史，他在简体中文版的序言中也相当自信地认为，“不管‘旁观者清’这种说法是否完全有效，但我肯定可以做到‘旁观者异’”。1980 年，他“拜见”过陈岱孙，鉴于“直到今天，有些校友还宣称十分清楚陈氏的风流韵事”，因此，易社强在采访时故作漫不经心地问道，像他（陈岱孙）这样的单身汉在战争期间有什么娱乐活动。陈回答：“我们经常打桥牌。”“当我把他的话复述给他以前的一位学生时，那个学生评论道，‘那说明他有一位伴侣。’”笔者揣摩了一下评论者和转述者的意思，两人的弦外之音大概都是“纯靠打桥牌就能消磨掉整整八年中的所有闲暇时光，鬼才相信”。此为“以己度人说”。

同辈亲朋好友回忆，抗战结束，陈岱孙北返清华园，与久住天津的父母阔别八年，自当常常往返平津，一是探望问安，二来要安排老人搬回北平居住种种事宜。几次之后，在天津识得某女，相处颇为愉快，但对方家长一直不满岱孙年龄过大。及至懋豫去世，岱孙依家规须守孝三年，此事就更不能提了。此为“无可奈何说”。

后代亲属则认为，“这些事儿只有朝年知道”，所谓仆人眼中无圣人——“朝年”是跟随伺候了陈岱孙半生的男仆，福建老家人，老迈年高时与少主人洒泪而别，回了原籍。此后，陈岱孙每月寄钱，直到朝年归天，带走了所有的秘密。此为“死无对证说”。

陈岱孙九十多岁的时候，接受过一次电视专访，记者斗胆问他为何终身不娶，他没有拒绝回答这个问题，不过只是淡淡一笑：“可遇而不可求。”没遇上就算了。此为“自圆其说”。

还有第六说，流传最广，也最为“八卦”。故事梗概是这样的：陈岱孙和周培源出国留学前都爱上了王蒂澂，相约哪个在美国先拿下博士学位，回来便可以迎娶王小姐。结果，周培源不守游戏规则，求学中途潜回国内，设法赢得王小姐芳心，并且闪电式结婚，婚后接着越过大洋读他的博士去了。陈岱孙则比较实诚，老老实实一口气在大洋彼岸读了七年，回来后发现花落周家，一气之下，终身不娶。这一说法还有个变种：陈岱孙和周培源是在美国留学期间遇见并一同爱上王蒂澂的，最后，王选择了周，陈对王念念不忘，终身不娶。此为“恋爱三角说”，相当离谱。

周培源（江苏宜兴人，1902—1993）小陈岱孙两岁；1924 年从清华学校高等科毕业，晚陈岱孙四年；1924 年至 1928 年留美，物理学专业，芝加哥大学博士；1928 年游学欧洲，1929 年回国，晚陈岱孙两年。

王蒂澂（吉林扶余人，1910—2009）小周培源八岁，小陈岱孙十岁；1927 年入读北平女子师范大学。

周培源夫人王蒂澂（1910—2009）摄于 1940 年代初

“恋爱三角说”的始作俑者一定是搞错了。除了周培源之外，另有人喜欢王蒂澂，这是有可能的，但不可能是陈岱孙，因为年龄、经历、事实都对不上——陈岱孙出国时，王蒂澂十岁；周培源出国时，她十四岁；王小姐从未出国留学，所以也不可能在美国被那哥儿俩遇上。陈岱孙第一次见到王蒂澂是在 1930 年 10 月 18 日傍晚，当时他刚从北平前门外大栅栏的华乐园听完下午场的戏出来，在餐馆吃饭时碰到周和王。那时，周培源和他未来的妻子才认识不久，一教授和一女青年，已经互有爱慕之意。两年后，王蒂澂大学毕业，与周培源登记结婚。

当年的清华教授中，除了陈岱孙还有五大光棍，外文系的吴宓和温德、哲学系金岳霖、物理学系叶企孙、生物学系李继侗（其中有个别人最终结了婚）。吴宓的日记很完整，已经被人深入研究过了，好像没有听说发现任何蛛丝马迹。金岳霖喜欢林徽因而独身一辈子，这是他老人家自己公开承认的。那么，希望有志者仔细挖掘一下温德、叶企孙和李继侗的灵魂深处，或许会有重大发现，但这已经不是本书的讨论范围了。

陈岱孙与周培源（左），摄于 1930 年代

至于周培源夫妇的女儿们管陈岱孙叫作“陈爸”，这件事稀松平常，当年关系铁的教授们，孩子认单身同事当干爹的情况屡见不鲜。例如，梁思成、林徽因夫妇的子女也叫陈岱孙为“陈爸”，同时叫金岳霖为“金爸”，这总不能证明陈岱孙和金岳霖一样，也是梁思成的“同情兄”吧？

所以，有些事是只属于陈岱孙自己的，他如果不想让我们知道，我们为什么一定要知道呢？

别时容易见时难

本章将民国十七年至二十六年（1928—1937年）称为“白银年代”，固然是因为这个时期的国家经济、人民生活以及本书主人公的学术研究领域，均与白银问题密不可分，但笔者更倾向于将“白银”视作一种隐喻。

既然是白银年代，那么有没有黄金年代？相信很多人都在梦中按照自己的想法塑造过，陈岱孙大概也不能例外，但他在长达几乎一个世纪的生命中从未经历过。

梦想照不进现实。

在本书，白银年代象征着一段无法持久的偏安时期和一种无法持久的偏安状态，国家如此，北平城如此，大学如此，知识精英阶层如此。陈岱孙当然如此。

陈岱孙他们都具有国际性的视野，也各有机会亲身参与国际性的事务，国家无尊严，他们比普通民众有更为深刻的理解；陈岱孙他们大都出身于我国各地根深叶茂的体面家族，在战乱和饥饿无所不在、民生之艰难并不亚于我国历史上诸多黑暗时期的岁月里，他们的阶级又何以能够独得幸免？

好在有个清华园。在这里，他们是自己的主人。有这一方世外净土的庇护，陈岱孙他们得以在相对安静的空气中求进步。他们坚信，点点滴滴的进步终能汇聚成和平民主自由的滥觞。

这就是白银年代，它有着白银的特质，轻盈、柔软，光泽美丽但极容易黯淡。

这就是白银年代里的清华园，它如同一尊典雅的瓷器，体态丰腴，完美无缺，但一触即碎。

民国二十六年（1937年），北平的春天很快过去，战争乌云愈发浓厚，陈岱孙即将暂别清华园，同时也将和他的白银年代永诀。

在陈岱孙接下来的生命中，如果仅仅以物质生活条件论，那么还曾有过一个十年，大体上是1956年至1966年，即“文革”浩劫开始之前的那段日子，他以一级教授〔8〕的身份，维持着经济上相对宽裕的生活（在那之前之后，他时常要为衣食发愁），至于精神上的“宁静”与“快乐”，则是不复再现了。

所以，白银年代是“值得怀念”的。

---

〔8〕**一级教授：**

1956年，国务院通过《关于工资改革的决定》，把官员收入分配方式扩展到全民。这个决定将行政人员分为30个级别，一个职务等次有相应的几档级别。大致上，正部为行政3—5级（3级的月工资517元），副部为5—8级，正局为8—10级，副局为9—13级，正处为14—17级。大学本科毕业为行政21级（月工资56元）。以此为参照，对其他社会成员，如教师、艺术家、科学家、医生等，都建立了一套相应的等级系列，且各系列间可以相互换算，如高教1级相当于行政8级，高教8级相当于行政17级。

当时全国共有56名“一级教授”（高教1级），月工资345元。

1956年，在上海，大米每斤0.18元，花生油0.8元，猪肉0.77元，大白菜0.04元，棉布每尺0.22元。在北京，莫斯科餐厅的一份西式正餐价格为1至1.5元，一套四合院售价差不多是3千至4千元。

第七章 刚毅坚卓

（1937—1946）

打仗总得有损失。

痛南渡 辞宫阙

民国二十六年（1937 年）7 月初，暑假，陈岱孙接到国民党中央政治委员会主席汪兆铭和国民政府行政院院长兼军事委员会委员长蒋中正的联名邀请，参加定于 7 月 15 日在庐山召开的国是谈话会。同时接到邀请的还有政治学系教授张奚若、浦薛凤、陈之迈等。校长梅贻琦此时在南京，和几位教授约好了分头出发，到山上会合。

7 日晚，“卢沟桥事变”揭开序幕。8 日凌晨，陈岱孙听到了炮声。两天后，启程南下。

陈岱孙没有料到，下次再见新林院 3 号，将是在八年之后。

庐山谈话会的会期定为 7 月 15 日至 8 月 15 日，受邀参加的各界

陈岱孙在从南京去九江的船上，摄于 1937 年 7 月

与陈岱孙同去庐山的浦薛凤、陈之迈、张奚若（自左至右）
摄于 1937 年 7 月

代表有两百多人，分三期开会，陈岱孙被安排在第一期。

参会人员 15 日方才到齐，因此会议推迟一天开幕。陈岱孙一眼望去，看到好多老熟人，有竺可祯（浙江大学校长）、张伯苓（南开大学校长）、蒋梦麟（北京大学校长）、胡适（北京大学文学院院长）、梅贻琦（清华大学校长）、马君武（广西大学校长）、吴贻芳（金陵女子大学校长）、马寅初（国民政府立法院财政委员会委员长）、傅斯年（中央研究院总干事）、王云五（商务印书馆总经理）等。

16 日，谈话会在庐山传习学舍楼举行开幕式，共 158 人出席，朝野双方均是人才济济。国民党中央政治委员会秘书长张群主持会议，汪兆铭作主题讲话。会上，主战派人士占据优势，一个个慷慨陈词，把气氛搞得颇为热烈。会后，东道主设宴款待与会代表，陈岱孙等青年才俊颇受瞩目。

陈岱孙在庐山好汉坡，摄于 1937 年 7 月

17 日，蒋中正换去长袍

马褂，改为全副戎装，发表了他一生中最为著名的一次演讲。

“和平已非轻易可以求得。眼前如果要求平安无事，只有让人家军队无限制的出入于我国的国土，而我们本国军队反要忍受限制，不能在本国土地内自由驻在，或是人家向中国军队开枪，而我们不能还枪。换言之，就是人为刀俎，我为鱼肉！我们已快要临到这个人世悲惨之境地。这在世界上稍有人格的民族，都无法忍受的。我们东四省失陷，已有了六年之久，续之以塘沽协定，现在冲突地点已到了北平门口的卢沟桥。如果卢沟桥可以受人压迫强占，那么我们百年故都，北方政治文化的中心与军事重镇北平，就要变成沈阳第二！今日的北平，若果变成昔日的沈阳，今日的冀察，亦将成为昔日的东四省。北平若可变成沈阳，南京又何尝不会变成北平！所以卢沟桥事变的推演，是关系中国国家整个的问题，此事能否结束，就是最后关头的境界。”

然后，他提出了关于维持和平的最低限度的四项条件，“卢沟桥事件能否不扩大为中日战争，全系于日本政府的态度，和平希望绝续之关键，全系于日本军队之行动，在和平根本绝望之前一秒钟，我们还是希望和平的，希望由和平的外交方法，求得卢事的解决。但是我们的立场有极明显的四点：（一）任何解决不得侵害中国主权与领土之完整；（二）冀察行政组织不容任何不合法之改变；（三）中央政府所派地方官吏不能任人要求撤换；（四）第二十九军现在所驻地区不受任何约束”。

北平教育界人士在上庐山之前已经做好了应付巨变来临的最坏打算，悬了好几年的心一旦放下，反倒轻松坦然。今天听了蒋委员长“如果战端一开，那就是地无分南北，年无分老幼，无论何人，皆有守土抗战之责，皆应抱定牺牲一切之决心”这样一番模棱两可的豪言壮语，他们发现国府的政策其实还是一如过去几年，“主要的基调仍是委曲求全”，大仗不一定打得起来。如此，开完会回到北平后，还得继续过那火药桶旁提心吊胆的日子。

18 日，众人在东道主安排下，一路游山玩水，来到位于庐山东麓、背靠五老峰、面朝鄱阳湖的海会寺，观摩军官训练团毕业典礼。

20 日，第一期最后一次谈话会比预定计划提前五天结束。陈岱孙和张奚若、陈之迈不慌不忙，又在山林泉石间盘桓了几日，然后下山走原路从九江坐船到南京，再换乘火车沿津浦线（天津至南京浦口）北返。

28日，车到天津，日军恰在这一天对北平发动总攻，交通断绝，大仗真的打起来了。一行三人被困在天津一家旅店中，直至30日平津全部沦陷、铁路交通恢复才回到北平。城郊情况不明，于是暂住北总布胡同金岳霖家中。

校务委员陈岱孙立刻用电话联系其他五位校务会议同人（梅贻琦不在，他下庐山后又去了南京）。由于城郊交通没有保证，单人独行容易发生意外，教务长潘光旦、秘书长沈履、文学院院长冯友兰、理学院院长吴有训、工学院院长顾毓琇一致认为陈岱孙不可返校，而由他们一齐进城到金岳霖家中举行紧急校务会议。当时在老金家里的还有周培源，他见大事不妙，早就携带家眷离开清华园进了城，准备随时南下。

众人碰头之后，大家告诉岱孙，28日上午，敌机大举轰炸驻守西苑的二十九军三十七师，中午，两军战于沙河，有炮弹落于清华园内。29日，国军退出北平，校内气氛甚为惊慌，因敌军所在位置离校园近在咫尺，随时有可能进来窜扰。29日下午，校内开始有敌军穿行，尚无任何举动，但越来越多，已是应接不暇。

想起刚刚发生在南开大学的事[1]，屋里一阵静默，只有潘光旦拿烟斗在烟缸里轻轻磕着烟灰的声音。

没有时间多啰唆了。会议决定委托一向主持长沙新校舍建设事务的陈岱孙立即返津南下，找到梅校长，会商迁校事宜。

陈岱孙的心不由得往下一沉，这个决定意味着他要抛弃在校内的

---

〔1〕**南开大学校园遭日军焚毁事件：**

1937年7月29日，日军炮击并轰炸南开大学。当日拂晓，驻扎在海光寺兵营的日军开始炮击。第一炮打向河北省政府，从第二炮开始接连不断朝南开大学射击，首先击中南开大学木斋图书馆圆顶，数炮之后，图书馆建筑倒塌，随后数炮齐轰南开其他各处建筑物。日机则轮番轰炸秀山堂、思源堂以及教学楼、教职员宿舍、学生宿舍等。下午，炮击和轰炸停止，日军进入南开洗劫尚未搬走的珍贵图书和贵重实验仪器。

次日，日军骑兵百余名和军用卡车数辆，满载煤油等燃烧材料，对校园内所有建筑物实施纵火焚烧，南开顿成一片火海。

家，包括《比较预算制度》一书的全部草稿和他历经千辛万苦搜集来的原始资料。“我当时是有点犹豫的。但一转念，这次爆发的战事关系我民族的兴亡。打仗总得有损失。我只可当我的家已毁于炮火。当即决定不返校寓，翌日即回天津。”

散会后，其他人有的返校，有的去订火车票，陈岱孙则赶到父母家中帮助收拾。第二天，他带领老两口儿连同正在北京度假的表弟们（罗孝超、罗孝建、罗孝越哥儿仨），和周培源全家以及陈之迈、钱端升，一起上了去天津的火车。天津是罗伯瑛的第二故乡，娘家在那儿有房产，还有父亲罗丰禄大人在北洋供职时的僚属旧部。伯瑛决定，战争期间，儿子岱孙远赴南方，自己和丈夫陈懋豫就在津门寓居。

从北平到天津，火车走走停停，竟然用了一整天工夫。罗氏三兄弟都是网球高手，日常饮水量颇大，八月初的天气酷热，他们没打招呼就把水壶里的水喝得精光。陈岱孙焦渴难忍，气得直跺脚。

陈岱孙将父母安顿好之后，与陈之迈一起，避开津浦路北段，改由天津上船到青岛，再走胶济铁路经济南转往南京。到南京后，两人从胡适那里得悉教育部与清华、北大、南开三校校长商定，联合在长沙成立临时大学，梅贻琦已于几天前去了长沙，于是他们赶紧再继续沿江西上。

这是陈岱孙一个多月以来第三次在长江上航行。和上两次的境遇不同，这次他们乘坐的轮船不再舒适，也没有如画的风景可看。慌慌张张的人们挤坐在甲板上，江面满是逆流而上的船只——“八一三”淞沪抗战已经爆发，蒋中正豁出老本，国军几十万精锐开赴上海，正在冒着敌人的炮火，发出最后的吼声。

“到昆明不久，我才得到消息，清华园的校舍为敌军所侵占，公私财物全被毁掠。我的家当然是在劫难逃。这本来是一件意中事。我虽然在一闪念间，想到我所搜集的关于预算制度的资料和一些手稿的命运，却从此逐渐有了现实感。战事不是短期可以解决的，而战后的岁月是否允许我重圆以前的旧梦，完全是个不可知之数。这也许是一种锐气消磨的表现，或者是人到中年的一种觉悟。但无论如何，应该认为到1937年抗战军兴就宣告了我青年时代的终结。”

丁丑年十月十五日照於天津美麗相館時年六十

懋豫

羅英誌

抗战期间寓居天津的陈懋豫、罗伯瑛夫妇，摄于1937年

驻衡湘 又离别

对于流亡大学，最紧要的是解决校舍问题。教育部之所以选择长沙作为临时大学校址，只因为抗战爆发前清华大学未雨绸缪，在长沙盖起了新校舍。不过，战争还是来得太快。临时大学仓促成立时，这些校舍的内装修还没做，尚需几个月方可竣工投入使用，因此，第一个学期还得另外想办法过渡。

被教育部任命为长沙临时大学筹备委员的陈岱孙于8月底到达长沙，加入临大先头部队。他们看了几处地方，后来在湖南省教育厅厅长朱经农的协助下，选定因战事骤起而暂时停办的湖南圣经学校。

湖南圣经学校是一所基督教神学院，由美国罗安琪圣经学院（Bible Institute of Los Angles）于民国六年（1917年）设立，位置在长沙繁华地段的韭菜园（今湖南省政府宿舍大院西侧），颇具规模。校园平面呈

清华大学在长沙未完工的新校舍，摄于1937年

湖南圣经学校主楼
摄于 1937 年

三合院形，空间开阔，草地如茵，幽静宜人。主楼三层，由六组两层高的双柱构成门廊，红砖清水墙，坡顶，上覆琉璃筒瓦。主楼之侧有三栋宿舍楼以及食堂，主楼背后是提供外国教员居住的洋房。民国二十五年（1936 年）年底发动“西安事变”、事后交由军事委员会严加管束的张学良就被软禁于此，直到临时大学到来，他才换了个地方住〔2〕。

圣经学校校舍清雅，课桌椅完备，被临大全部包下作为本部。房

〔2〕**【补记】清华大学教授会在 1936 年对于“西安事变”的态度：**

1936 年 12 月 15 日，由陈福田、萧蘧、陈达、潘光旦、萧公权等教授动议，清华大学教授会召开临时会议，讨论“西安事变”问题。会议决定发表《清华大学教授会为张学良叛变事宣言》，由朱自清、冯友兰、闻一多、张奚若、吴有训、陈岱孙、萧公权七人组成宣言起草委员会，以朱自清为召集人。

12 月 16 日，《宣言》发表，称：

此次西安变乱，事出意外，薄海震惊。同人等服务学校，对于政治素无党派之见，日夕所期望者，厥为国家之兴盛，民族之康乐，以为苟有能使中国民族达于自由平等之域者，凡我国人皆应拥护。又以为现在对外之斗争，须全国一致，在政府整个计划之下，同心协力，方能奏功。若分崩离析，而侈言抗战，徒为敌人所窃笑。

近数月来，统一甫成，而国际观感已有改变，外侮防御，已著功效，方期国家命运渐可挽回，民族危机渐可避免。乃变乱突起，举国复有陷于混乱之虞，长敌国外患之势，寒前线将士之心，事之可痛，无逾于此。

夫统一之局，成之甚难，而毁之甚易，辛亥迄今二十余年，始有今日之局。此局一坏，恐世界大势断不容我再有统一之机会。同人等认张学良此次之叛变，假抗日之美名，召亡国之实祸，破坏统一，罪恶昭著，凡我国人应共弃之。除电请国民政府迅予讨伐外，尚望全国人士一致主张，国家幸甚。

子不够多，便将主楼当教室、实验室，礼堂当图书馆，宿舍的一部分当办公室，一部分供教职员居住。另在离此地不远处觅得陆军营房三座作为男生宿舍，在涵德女校借用小楼一座作为女生宿舍。即便如此，也只容纳得下学校办公和理学院、法商学院教学，工学院各系大部分四散在外（甚至有在南昌、重庆等地院校寄读者），文学院则被整体安排到圣经学校在南岳衡山的暑期校舍，称长沙临时大学南岳分校。

南岳分校附近有白龙潭、水帘洞、王船山归隐处等名胜古迹，又是一处世外桃源、大好河山。文学院的老少才子们暂歇于此，上下课来回山路七百多级石阶，每日数往返，久练成习惯，个个健步如飞。未忘国破家亡之痛，更生同仇敌忾之志。不过，两三百号人住在山上毕竟有风险——11 月 6 日上午 10 时许，北大学生何与钧（广东大埔人，中文系四年级）在白龙潭瀑布一带游走时不幸坠崖身亡。

清华几位主事的教授住在韭菜园圣经学校以北两三公里处的下麻园岭 22 号，这是一所很宽敞的公馆，紧靠着由美国雅礼协会（Yale-China Association）创办的湘雅医学院。

那时节，陈岱孙在家门口常能见到源源不断从云南赶往华东前线增援的滇军子弟兵，虽说是赴死一战，但军纪严明、秋毫无犯。这种景象令教授们对云南那个地方顿生好感，尤其对传说中祸国殃民的地方军阀部队刮目相看，并且深为感动——中国不会亡。

临时大学由国立清华大学、国立北京大学、私立南开大学三校联合，为当时各家流亡联合大学中的顶级组合，最大的难题是请哪家出校长都不合适，于是干脆不设校长，由三校校长加上临大秘书长共四人组成常委会。

张伯苓年龄最大、资格最老，但由于南开大学在抗战爆发伊始即惨遭灭顶之灾，不禁对于战时教育感到有点心灰意冷。他对蒋梦麟说，“我的表你戴着”（注：这是一句天津卫的俏皮话，意即“你是我的代表”）。

清华是长沙临大的东道主，兵多将广，后来西南联大的治理体制也是几乎照搬清华模式，因此再怎么保持一碗水端平的风度，还是难消北大诸公寄人篱下的不爽之感。蒋梦麟原本对于三校“连根拔起、

陈岱孙在长沙下麻园岭，摄于 1937 年

左起，潘光旦、沈履、吴有训在长沙下麻园岭，摄于 1937 年

背井离乡”的做法就忧心忡忡，对于“联合”之议更是满腹疑虑，但他识大体、顾大局，对本校同人的呼吁和抱怨多采取息事宁人的态度，加上他校外兼职一向特多，后来（西南联大时期）竟不大到校视事了。他对梅贻琦说，“联大校务还请月涵先生多负责”。

梅贻琦不声不响，忠于职守，是个有主见、办实事的，当之无愧地成为常委会事实上的主席。

民国二十六年（1937年）9月16日，三校骨干基本到齐，临时大学（筹备委员会）第一次常委会议召开。梅贻琦出席，张伯苓、蒋梦麟未到，各派代表与会。秘书主任（即秘书长）杨振声担任会议记录。会议决定设立图书及理工设备两个设计委员会，图书设计委员会委员有陈岱孙、冯友兰、梁实秋、饶树仁、杨石先、赵迺抟、方显廷、吴有训、顾一樵等九人，以陈岱孙为召集人。

9月18日召开第二次会议，三大校长全体出席。会议推举梅贻琦、樊际昌、黄子坚、潘光旦、冯友兰、吴有训、陈岱孙、顾一樵、饶树仁、叶公超、张子缨、杨石先、方显廷等十三人组成课程委员会，以梅贻琦为召集人。

一切井井有条。

临时大学第一学期实际上并没有正式设立学院，仅设了十七个系。“用归并办法。凡属三校共有者，固应归并，即一校内性质相近者，亦予归并。意在节省开支，提高教育效率。”

系主任也不叫系主任了，改叫某某系教授会主席，充分体现三校民主共和。十七个系的主席呈“八六三”分布——清华八个（陈岱孙任经济学系教授会主席），北大六个，南开三个。截至开学，全校共有教员148人，清华73人，北大55人，南开20人。

民国二十六年（1937年）10月18日起，三校南来学生，清华631人、北大342人、南开147人，另有借读生218人，总计1338人（注：另有1452和1506人之说）陆续前来报到、注册、选课，学校宣布免收本学期全部学费。11月1日，国立长沙临时大学正式开课，这一天后来被国立西南联合大学定为校庆日。

临大的行政事务三大摊，负责人名单迟至第一学期期末才由常委会以决议形式发布，三校各占一席，总务长周炳琳（北大）、教务长潘光旦（清华）、建设长黄钰生（南开）。同时，还宣布胡适（北大）为文学院院长，吴有训（清华）为理学院院长，方显廷（南开）为法商学院院长，施嘉炀（清华）为工学院院长。

胡适一直没有到任，因政府有意派他“充军到海外去”——出使美利坚，如此便不能在国内和大家共患难了。胡博士在信中说，“规避之咎，死罪死罪，千乞原谅”。

第一个学期匆匆过去。年底，清华大学在湘江西岸岳麓山下的新校舍的装修工程已近结束，临大各单位都在按计划准备寒假里的搬家。谁知，自国军从上海全线撤退的一个月后，南京陷落，武汉不保。战争定将旷日持久，“临时”之幻想至此被完全打破。既然要搬家，那么干脆搬得再远些吧。

教育部第二次为临大安排栖身之地，云南省政府闻之表现出极大的热忱，认为这是提升滇省文化教育水平的天赐良机。几家会商，一拍即合。很快，民国二十七年（1938年）1月下旬，临时大学宣布迁往昆明。

只可惜清华在长沙的六座新建筑，一天都没用上便要放弃。不仅如此，它们简直是以一种近乎殉节的方式与临大诀别——4月11日下午3时，二十七架敌机分三队飞临新校舍上空，投下重磅炸弹二十余枚，最重者约有五百磅。

甲所（理工馆）三层楼板均遭破坏，墙壁震裂，粉刷脱落；乙所（文法馆）屋顶破坏，大小孔洞甚多，阅览室屋顶大半脱落，屋梁折断；丙所（教职员宿舍）屋面破坏数十处，门窗玻璃多数震破，屋顶间有坍塌之处；丁所（学生宿舍）屋面为破片所损，计十余处，门窗玻璃有三十余处破碎；戊所（工场）被毁最烈，屋面门窗玻璃损坏十分之八，墙角震裂下沉；己所无大损。经估算，损失共计十万元左右。

抗战结束后，长沙的清华校友捐资修缮乙所，成立清华中学，甲所则为湖南大学借用。1949年之后，整片校舍几经转手，唯甲、乙所尚存至今，是中南大学本部校园内的标志性建筑，分别被命名为民主楼、和平楼。

“长征”

长沙临时大学常委会根据学生本人志愿，经审核确定共有学生 878 名随校西迁（约占临大学生的 60%，其余的或退学参加抗战，或转学其他院校，或返回家乡）。他们被分为两批，分别领到甲乙两种赴滇许可证。

持有甲种许可证的有 284 人，编为旅行团，步行去云南，“藉以沿途多习民情，考查风土，采集标本，锻炼体魄，务使迁移之举本身即是教育”。具体路线为：自长沙至常德 193 公里步行；自常德至芷江 361 公里乘民船；自芷江至晃县 65 公里步行；自晃县至贵阳 390 公里乘汽车；自贵阳至永宁 193 公里步行；自永宁至平彝 232 公里乘汽车；自平彝至昆明 237 公里步行。

旅行团成员都是男生，经过体检，身体倍儿棒，校医为每人打了伤寒预防针。旅行团由部分教员带领（有南开的黄钰生，北大的曾昭抡，清华的李继侗、闻一多、袁复礼），校医随行。湖南省主席张治中派了军事委员会中将参议黄师岳等军官进行沿途辅导，严格实施军事化管理。他们一路上的食宿费用概由学校承担，每人只需携带生活必需品。书籍衣物等大件行李交由学校托运，关于运输途中可能发生的意外，校方声明不负责任，因为这种责任谁也负不起——清华战前暂存在武汉的 924 箱书籍和仪器，在走水路运往昆明的途中遭遇敌机轰炸，已经荡然无存了。

其余学生领到乙种许可证。他们将自由组合，从长沙走粤汉铁路（广州至武昌）到广州，然后去香港，从香港坐船到越南海防，再由陆路入国境去昆明。学校给这部分学生种了牛痘，为每人办理了护照并发给路费补助 20 元，以及提供粤汉铁路团体购票减价证明文件。

临时大学在广州、香港、海防、河口都设了临时办事处，为过境师生接洽免费或减价住宿地点、协助购买车船票。

上面这些七七八八的事情，梅贻琦坐镇长沙，领着清华老班底，桩桩件件办得十分妥帖。蒋梦麟带人去了昆明负责打前站。张伯苓年事已高，就算了。

临时大学发给每位教职员旅费津贴 65 元，陈岱孙等 51 人将此款捐出，合计 3315 元，用于补助寒苦学生赴滇的旅费。这些学生有的家境本就贫困，有的则因家乡沦陷，断了生活来源。

陈岱孙没有跟着旅行团长途跋涉，也没有绕行香港。他和朱自清、冯友兰、汤用彤、沈有鼎、郑昕、钱穆等人结伴，坐长途汽车先到桂林，由桂林坐船到阳朔，一路上江山如画。上岸后，有他们在桂林时已经订好的汽车在等，于是继续沿公路向南宁、镇南关方向行进。途中，陈岱孙还有一项使命，他要代表学校拜会广西省政府并致以谢意，因为对方亦曾表示极度欢迎临大迁入。

快到镇南关时，冯友兰只顾看风景看得高兴，胳膊还伸出车窗外指指点点，结果，在汽车穿过凭祥县城门洞的时候，左臂碰到城墙，骨折了。幸而出镇南关后走不多远就到了越南同登，赶紧换火车，当晚到河内住进医院。陈岱孙、朱自清留在河内陪他，直到冯友兰的弟弟景兰（清华大学地学系教授）从昆明折返回来接替，两人才由窄轨的滇越铁路（中国昆明至越南海防）北上。

冯大先生在医院里躺了一个多月，时有经过河内的学校同人来问候，除了见人就抱怨西医治疗骨折的牵引术纯属瞎耽误工夫以外，无所事事。想想去年到现在从北平来的这一路，深切体会到孔夫子“累累若丧家之犬”的境遇，他作了一些诗，不知不觉中还蓄起了长须。

在抗战初期那场波及全国的大迁移当中，发生过很多神奇的事情，由清华前校长罗家伦执掌的中央大学就出现了一起。

由于罗家伦早作决断，并且得到民生轮船公司的帮助，中央大学的搬家可谓既及时，又彻底。民生公司当时正忙着一趟趟用船运送川军部队出川抗日，于是在回程时就一趟趟将中央大学所有辎重免费运到重庆，并且不惜割开舱位以便装入大件器材。中央大学还将农学院斥巨资引进的加州牛、荷兰牛、澳洲马、约克夏猪、火鸡等，挑良种每样选一对装进笼子运走，鸡犬图书共一船，竟成了现代版的诺亚方舟。

末了，罗家伦对中大农学院的各位教员职工说，大家都尽了自己力量，从今天起，中央大学农学院畜牧场宣布解散，余下的牲畜，吃了也罢，杀了也罢，绝不能留给日本人！说完散会。但是听众当中还有几位不甘心的，他们是：王西亭、吴谦、曹占庭、袁为民。

在南京被日军合围之前，畜牧场高价雇了四条大木船，职工全体出动，帮助这四个人把鸡鸭兔笼捆到牛背上，将羊群、猪群、牛群分三队赶出挹江门，至江边上船。船在炮火中驶过长江。在浦口上岸后，这一大队家禽家畜在四人的驱赶下，继续沿公路前行。

这支队伍出江苏，过安徽，经河南，入湖北，八个多月后到达宜昌，陆地行程近三千华里。此时，长江上游的枯水期日益临近，宜昌正积压着等待往大后方转运的九万多吨战略物资，码头上货物堆积如山，混乱不堪。还是那伟大的民生轮船公司，投入了全部可动用的运力，争分夺秒，精确调度，组织起名垂青史的“中国式敦刻尔克大撤退”。过程中，他们发现了中央大学的这支长征队伍，深为感动，挤出

陈岱孙在从长沙去桂林的路上，摄于1938年

千金难买的舱位，免费将他们和它们用船载往重庆。

罗家伦回忆说：“在第二年（注：1938年）深秋，我由沙坪坝进城，已经黄昏了。司机告诉我说，前面来了一群牛，像是中央大学的，因为他认识赶牛的人。我急忙叫他停车，一看果然是的。这些牲口经长途跋涉，已经是风尘仆仆了。赶牛的王酉亭先生和三个技工，更是须发蓬松，好像苏武塞外归来一般。我的感情振动得不可言状，看见了这些南京赶来的牛羊，真是像久别的故人一样，我几乎要向前去和它们拥抱。”

张伯苓闻讯感慨道：“两个大学有两个鸡犬不留——南开大学鸡犬不留，是被日本人的飞机投弹全炸死了；而中央大学鸡犬不留，全部都搬到重庆了。”

何枝可依

民国二十七年（1938 年）3 月，陈岱孙、朱自清来到昆明，暂居设在拓东路迤西会馆的临时大学办事处。4 月 2 日，国立长沙临时大学正式更名为国立西南联合大学。4 月 26 日，旅行团抵达，全校师生到齐。

联大成立后，清华、北大、南开三校不再各自单独招收本科生，改为以联大名义统一招生。三校原有学生的学号分别冠以字母 T（Tsinghua）、P（Peking）、N（Nankai），其注册、选课、毕业，仍由三校各自决定。联大新生的学号则都以 A（Associated）打头，他们是三校共同的学生。过两三年，T、P、N 字头的学生陆续毕业，联大就只有 A 字头的学生了。再过五六年，联大解散，各院系在读学生按照本人自愿的原则，由三校各自领走，北上平津接着念书（师范学院的师生不离开昆明，因为他们的学院被就地改组成为国立昆明师范学院，这是联大对云南省的一番美意，意在为滇省留下一片培养青年教师的园地，百年树人，以求代代相传）。

三校研究所各自招收研究生，研究所不属于联大范围。

三校在昆明各有自己的办事处，各自的教授会、评议会、校务会议等校内组织仍循旧制，照常运作。

三校原有教授（南下来昆明者），皆被加聘为西南联大教授；三校各自新聘教授，只要通知联大加聘、排课、发薪即可；此外，联大也可以自己的名义直接聘任教职员。所有人员待遇一视同仁。

为说明一部分联大教授的“双重身份”，就以陈岱孙为例。他是清华大学教授，也是西南联大教授。在清华，他照旧担任经济学系主任、法学院院长等职务；同时，他也是联大的经济学系主任，而联大法商学院院长一职则先后由南开大学教授方显廷和陈序经、北京大学教授周炳琳担任。

冯友兰很善于打比方，他说联大“好像是一个旧社会中的大家庭，上边有老爷爷、老奶奶作为家长，下边又分成几个房头。每个房头都有自己的‘私房’。他们的一般生活靠大家庭，但各房又各有自己经营的事业”。

联大的“教授治校”与清华相仿，也包括三级校内权力机构，仅在机构名称上略有不同。教授会是学校的最高权力机构；不设评议会，但有一个名为“校务委员会”而组成方式和所起的作用都和清华评议会相同的机构，由三位校长、秘书长、总务长、教务长、训导长、各学院院长以及 12 名教授代表组成；三校校长和联大秘书长四人组成的常委会则是联大的最高行政机构，相当于清华的校务会议。

上述格局贯穿联大始终，这就是著名的西南联大体制——清华、北大、南开依然存续，且保持着高度的独立性，其各自在传统、学风、治校理念上的特色丝毫没有因联合而消亡；联大是三校共同的交集，这个交集可以保证抗战时期弥足珍贵的教育资源得以最有效率地发挥作用，而文化、学术上的兼收并蓄、取长补短所创造出的教育成就不但令后世难以企及，甚至也出乎所有当事人的意料。

在长沙时，有一次三大校长同去巡视暂设在陆军营房里的临大男生宿舍，蒋梦麟看见房屋破败，就认为不宜居住，“倘若是我的孩子，我就不要他住在这宿舍里”。这番话令张伯苓大为不满，当即表示，“倘若是我的孩子，我一定要他住在这宿舍里”。梅贻琦没有作声，若有所思。

后来，不知是不是故意安排，当临时大学决定迁离长沙时，常委会偏就派了蒋梦麟带领先遣人员去昆明找房子，为西南联大安排临时校舍。

战事节节不利，华北、华东、华南的一线城市不是已经沦陷便是危在旦夕，昆明一下子成为后方重镇，本不充裕的房源显得越发紧张起来。

像湖南圣经学校那样完整并且够规模的校舍，在昆明是没有的。东道主云南省政府古道热肠，发动了所有闲着没事干的公务员，一起帮着联大找关系、想办法。

昆明东南城外有迤西、江西、全蜀三个会馆，联大全部租下，首先设立办事处，这样便有了办公的地方，也好接待陆续赶来报到的师生。

昆明西北城内外有昆华师范学校、昆华工业学校、昆华农业学校、昆华中学等几所省立教育机构，已经由于战事关系而开始疏散下乡，空出了部分教室宿舍，正好为联大所用。

开学后，联大办事处搬到城南崇仁街的一幢大宅子里，腾出城东南的几个会馆，又租下附近的盐行仓库，一并拨给工学院使用。分散在城西北几所学校里的校舍拨给了理学院。文学院、法商学院还是没地方，只得迁往昆明以南500里远的蒙自。

这样，理、工学院分处昆明城西北、东南对角线的两端，构成西南联合大学本部，在蒙自的文、法学院被称作西南联大蒙自分校。

5月，联大在本部和蒙自分校各设校务委员会。本部由理学院院长吴有训、工学院院长施嘉炀、总务长周炳琳（杨振声暂代）、教务长潘光旦、建设长黄钰生以及教授代表饶毓泰、杨武之、杨石先、曾昭抡、王裕光担任委员。

蒙自方面则有文学院院长胡适（国府此时尚未正式宣布胡博士出任驻美国大使，联大仍保留其文学院院长和蒙自分校校务委员名义，职务由冯友兰代理）、法商学院院长陈序经以及教授代表樊际昌、朱自

西南联大蒙自分校校舍，摄于1938年

西南联合大学法商学院1938级毕业合影，前排左三钟书箴，左五陈岱孙，左六浦薛凤，左七余肇池，摄于蒙自（清华大学校史馆提供）

清、赵迺抟、陈岱孙。

哲学心理学系心理学组教授樊际昌（北大）兼任蒙自分校总务主任，经济学系主任陈岱孙（此时，各系教授会主席又恢复了系主任的旧称）兼任蒙自分校教务主任，负责召集图书及理工设备两个设计委员会和各系主任的联席会议，拟订新学期各项计划。

蒙自地处偏远，住房条件却比昆明略好。这里是云南南部的一个县治，清光绪十三年（1887年）根据《中法续议商务专条》被辟为中法之间的“约开商埠”。开埠之初，县城南关外南湖的东岸和南岸逐渐形成一个新的商埠区，各路公廨、商号都在此地纷纷盖起了房子。但是，十几年后的宣统二年（1910年）1月，滇越铁路通车，因遭遇当地保守民众的抵制，铁路绕城而过（本该设在蒙自的车站改为建于东北方向三十里外的碧色寨），致使这个小县的地理区位优势不复存在，作为通商口岸便算是夭折了，初具规模的新商埠区很快就人去楼空。（后来，一条连接个旧锡矿和碧色寨、比之滇越路铁轨更窄——宽度仅600毫米——的支线铁路通过蒙自，火车除了运锡以外，附挂客车车厢，车速极慢——实际每小时10公里左右。从蒙自到昆明，须在这支线小火车上先摇晃一个多小时到碧色寨，然后换乘滇越铁路列车。）

这些连片的空房子——包括属于中国政府产业的蒙自海关，属于法国方面产业的领事馆和东方汇理银行（Banque Indosuez）等——经有心人的及时推荐，为联大“找房团团长”蒋梦麟所发现。接洽得十分顺利，各处房屋的业主都只是象征性地向联大收取租金，其中海关衙门每年仅收法币一元。只是房子俱已年久失修，常有巨蛇出没。

南湖北岸还有一座由法籍希腊人经营的歌胪士洋行假期旅店，正可用来当作师生宿舍，于是联大按照市价租赁，全部包下。

校舍经过简单修理于4月交付使用，5月开课。文、法学院的师生老大不乐意地陆续离开昆明，远赴这边陲小县。

这里的教学条件确实十分可怜。虽有一个图书室，但书籍报刊都极缺乏，更不用提各科的教材和参考书了。教授们讲课用的是一些残缺不齐的讲稿、笔记，或者全凭记忆。

根据计划，蒙自分校将至少维持到第二年（1939年）夏天，届时，联大将在昆明西北郊一块已经落实好了的地皮上建起一套可容纳文、理、法三学院以及本部行政机构的校舍。不过，计划总是没有变化快。

开学后不久，中央航校也看上了蒙自城外的这块地方，要建分校、修机场。战争时期，什么也比不上军需重要。联大本部指示文、法学院，于7月底学期结束后立即让出全部校舍，撤回昆明，暂时和理学院凑到一起挤挤，经济学系将由陈岱孙带领，住到昆华农业学校。

昆华农业学校正门，摄于1938年

蒙自分校的历史就此结束。自古多情伤离别，两院师生来时的牢骚话消失了，代之以深深的惜别之情。“在蒙自住了几个月之后，8月间，学期结束，登上列车回昆，当小火车缓慢地从蒙自站开出时，我们对于这所谓边陲小邑大有依依不舍的深情绪。直至今日，凡是当年蒙自分校的同仁或同学，在回忆这一段经历时，都对之怀着无限的眷恋。固然，环境宁静、民风敦朴是导致这一情绪的一大因素。学校和居民之间，不但相处融洽，而且多方得当地各界居民的协助。过去常为人们所称的市民和大学师生（Town and Gown）的矛盾并不存在。但更重要的是，在当时大敌深入、国运艰难的时候，在蒙自人民和分校师生之间，存在着一种亲切的、同志般的同仇敌忾、复兴民族的使命感和责任感。这才是我们间深切感情的基础。”

9月28日，昆明第一次遭受空袭，日军轰炸机群直扑城西北方向的联大临时校舍。陈岱孙跑出昆华农校，在一边的山坡上看到了空袭的全过程。

与农校几乎一墙之隔的昆华师范有三座联大宿舍楼，南北二楼住学生，中楼住教员。陈岱孙看到南北楼分别中弹，中楼被烟尘笼罩，情况不明。他左右四顾，突然发觉金岳霖不在坡上，不由得心慌意乱。待敌机离去，陈岱孙和生物学系李继侗、外文系陈福田两位教授急忙下山跑向昆师，只见校园遍地炸痕，南楼有两位报名西南联大的考生在空袭中身亡。

哲学家金岳霖（1895—1984）
摄于1940年代初

中楼没有被炸。金岳霖当时在房间里正写他的《论道》一书，没听见空袭警报，前后两座楼中弹的爆炸声将他从思考中惊醒。跑出来发现周围已是一片废墟，老金吓坏了，见到陈岱孙时仍然说不出话来，手里还紧紧捏着他的笔。

陈岱孙所住的农校，有两座联大

宿舍楼也受到波及，多处损坏。

从这天起，空袭一直很频繁。人心浮动，昆师、昆农、昆工、昆中四所当地学校加紧往乡下疏散，又腾出若干校舍借给联大，联大这才稍微宽敞些，得以应付秋季新学期开学。

大敌当前也带来个好处——师生关系空前融洽。“警报一响，师生一起跑出去，敌机飞到头上时，大家一起趴下，过后学生抬头一看，原来是某某老师，相视一笑”，以前高高在上的教授和谦卑恭顺的学生前所未有地亲近起来。

陈岱孙、金岳霖等人在昆师、昆农继续住了一阵子，骑着驴找驴，在昆明城内翠湖边觅得一处民房，毫不犹豫结伴搬了进去。过不久，这座小院在另一次空袭中被夷为平地。

这群已经近乎流浪汉的教授们简直是欲哭无泪，拎着从瓦砾堆中刨出来的铺盖卷，又挪到清华航空研究所租而未用的北门街唐（继尧）家花园中的一座戏台。他们用旧报纸简单糊了一下包厢的墙壁和顶子，就拿这里当卧室，台下的池座定为公用的客厅兼饭厅。

遭日机空袭后的小院，摄于1939年

陈岱孙、金岳霖、朱自清、李继侗、陈福田五人合住，占了舞台正对面二楼的大包厢，住进其他包厢的有萧蘧、吴宓、陈省身等人。金岳霖很满意，准备铺开摊子继续写书。另四个人面面相觑，认为老金的精神实在可嘉，就把包厢里最清静的角落划给他，放下他的床和小书桌。在他工作的时间，四人尽量回避。

当时可能会打扰老金的是在纸糊天花板上跑来跑去的老鼠，成群结队，经过时发出隆隆响声。老金不在乎，他在用功的时候连空袭警报也不大听得见。但别人受不了。路过昆明的费正清（John K. Fairbank）建议他们买只猫，几人又面面相觑，开战以来，教授们还没涨过工资，可是猫价已经涨到两百法币一只了，谁还买得起呢？

陈岱孙在这戏台包厢里一直住到抗战胜利、联大结束，中间有些带家眷的同事陆续搬走。单身汉陈岱孙不想折腾了，只要房子不再挨炸，只要没人再要他搬家，即使没有猫，他也觉得幸福极了。

唐家花园戏台里的住户们，在当年清华园北院 7 号“饭团”模式的基础上，深化改进，不但同吃同住，而且同劳动——利用园中早已荒废的花圃种菜。生物学系教授李继侗、讲师沈同二人义不容辞地担当起导师和助理的责任，组织众人干起了农活。昆明四季如春，加上有科学种菜法，各种作物年年丰收，餐桌上颇有可观。

联大自到昆明之日起，就树立了持久抗战的信念，决心买地建房，尽快结束校舍东拼西凑、寄人篱下的局面。经过多处勘察，并结合过渡时期的实际情况，最后还是在城区西北方向靠近昆工、昆中等校的位置买下了两百亩山坡地，地块中央有环城马路（今天的一二·一大街）横贯通过。

联大委托一位战前曾在天津基泰工程司（注：当时中国最大的建筑事务所）工作的建筑师进行规划设计，民国二十七年（1938 年）秋，草图已出。根据初步方案，建筑物分布在环城马路的南北两侧，均为砖木结构的两层或三层楼房。南区面积较小，为一部分理科学系教室、实验室、办公室所在地。北区大得多，计划容纳图书馆、食堂、文法两学院各系、理学院之其余部分、联大校本部各行政单位，以及文理法三学院男生宿舍（女生宿舍仍借用昆华中学南院）。工学院暂时不动，还在城东南的几处会馆。新成立的联大师范学院则借用昆华工校。

这个规划设计和分配方案在征求校内意见时遭到理学院各系的强烈批评，教授们认为方案没有考虑到理科实验室的设计规范和建筑要求而主张推倒重来。没办法，这么大的事不能由校当局几个人说了算，常委会只好顺从民意，把图纸退还设计师，请他在充分征求理科各系意见后修改之。

一来一回，耽搁了几个月。就在这一年的下半年，法币坚持不住了。

法币币值从民国二十七年（1938 年）4 月起开始动摇，到年底，1

法币兑换美元从 0.36 跌至 0.16，每两黄金价格从法币 114 元涨至 199 元，国内商品零售价格上涨了 49%。

将近年底，设计师向学校汇报，按照原有预算已经盖不起砖木结构的楼房，而只够修建一批夯土为墙、捶泥作地的条式平房（图书馆和食堂因面积较大，仍维持砖木结构瓦房设计）。建筑面积将大打折扣，而且只有一半的平房能用上原先设计的进口铁皮屋顶，男生宿舍的房顶只能铺茅草。他进一步警告说，如果继续耽搁，过几个月物价再涨，房子干脆就别盖了。

陈岱孙心里清楚法币一旦崩盘该有多么可怕，于是力劝梅贻琦事不宜迟，必须乾纲独断。梅贻琦下定决心，暂且放下谦谦君子派头，不再征求各家意见，独裁了一回，马上接受这平房设计，立即备料开工。

楼房改平房，工期自然大为缩短。民国二十八年（1939 年）春夏之交，新校舍竣工，各学院各系按计划全部迁入。理科实验室尽管更加不符合设计规范和建筑要求，但也一直用得挺好。写到此处，笔者口占八句，曰：秋高风怒号，卷我三重茅。布衾冷似铁，雨脚不断绝。屋漏无干处，战时少睡眠。茅屋百十间，寒士俱欢颜。

联大总算是有了个家。几十年后，在昆明街头问起旧日联大校舍，如果没有现存那一点“遗迹”的存在，答者大多会以“云深不知处”作为搪塞吧。

民国二十九年（1940 年）夏，日军占领越南全境，我西南后方的滇黔桂各省大受威胁。政府急令云南各国立院校将重要物资转移到昆明以东地区，西南联大闻讯立刻筹备再次迁校，这回的目的地是四川。

9 月 12 日，联大急电教育部，建议将学校迁往川东南的叙永、泸县、宜宾、乐山一带，首先安排新生到新校址注册入学。9 月 18 日，教育部回电首肯，并在预算极为紧张的情况下拨出法币 100 万元（按战前币值不足 1 万元）充作搬家费。

联大宣布在距离相对较近的叙永先设分校，本科一年级新生推迟开学，改于次年 1 月直接前往叙永分校报到。

在教育部的协调下，四川省政府对于联大极表欢迎。但由于抗战军兴、中央政府迁都重庆，四川较云南更为拥挤，只能打起宗教场所的主意，拿出叙永西城的“春秋祠”和“南华宫”以及东城的“帝主宫”和“文庙”作为联大历史上第三个分校的校舍。

民国三十年（1941年）秋季始业时，由于战局稳定下来，只存在了八个月的叙永分校撤销，师生回昆明的联合大学本部。“在联大历史上，叙永分校也是一段难忘的经历，这些古庙堂对于当时在分校学习的同学，也是难于忘怀的旧校舍。”

暑假，8月14日，联大在昆明的新校舍落成以来第一次遭到日本空袭，北区部分办公室和男生宿舍，南区的生物学系实验室，以及联大的老朋友——昆华中学的北院，都挨了炸弹。

遭日机空袭后的西南联大新校舍，摄于1941年8月

年底，太平洋战争爆发。翌年2、3月间，日军攻入缅甸，截断滇缅公路，中国丧失了最后一条陆上国际交通线，抗战面临最困难的关头。西南联大校园里，部分房屋顶上的进口铁皮成为西南后方各省稀缺的建筑物资，成为昆明商贾眼中可居的奇货。联大当局稍经考虑，即同意将教室、实验室之外的全部铁皮屋顶出售（换上茅草）以补充校用。

国立西南联大经费拮据如此，教授们还怎么活？

陈岱孙教授（之二）

在昆明，作为清华大学教授的陈岱孙，在经济学系主任、法学院院长（1942年，社会学系由文学院改隶法学院）、研究院法科研究所所长（社会学部亦由文科研究所改隶法科研究所）、评议员、校务委员之外，还担任留美公费生考选委员会委员；作为西南联大教授的陈岱孙，在经济学系主任之外，又陆续兼起了商学系主任（原商学系主任、南开大学教授丁佶1940年10月不幸在游水时意外溺亡）、一年级学生课业指导委员会委员、毕业生成绩审查委员会委员等职务，还代表联大参加西南经济调查合作委员会并担任召集人，代表联大参加与北平图书馆的合作委员会。

他继续为本科生讲两门课，财政学和经济学说史。抗战后期，经济学系教授萧蘧前往位于其家乡江西泰和——南昌于1939年3月沦陷后，泰和县成为江西省临时省会——的国立中正大学当校长，于是，经济学概论一门也被陈岱孙接了过来。

联大经济学系没有秘书之类的职员，因为没有需要——系主任陈岱孙亲自制订教学计划，安排课程，以及与三校协调商定各门课程的教员人选。他从不管教员如何讲课，不过对于他们每人讲授的主要内容和观点皆能了然于胸。

陈岱孙对学生则不断告诫，“治学如筑塔，基础须广大，然后层层堆建上去，将来总有合尖之一日，学经济学欲求专门深造，亦应先奠广基”，要求他们在本系课程之外，同时注重培育在政治、历史、社会、心理、哲学、数学等领域的素养。在他的倡导和主持下，从清华到联大，经济学系一直以“理论、事实、技术三者兼重”作为培养目标。

礼敬名师，加上坚持实施通才教育，使得包括经济学系在内的一届届联大学子受益匪浅。他们当中的一些，或被选送，或通过其他渠道去美国继续学业，到了之后发现当地学校的大多数课程都“极容易”，有时候，所发表的专业见解竟然令洋导师哑口无言。联大毕业生这才明白了母校的厉害。

西南联大的学术地位之高、教育之成功，当年那些有机会出洋的毕业生可能是最早的一批感知者。但是，如果在国内，当他们走出校门，恐怕会觉得连找个可以简单聊聊学问的人都很困难。

不像文学院各科（如中文、历史、哲学等）与本国学术传统一脉相承，法学院各科（如经济、政治、社会等）全是舶来品。以陈岱孙为代表的清一色从西方世界学成归来的经济学教授们，他们在国内的课堂上所传播的理论和知识，与本国经济的现实究竟又有多大的关系呢？

从清华到联大，经济学系的声誉和成就与系主任陈岱孙的名字密不可分，反过来说，对于经济学系的欠缺和不足，他同样也是责无旁贷。

“经济学是致用之学”，这是陈岱孙毕生的信条，而且身为表率。民国二十二年（1933 年），他在伦敦担任中国出席国际经济货币会议的代表团的专家（这个在今天看来绝对是扬名立万的机会险些被他拒绝，原因只是他个人所坚持的学术观点与挂名团长宋子文的立场不合，这是一件可以令当下许多知识分子汗颜的事）；在 1930、1940 年代，他发表过许多针砭时弊、切中要害的经济评论文章，对于政府的财政金融政策，好的方面他会从谨慎的角度提出警示，坏的方面则是大加挞伐，一点面子也不给。

不过，个人的作为毕竟不能等同于整个经济学系教学的实际。

教材仍然统统是英文的，实现陈岱孙年轻时的宏大志向的可能性越来越渺茫。大战期间，国内的经济学期刊大部分停止出版了，海外寄来的不仅品种匮乏，而且时断时续，公私两方面多年以来积累的藏书和资料已经如落叶般飘零。经济学是讲究实证的，在这种条件下，著书立说简直是天方夜谭。陈岱孙又是个恪尽职守的人，按照校规可

陈岱孙在昆明迤西会馆，摄于1938年

以享受的年假（度假的首选是到美国边改善生活边做学问）一概都放弃了。

再看课表。经济学系（和商学系）略有几门关乎国计民生的课程：中国货币问题（3学分）、中国财政问题（4学分）、中国土地问题（3学分）、中国经济地理（3学分）。学分既少，且都是选修。从课程名称看，大部分显然只能算是不成系统的专题讲座。

关于海外理论疏离于国内现实的看法，有些弟子极力反驳，并为陈岱孙、为经济学系辩护，但提供的证据十分苍白无力——陈岱孙惯用“王小二买烧饼”的故事来讲解边际效用问题，经济学系的期末考试题曾有“分析西南联大校门外摆摊的修鞋匠等人的经济成分”，等等。这样的例子，不说也罢。

还有一个就是，陈岱孙在前半生里对于马克思主义经济学说的态度。

陈岱孙负笈哈佛的四年是他“平生一次最长期的密集的读书时间”，那时，据说他通读了《资本论》（*Das Kapital*）全书——鉴于1952年以后他在相关领域所表现出来的极高造诣，这一说法高度可信。

于是，易社强在《战争与革命中的西南联大》一书里批判道：“当历史学系的吴晗和中文系的闻一多走向左倾时，经济学系却没有一位教师动过马克思主义的念头。有的联大经济学家还试图通过边际效用理论来驳斥马克思的劳动价值论。他们认为，马克思错误地认为价值取决于供应方（生产者），而实际上取决于需求方（消费者）。偶有学生无意间闯入系主任的办公室，要求指导阅读马克思理论，这时陈岱孙总是推荐一本入门读物——用英文写成的《马克思：学生读本》（*The Student's Marx*）。但在课堂上，他的经济（学说）史从亚里士多德一直讲到凯恩斯，却只字不提‘科学社会主义’之父。在联大所有科系中，要数经济学系的英美化程度最高，但在该系却找不到这位德国激进主义巨人的位置。经济学系毕业生拥有扎实的基本功和良好的就业前景，如果纯粹是为了探究思想的火花，那躁动的知识青年只好远离经济学系另觅出路了。”

激进和躁动的易教授在批判时所使用的材料也是高度可信的（其中包括采访陈岱孙本人的记录），只可惜，他忘了三件事：（一）抗战大后方的政治氛围，（二）陈岱孙当时身负的责任，（三）陈岱孙从来都不是一位“愤青”。

对于流亡生活，陈岱孙处之泰然，除了将日常装束从西服革履换成了方便行动但看上去有些“粗野”的猎装、灯笼裤之外，行事做派一如既往，无有稍改，仍是清华园里的陈总先生。

“岱孙师……伟岸修长，双目炯炯，……予人第一印象，可望而不可及，颇有高山仰止之感。……缓缓而行，至教室稍立，闻铃声即将今日所讲主题……书于黑板上，开始讲述。每课如此，绝无所不同，

郊游，左起，周培源（抱周如玲）、陈岱孙、王蒂澂、金岳霖（扶周如雁）、朱自清、李继侗（前为周如枚），摄于1940年代初

一言一义无废辞，同学伏首疾书，下课略加整理，即为一完整之讲稿。”在抗战中的昆明要想找到一本靠得住的经济学教科书或参考书谈何容易，无怪乎陈岱孙的讲义被学生们奉若至宝。

经济学系的规矩多，陈岱孙的谱儿也依然很大。

每学期开学时，学生都要填写选课单，然后恭恭敬敬地排队请系主任签字批准。一次，某系某生在单子上填了门“国济贸易”，陈岱孙用铅笔指一指“济”字，说“改一改”，某生马上改为“暨”字。陈岱孙二话不说，把这门课用笔划掉，替他填上了一门 3 学分的“大一国文”。

另有某生为选课而私刻了一枚陈岱孙的图章，被学校注册组发现，要开除学籍，跑来苦苦讨饶。陈岱孙不为所动，称不追究其伪造印信之罪，已属宽大，还有什么可通融的？

在联合大学，经济学系和商学系（两系常被视为一个系）规模最大，各年级在读学生总数最多时超过五百人，每年毕业人数最多，但不愉快的事情发生最少，师生多把这归功于系主任陈岱孙的“治事明快、言出必行、宽严相济”。

陈岱孙待人“宽”的一面，最重要的一条是他将丰富的政商各界人脉资源毫无保留地贡献出来，为毕业生尽心谋事（1939 年，仅中央银行一家就要走毕业生 10 名）。凡有求助者登门，一概热诚接待，绝不拒人于千里之外（当然，这等事情必须在上班时间去他的办公室聊，因为陈先生是从不在办公室外谈公事的）。仅此一条，便足令全系学生对陈岱孙敬若神明，丝毫没有怨言。

业余时间，陈岱孙过去所喜欢的游泳、网球、马术、高尔夫、狩猎等活动，全无条件开展，于是就只有打桥牌、唱昆曲、看电影。在联大，桥牌的风气最盛，多处教员宿舍都有定期牌局，常常鏖战到深夜，人声喧闹，烟熏火燎，令吴宓这等不打牌、不吸烟、早睡早起的芳邻不胜其烦。

假期里，陈岱孙仍会想办法外出旅行观光，最经济的方式是约上几位同道，加入一支马帮队伍，一路走着，风餐露宿。这种旅行花费很少，只需负担自己的伙食和胯下牲口的草料以及均摊到各人的“买路钱”——云贵一带的山头还有不少是属于绿林好汉的天下。

未晚先投宿，鸡鸣早看天。马帮的伙食很粗粝，饭极硬，一颗颗米粒如碎石子，下饭的菜就是用一大锅水煮上蔬菜和牛干巴。饭食不易消化，但可以耐饥，汤的口味甚至相当不错。睡觉一般是披着麻袋片在屋檐下或是火堆旁将就。

马匹都是被训练用来驮运货物的，组织纪律性超强，行进时一匹跟定一匹，决不抢先，也决不落后，速度全由马帮头领控制，旅客骑在上面，根本体会不到随心驾驭的乐趣。就这样，陈岱孙从昆明出发，沿着茶马古道颠簸跋涉，到达古城丽江，一千多里山山水水，不曾感到艰苦，只觉趣味无穷。多年以后，他每见到来自云南的访客，都要先叙一阵子“乡谊”——他视自己为半个云南人。

山高路远，河流湍急，旅途中难免会遇到些惊悚的场面，好在马约翰老师早就教授过不少救生和应急本领，总能让陈岱孙等化险为夷。

岂曰无衣 与子同袍

长沙临大在岳麓山下的校舍，本是清华产业，当年的修建经费还是很充裕的，前期的工程进度也算从容，设计和施工标准自然不低，细节上毫不马虎，处处都能流露出清华园的气象和风貌，而联大在昆明的新校舍就只能照顾到最起码的功能需求了。

西南联大当局倾全校之力，执着地在昆明买地建房，把大部分散落在城内外各处的临时租用的校舍化零为整，基本上实现了学生集中上课和集中住宿。尽管只是茅屋百十间，清华大学的办学风格和理念毕竟得以体现——北平清华园就是一个相对封闭和自给自足的小环境。

北大师生原本无所谓，在北平时，出了教室就是大街，好多学生都租住在沙滩一带的民房里，不仅不感觉有什么不便，而且相当享受那种自由散漫的快乐生活。但是，今非昔比，这些在大后方读书的学生多半与沦陷区的家乡断绝了音讯，稳定的生活来源就更谈不上了，学校能给解决住房问题，即便每人只有一个睡觉的地方，那也是天大的善政。

不过，联大新校舍的环境实在乏味，而且拥挤，因此学生下课之后还是更愿意夹着几本书到城里的小茶馆自修。茶可以免费续开水，饿了吃个烧饼，一坐便是大半天。

不光在茶馆里，那时的昆明城到处都有联大学生的身影。无论什么样的工作，只要能挣钱，只要不是太过斯文扫地，他们都愿意干。有在政府收发室抄抄写写的，有在公共汽车上卖票的，有在电影院里当同声翻译的（昆明自从西南联大以及俗称“飞虎队”的美国陆军第十四航空队来了之后，渐渐时髦起来，影院也有了好莱坞原版片），居然还有在城门楼子上负责放午炮的。有一次联大赛足球，时间是正午 12 点，这位专管放午炮的仁兄也来了，大家问他怎么有的工夫，他说为了看球就把午炮提前给放了。

昆明人善待联大，他们喜欢这样的“花絮”，他们认为联大使这座城市多了一份天真和率性的书卷气。

云南富滇新银行新滇币拾元，1929 年（来源于公开资料）

联大刚成立时，通货膨胀将至未至，法币还算坚挺。另根据中央与云南的协议，法币一元可兑换滇省内部通行的“新滇币”两元。因此，初来乍到的教授们觉得这地方除了基础设施差了些，工资的购买力比之于战前倒有很大提高，加上云南气候宜人、物产丰富、食物鲜美，小日子过得相当滋润。

之后不久，法币币值开始一落千丈，教授们为了全家不至于挨饿，也要跟学生一样想办法挣外快。文科教授相对容易些。大多数人卖文章给报社赚稿费，会作文言文的替当地富贵人家写墓志铭，擅长书法的便卖字，会刻图章的收入就更高了。这些人的名头都不小，东西一般不难出手。

没有绝技在身的，要么就摆地摊、进当铺，将一路带在身边的藏书藏画、中西古玩乃至家中什物渐渐卖个精光；要么就是由家眷开个小饭铺或者小吃摊，顾客吃过了自己吃。

关于联大教授的潦倒程度，陈岱孙曾经举过一个极端的例子。昆明的烟摊上，有一种最为劣质的纸烟，是将捡来的烟头揉碎，把残余的烟丝收集起来晾干再卷，一支一支零卖。有个穿长衫的每天路过总要买一支，当场点着，几口便抽完，嘴角边全是烟油子，相当享受。有一天摊主实在忍不住问道：“先生是做啥子事的？”穿长衫的答曰：“我是教授。”

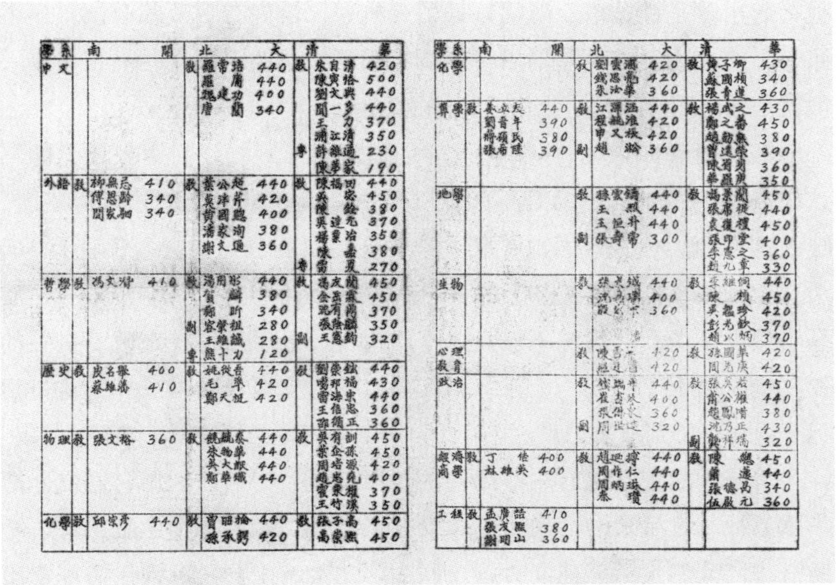

學系	南開	北大	清華
中文		教 羅常培 440 羅庸 440 魏建功 400 唐蘭 340	教 朱自清 420 陳寅恪 500 劉文典 440 聞一多 440 王力 370 浦江清 350 專 許維遹 230 陳夢家 190
外語	教 柳無忌 410 傅恩齡 340 閻家駟 340	教 葉公超 440 莫泮芹 420 黃國聰 400 潘家洵 380 謝文通 360	教 陳福田 440 吳宓 450 陳銓 380 吳達元 370 楊業治 350 陳嘉 380 專 雷夏 270
哲學	教 馮文潛 410	教 湯用彤 440 賀麟 380 鄭昕 340 副 容肇祖 280 王維誠 280 專 熊十力 120	教 馮友蘭 450 金岳霖 450 沈有鼎 370 張蔭麟 350 副 王憲鈞 320
歷史	教 皮名舉 400 蔡維藩 410	教 姚從吾 440 毛準 420 鄭天挺 420	教 劉崇鋐 440 噶邦福 430 雷海宗 440 王信忠 360 邵循正 360
物理	教 張文裕 360	教 饒毓泰 440 朱物華 440 吳大猷 440 鄭華熾 440	教 吳有訓 450 葉企孫 450 周培源 420 趙忠堯 400 霍秉權 370 王竹溪 350
化學	教 邱宗岳 440	教 曾昭掄 440 孫承諤 420 劉雲浦 420 錢思亮 420 朱汝華 360	教 張子高 450 高崇熙 450 黃子卿 430 蘇國楨 340 張青蓮 360
算學	教 姜立夫 440 劉晉年 390 蔣碩民 380 張希陸 390	教 江澤涵 440 程毓淮 420 申又棖 420 副 趙淞 360	教 楊武之 430 鄭之蕃 450 趙訪熊 380 曾遠榮 390 陳省身 360 華羅庚 350
地學		教 孫雲鑄 440 王烈 440 王恒升 440 副 張壽常 300	教 馮景蘭 450 張席褆 440 袁復禮 450 張印堂 400 李憲之 360 趙九章 330
生物		教 張景鉞 440 沈嘉瑞 400 殷宏章 360	教 李繼侗 440 陳楨 450 吳韞珍 420 彭光欽 370 趙以炳 370
心理教育		教 陳雪屏 420 樊際昌 420	教 孫國華 420 周先庚 420
政治		教 錢端升 440 崔書琴 400 張佛泉 360 副 周世逑 320	教 張奚若 450 蕭公權 440 趙鳳喈 380 沈乃正 430 副 龔祥瑞 320
經濟商學	教 丁佶 400 林維英 400	教 趙廼摶 440 周作仁 440 周炳琳 440 秦瓚 440	教 陳總 450 蕭蘧 440 張德昌 340 伍啟元 360
工程	教 孟廣喆 410 張友熙 380 謝明山 360		

西南联大成立初期的教授工资表（部分）

“哎呀，啧啧，做教授好可怜呐。”

外文系的美籍教授温德是个单身汉，没有家眷帮助创收，更不会写字刻章，穷虽穷，但虎背熊腰、酒量惊人，颇有牛仔之风、豪侠之气，在昆明蹚得很开。这样一个人物竟然也遭遇飞来横祸——他两次外出躲空袭（“跑警报”），家中两次被盗贼洗劫一空，除了架上满满的书没人动之外，弄得连衣服都没得换。后来想出办法，托“道上的朋友”弄来两只凶恶无比的猴子看家。

梅贻琦的太太韩咏华组织了几位联大家属，自制出一种糕点，起个名字叫作“定胜糕”（寓意抗战必胜），送到昆明的冠生园代销。她送货时不敢说自己姓梅，只说姓韩。否则，消息传了出去，生意倒是火了，可让夫君的脸往哪儿搁呀。

梅大校长其实不怕丢人。他自奉节俭，无处不为公家省钱，这是闻名已久的事。联大人印象中的梅贻琦似乎永远就是那一袭深灰色长衫（所幸昆明是“春城”，穷书生们大可暂时忘却着装换季之忧）。和他一起出差是桩苦事，明明订好了飞机票，恰好有一班邮政汽车顺道路过，梅校长于是便立刻招呼一行人退了机票改坐邮车，反正出差一般就是在昆明、成都、重庆之间往返，晚也晚不了一两天。

梅贻琦一向认为，“校长不过是率领职工给教授们搬搬凳子的”。这时候，他最大的焦虑是不能让教职员断粮，因为别的还可以凑合，唯独这东西无可替代。他在联大常委会提议按月每户必须保证有160市斤米的粮食供应。起初，联大自行派出各路小分队到乡下采办，质量当然无所谓，数量够不够只能全靠运气。最后是三校在政府机关的校友资源派上了用场，大家各显其能，协力支援母校，总算将这口粮标准勉强维持到战争结束。

清华大学工学院有一些闲置的机器设备，梅贻琦利用它们成立清华服务社（按后来的话说就是“校办工厂”），做点小本生意，旨在补助清华同人的生活。他同时顾念联大、北大、南开，每到年关都拿出服务社的盈余，给大家多发上一个月的薪水。

这种状况终于连教育部都有点看不下去了，民国三十一年（1942年），提出要让西南联大担任院长和系主任职务的教授们享受“特别办公费”待遇（按今天的话说就是“政府津贴”），谁知却被这批人上书谢绝了。他们说：“同人等献身教育，原以研究学术、启迪后进为天职，于教课之外肩负一部分行政责任，亦视为当然之义务，并不希冀任何权利。”

在信上署名、恪守“君子固穷”的教授一共有25位，他们是：冯友兰、张奚若、罗常培、雷海宗、郑天挺、陈福田、李继侗、陈岱孙、吴有训、汤用彤、黄钰生、陈雪屏、孙云铸、陈序经、燕树棠、查良钊、王德荣、陶葆楷、饶毓泰、施嘉炀、李辑祥、章名涛、苏国桢、杨石先、许浈阳。

学生的宿舍由学校提供，至于教授的住房，学校则绝对无力再管，众人只能各谋栖身之所。他们最初还讲究居住环境，后来不仅为了省钱，更要躲避日机轰炸，于是散到昆明城四周的乡下，在黑龙潭、龙泉镇、碧鸡镇、黑林铺等地方安家。农舍很有限，晚来一步，两家共十几口人也许就要挤进猪圈隔壁或者牛棚楼上的一间屋里，中间只以一块布帘相隔。祠堂、和尚庙、尼姑庵、道观，哪儿都住进了人。

周培源一家运气最好，始终能找到好房子。他刚到昆明时和任之恭合租了滇池东岸名叫“马家花园”的一幢小别墅（陈岱孙从蒙自回来，一见大为惊讶），后来又在滇池西边的碧鸡镇租到个两层小楼，距学校远了不少，就买了匹马骑着去上课。陈岱孙也买了一匹寄养在周家，星期天相约一起赶集，驮些生活必需品回来。等到物价暴涨至连草料也买不起的时候，两人就一块儿把马卖了。

冯友兰住在龙泉镇龙头村“弥陀寺”，与中央研究院历史语言研究所同处一院，傅斯年、李济、梁思永、李方桂、董作宾、吴定良、丁声树等人在这里上班。

梁思成、林徽因夫妇也住龙头村，他们在靠近中国营造学社（位于麦地村“兴国庵”）的一个叫“棕皮营”的地方自己动手搭了三间房。不久，原来在北平东城北总布胡同 3 号的后院邻居金岳霖也跟了来（老金在北平时就不愿住清华园而非要和梁思成一家做伴儿），在外面添盖一间住下，这样，“我们太太的客厅”算是又恢复了。

然而好景不长，几个月后，梁家随中国营造学社迁到四川宜宾的李

梁思成和林徽因在昆明龙头村的住所，前排左起，林徽因、梁再冰、梁从诫、梁思成、周如枚、王蒂澂、周如雁，后排左起，周培源、陈意、陈岱孙、金岳霖，摄于 1939 年

庄，老金没法再跟着，唐家花园戏楼大包厢里的铺位已经放弃，被新进来的别人所占，无法再回去，只好住到龙头村另一户居民钱端升的家里。

陈岱孙的威斯康星大学和哈佛大学双料校友、中国通费正清，1942年至1943年以美国战略情报局官员身份兼任国务院文化关系司对华关系处文官和驻华大使特别助理，赴重庆上任，途中在昆明逗留一周。他访问了五六处清华教授的住地，与包括梅贻琦、陈岱孙在内的12名教授进行了深谈。费正清对于这一批“美国在华的投资和财富”“中国接受西方文化教育熏陶的学术界人士中间的精英”目前所面临的“山穷水尽”“濒于灭绝”的困境感到震惊。

费正清离开昆明前，把所有随身物品都留给了这班穷朋友，临上飞机时甚至还脱下了自己的袜子。到重庆后，他在给国务卿的密信中说：“我们竟然没有为援助他们而提出些许解决办法，仅由美国联合援华会（United China Relief）〔3〕干了那么一点工作。……现任教育部部长陈立夫博士，在谋求严密统制中国文化知识界生活的进程中，长期以来想方设法推行控制清华以及其他大学的办学方针，然而在清华大学各院系里，他遇到了留美归国而资历较深的教授们的极其明确而坚决的抵制。……我们曾明白宣布我们投入当前这场自由与专制的全球性战争，如果承认在这场全球性战争中，中国也是一个战场，那么显而

---

〔3〕美国联合援华会：

美国联合援华会是《时代》杂志创办人亨利·鲁斯（Henry R. Luce）于1941年2月创立、旨在整合美国民间力量支持中国抗战以及统一美国各地援华募捐活动和统一提供援华经费的组织，成立次年即募得700万美元。该会的团体会员有：美国公谊服务会、中国战灾难童委员会、美国医药援华会、中华基督教大学联合董事会、美国援华会、美国对华急救委员会、美国教会对华救济会、中国工业合作协会美国委员会等。该会章程规定，其救济对象“纯为中国人民，绝无党派和宗教之分”。

美国联合援华会会址设在纽约市，在各州均设有地方劝募委员会。该会于1942年在重庆设立驻华办事处，接受中国各方面有关救济事宜的申请。1943年6月，美国建立了全国战时救济基金会，美国联合援华会加入了这个组织，从此，该会不再组织劝募活动，它的经费来源主要靠全国战时救济基金会的拨款。抗战胜利后，该会驻华办事处由重庆迁至上海。

易见，由于我们未能及时地援助这些人，致使美国在参与这场斗争的记录中留下了一个可耻的污点。”

费正清在信里说的美国联合援华会所干的“那么一点工作”，是指这个民间组织会定期汇款或者干脆寄个包裹到美国驻昆明的领事馆，里面有自来水笔、金表、西药等黑市上的抢手货，由领事馆转交清华出身的知识分子变钱度日。陈岱孙信誉好，威望高，年富力强，没有家累，加上所住的戏楼就在领事馆隔壁，于是义不容辞地担负起领取和分发的任务。

这差事一干就是好几年。一天，陈岱孙收到梁思成从李庄的来信。

岱老：

前些日子接到老兄汇来一万二千元，救了一个急。前日我们忽得了一点意外的接济，手边松了一点。因想昆明的穷朋友们也许有需要接济的，故现在汇上一万二千，请老兄分配。别人我们不知，熙若（注：张奚若）一定窘之尤者也。又烦老兄做 agent 一次！对不起。

老金的那两个手表若尚未卖出，请（在将开参政会之时）托人带重庆交傅孟真（注：傅斯年）带给我。最近在宜宾打听得知手表在宜宾销路尚好，价亦比昆明重庆略高，不妨在此一试也。或留一个在昆明售出，寄一个来。……

弟 思成　五月二十二日

两个多月后，林徽因又有信追过来。

岱老：

……日子过得真快，再冰（注：梁、林夫妇之女梁再冰）一病也就三星期，这一波未平时便又被从诫少爷（注：梁、林夫妇之子梁从诫）将了一军：原来重庆清华中学招生就在七月廿九。一切迫在眉睫，于是老子连孩子本人都临时抱起佛脚，请了先生补补温温。此外做母亲的便找女工来为小学生赶制蚊帐及衣服！这年头买不起布，所以便拆了这件变成另一件，居然在十日之内穿的、盖的、用的一切也都有了几件可以拿出去洗而不会立刻破成碎段的。这在我们家庭中已是桩很吃力的事。那时又正是寒暑表到了九十几度（注：摄氏三十多度）的时期。大家出钱的出钱，出力的出力，而又都出了汗。

这也都是说我们未写回信之“尚可原谅之处”，想必理会得到。我们的确很惨，也很懒，也很可原谅的忙不过来。

上次寄回款的原故是因为我们骤然收到两三处给我们接济，一时感到过于阔绰及自私，所以先寄还你那边接济其他需款之尤急者。这次如果寄来，则我们不但自当接受，并且也大有需要。儿子上学，爸爸送去，这一下子是去了全部可动之财产。所以当日之阔绰情形已成过去。而今后之穷酸情形正在侵入中。

两只金表之从重庆转到李庄，大家检查观摩叹息了，但亦尚未卖出。原来还是个十九钻石者，真可惜外貌之不扬若是。思公（注：梁思成）带了一个到重庆，预备如果临时有在陈之忧时出脱，另一个在宜宾候主顾。一切又都该向你道谢也道歉，请你别烦厌这重复的几句话。思公七月廿七到达重庆的，忘了说了……

徽因谨签名于此了 八月五日

这封信也许会颠覆今人许多从肥皂剧中得来的关于林徽因的印象，不过没办法，居家过日子的林徽因就是这样一位平凡的母亲、一位爱唠叨的主妇。

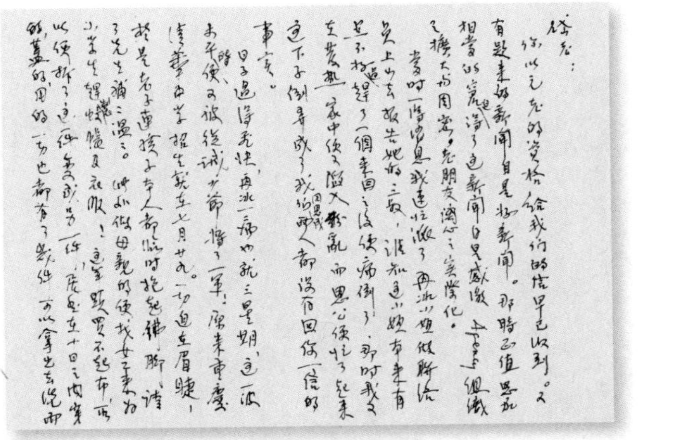

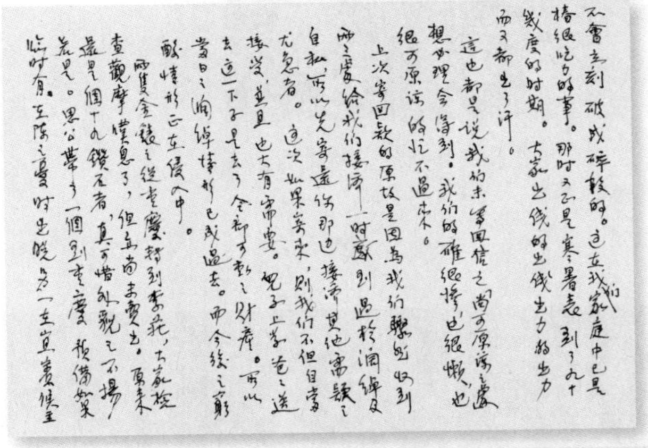

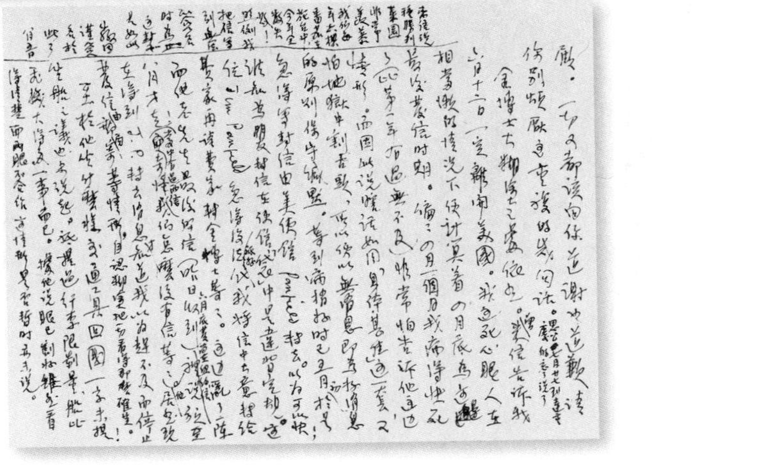

林徽因致陈岱孙信。似写于 1944 年

（左起）周培源、梁思成、陈岱孙、林徽因、梁再冰、金岳霖、吴有训、梁从诫在昆明，摄于 1939 年

（左起）潘光旦、陈福田、王蒂澂、陈岱孙、沈履在昆明，摄于 1940 年前后

吾校庄严（之三）

民国三十四年（1945 年）8 月 15 日，日本宣布无条件投降，抗战结束了，联合大学照理说也可以结束了。

但由于平津地区各大学校园被日军破坏得十分凄惨，需要时间修缮，加上当时几乎半个中国都在忙着搬家，交通工具极其匮乏。鉴于这些情况，9 月 20 日，蒋中正亲临由教育部召开的全国教育善后复员会议，要求各校不要匆忙搬移，“准备愈充足愈好，归去愈迟愈好，政府不亟亟于迁都，学校也不应亟亟于回去”。于是，联大决定推迟北返，在昆明多上一学年的课。

同时，三校各自派出人员先回平津接收校园、整理校产。11 月 7 日，清华大学第五十八次校务会议通过决议，成立（北平）校产保管委员会，委员五人：经济学系教授陈岱孙、外文系教授陈福田、化学系教授张子高、哲学系教授邓以蛰、庶务主任毕正宣（注：邓以蛰后改任教育部平津区特派员），以陈岱孙为主席。陈岱孙离开昆明后，西南联大经济学系主任兼商学系主任由北大教授赵迺抟继任。

民国三十五年（1946 年）5 月 4 日，学年结束。7 月 31 日，梅贻琦主持最后一次常委会，国立西南联合大学至此成为历史陈迹。

联大临走时，把在民国二十七年（1938 年）8 月增设的师范学院，连同联大全部自有校舍，一并留下送给云南省，改为国立昆明师范学院（今天的云南师范大学）。

5 月 4 日，西南联大在图书馆前举行最后一次结业典礼，典礼结束后，众人又来到校园后山（今云南师范大学校园东北角）举行一座纪念碑的揭幕仪式。

石碑正面由中文系教授闻一多篆额——“国立西南联合大学纪念碑”，碑文由哲学系教授冯友兰撰写，中文系教授罗庸书丹。

背面由中文系教授唐兰篆额——“国立西南联合大学抗战以来从军学生题名”，列出西南联大抗战时期834位从军学生的姓名，由联大校志委员会编纂，数学系教授刘晋年书丹。

1989年5月4日，北京大学复制此碑立于校园。

2007年10月27日，清华大学复制此碑立于校园。

2009年3月13日，南开大学复制此碑立于校园。

纪念碑正面碑文共1178字（原文无标点）。其中有一句“昆明本为后方名城，自日军入安南、陷缅甸，乃成后方重镇”，句尾的“后方重镇”如果改为“前方重镇”，似乎意思上更通顺，读起来也更上口。当初联合大学筹划建碑，从有此一议到落成揭幕，时间不足两个月。一字之误，瑕不掩瑜，正好反映出联大结束、三校复员前夕校内忙碌和紧张的气氛。石匠刻字，一般是不大会出错的，错在撰稿人冯友兰的可能性比较小，罗庸教授在抄写时发生笔误的可能性比较大。

经笔者冒昧更改一字后的国立西南联合大学纪念碑碑文，全文如下：

中华民国三十四年九月九日，我国家受日本之降于南京。上距二十六年七月七日卢沟桥之变，为时八年；再上距二十年九月十八日沈阳之变，为时十四年；再上距清甲午之役，为时五十一年。举凡五十年间，日本所鲸吞蚕食于我国家者，至是悉备图籍献还。全胜之局，秦汉以来所未有也。

国立北京大学、国立清华大学原设北平，私立南开大学原设天津。自沈阳之变，我国家之威权逐渐南移，惟以文化力量与日本争持于平津，此三校实为其中坚。二十六年平津失守，三校奉命迁于湖南，合组为国立长沙临时大学。以三校校长蒋梦麟、梅贻琦、张伯苓为常务委员，主持校务。设法、理、工学院于长沙，文学院于南岳，于十一月一日开始上课。迨京沪失守，武汉震动，临时大学又奉命迁云南。师生徒步经贵州，于二十七年四月二十六日抵昆明。旋奉命改名为国立西南

1941年4月，清华大学30周年校庆，清华大学校务会议成员在昆明迤西会馆合影，左起，施嘉炀、潘光旦、陈岱孙、梅贻琦、吴有训、冯友兰、叶企孙

联合大学。设理、工学院于昆明，文、法学院于蒙自，于五月四日开始上课。一学期后，文、法学院亦迁昆明。二十七年，增设师范学院。二十九年，设分校于四川叙永，一学期后并于本校。

昆明本为后方名城，自日军入安南、陷缅甸，乃成前方重镇。联合大学支持其间，先后毕业学生二千余人，从军旅者八百余人。河山既复，日月重光，联合大学之战时使命既成，奉命于三十五年五月四日结束，原有三校即将返故居、复旧业。缅维八年支持之苦辛，与夫三校合作之协和，可纪念者盖有四焉：

我国家以世界之古国，居东亚之天府，本应绍汉唐之遗烈，作并世之先进。将来建国完成，必于世界历史居独特之地位。盖并世列强，虽新而不古；希腊罗马，有古而无今。惟我国家亘古亘今，亦新亦旧，斯所谓周虽旧邦其命维新者也。旷代之伟业，八年之抗战，已开其规模，立其基础。今日之胜利，于我国家有旋乾转坤之功，而联合大学之使命，与抗战相终始。此其可纪念者，一也。

文人相轻，自古而然。昔人所言，今有同慨。三校有不同之历史，各异之学风，八年之久，合作无间。同无妨异，异不害同，五色交辉，相得益彰，八音合奏，终和且平。此其可纪念者，二也。

万物并育而不相害，道并行而不相悖，小德川流，大德敦化，此天地之所以为大。斯虽先民之恒言，实为民主之真谛。联合大学以其兼容并包之精神，转移社会一时之风气，内树学术自由之规模，外来民主堡垒之称号，违千夫之诺诺，作一士之谔谔。此其可纪念者，三也。

稽之往史，我民族若不能立足于中原，偏安江表，称曰南渡。南渡之人，未有能北返者：晋人南渡，其例一也；宋人南渡，其例二也；明人南渡，其例

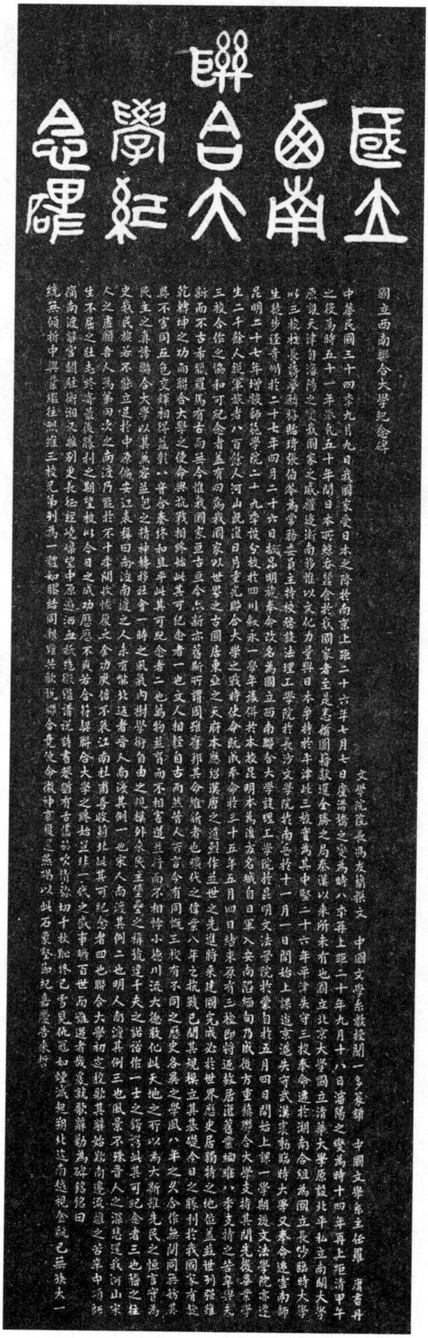

国立西南联合大学纪念碑正面碑文

三也。风景不殊，晋人之深悲；还我河山，宋人之虚愿。吾人为第四次之南渡，乃能于不十年间，收恢复之全功，庾信不哀江南，杜甫喜收蓟北。此其可纪念者，四也。

联合大学初定校歌[4]，其辞始叹南迁流离之苦辛，中颂师生不屈之壮志，终寄最后胜利之期望。校以今日之成功，历历不爽，若合符契。联合大学之终始，岂非一代之盛事，旷百世而难遇者哉！爰就歌辞，勒为碑铭。铭曰：

痛南渡，辞宫阙。驻衡湘，又离别。
更长征，经峣嵲。望中原，遍洒血。
抵绝徼，继讲说。诗书丧，犹有舌。
尽笳吹，情弥切。千秋耻，终已雪。
见仇寇，如烟灭。起朔北，迄南越。
视金瓯，已无缺。大一统，无倾折。
中兴业，继往烈。维三校，兄弟列。
为一体，如胶结。同艰难，共欢悦。
联合竟，使命彻。神京复，还燕碣。
以此石，象坚节。纪嘉庆，告来哲。

1987 年夏，既是抗战全面爆发五十周年纪念，又是长沙临时大学成立五十周年纪念，也是陈岱孙离开北平、远赴国难的五十周年纪念。在西南联大校友们的集会上，陈岱孙发表演讲，他说道：

“联大的实体已不复存在，前无古人，后无来者，我们联大师生是否常有这种遗憾？其实，这种遗憾可以不必有。

---

〔4〕**西南联合大学校歌（冯友兰词，调寄满江红）：**

万里长征，辞却了五朝宫阙。暂驻足衡山湘水，又成离别。绝徼移栽桢干质，九州遍洒黎元血。尽笳吹，弦诵在山城，情弥切。

千秋耻，终当雪。中兴业，需人杰。便一成三户，壮怀难折。多难殷忧新国运，动心忍性希前哲。待驱除仇寇，复神京，还燕碣。

过去是不可追的，时间是不会倒流的。作为特殊历史条件下的特殊历史产物，西南联大这样屹立于民族国家危亡中的流亡大学，历史也绝不允许它有后来者。所以我们不必觉得有什么遗憾。

西南联大，是否只有历史成绩而没有实体呢？

我们就站在这个地方，这就是西南联大的实体。

衷心希望，在联大之后的其他各校，包括北大、清华、南开、云南师大所培养出来的学生，比我们联大培养的更好。中国教育事业的成果如何，决定着我们国家的命运如何。我们有这样的宏量与愿望，希望继联大以后的各高等院校，超过西南联大。”

此恨绵绵

民国二十六年（1937年）“卢沟桥事变”发生时，清华大学正值暑假，大部分学生在外军训或实习，四年级已毕业学生为找工作或准备考研的有两百余人留在校内，教职员除少数南下参加庐山谈话会以及外出旅行者外，大部分留在校内。

7月29日，北平沦陷，传言日军将进入清华园搜捕抗日救亡分子，学生于是大批离校，教授亦纷纷将家眷细软送入城内，校工则领遣散费（两个月的工资）回家。

8月中旬，清华奉教育部之命南迁，同时成立保管委员会保护校产。为使日军有所忌惮，教授们特意选出两位人高马大、金发碧眼的外籍同事——外文系温德（R. Winter）、历史学系噶邦福（J. J. Gapanovich）——参加保管委员会。但是，这一点儿用也没有。

9月12日，日本宪兵来校。校长办公室、秘书处、庶务科、学生自治会会所、外籍教员住宅均被搜查，学生自治会及噶邦福教授住宅被查封。

10月3日，日本特务机关人员及竹内部队长来校“参观”，临走前将土木工程学系图书、气象台图书，以及若干仪器、打字机、（机械式）计算机等，用卡车装走，这是日军公然劫掠清华财物之始。从此每天“参观”，每天攫取，保管委员会交涉无效。

10月13日起，日军牟田口部队开始强占校舍。陆续占据工学院、办公楼（一院）、工字厅、甲乙丙各所、女生宿舍（古月堂）、二院、大礼堂等处。保管委员会人员被逼退至男生宿舍（四院）。

民国二十七年（1938年）1月20日，日军要求进驻科学馆、生物馆、化学馆，保管委员会交涉无效，于2月初被迫搬完。继之，日军复强令校内员工一律迁出校门，保管人员退驻照澜院。自此，校门以内情形便不堪言问。

8月中，日军驻清华园部队超过三千人，又将各处住宅悉数占去。保管委员会无处容身，也无任何校产再可保管，遂撤离，人员星散。

不久后，图书馆、北院、三院、明斋、新斋、善斋等，尽被日军用作伤兵医院——“第一百五十二兵站病院”，新体育馆用作伙房，体育馆、生物馆用作马厩及粮库，新林院各家小院用作“俱乐部”（即“慰安所”——随军妓院）。各馆的图书仪器被任意取用（工学院全部机器被运往南口修理厂以供日军修理军械）以及携出变卖，不会用、不好卖、搬不动的，则随意抛弃或者干脆付之一炬。

图书馆书库内的藏书，有四万多种被日伪各单位瓜分，各种中文期刊悉遭焚毁，其余超过二十万种中西典籍被划拨给了伪北京大学。钢质书架（每列十格，每格钢板七层十四块），伪近代科学图书馆分得十列，伪新民会分得三列，伪北大取走十八列以及全部目录柜外加六千多个书档。

抗战期间被日军改作伙房的清华体育馆
摄于1945年11月

图书馆被改作伤兵医院本部。大阅览室为普通病房，研究室为将校病房，书库、办公室则为手术室、诊疗室、药房之类。手术室地面凿有大洞，用以向地下室倾倒秽物。

民国三十二年（1943年）秋，梅贻琦亲手核定各院系以及行政部门汇总来的清华大学战时损失统计表。截至制表时为止，清

抗战期间被日军改作伤兵医院的清华图书馆
摄于 1945 年 11 月

华校产损失法币 4,876,869,400 元（合战前币值 24,384,347 元，按贬值 200 倍计算），教职员个人财产损失法币 189,951,800 元（合战前币值 994,759 元，按贬值 190 倍计算）。这是根据教育部的要求而上报的估算数字，完备性和准确性是不大谈得上的。即使当时有条件作精确统计，这笔账也不是可以用金钱数目来衡量的。

民国二十九年（1940 年）夏，日军华北派遣军在清华大礼堂外广场举行第二届全华北军犬比赛大会。数十名中国战俘和平民，被日军华北各部队选送参赛的、专用“中国人肉”喂养出来的“优秀”军犬活活咬死，血流成河。裁判官宣布的本届最好成绩为三分钟。

伤兵医院经常强捉中国人进入手术室，“利用”他们的鲜血、皮肉，甚至内脏，供皇军伤员手术所需。被“利用”后的中国人的尸体有不少被埋在原回民食堂附近、化学馆附近、气象台旁、生物馆后小河沿、“荷塘月色”西南的山坡等处，或者直接送进专设于图书馆后面煤场中的焚尸炉。

战争期间留在北平的清华工友也各有一部血泪史。大礼堂的阎长海嘴被打歪；校卫队的田玉丰被绑在树上饿过三天三夜，还给打得死去活来；明斋锅炉房的徐锡增被打得浑身青紫，奄奄一息，还让日军宪兵队拉到颐和园陪斩两次；杜永宽因为不肯向校门口的哨兵敬礼而被刺刀挑死；另有两人从校外抓回，被强制一再抽血，终至死亡。

抗战胜利后，民国三十四年（1945 年）11 月 26 日，（北平）校产保管委员会主席陈岱孙、土木工程学系教授王明之等飞返北平（与先期到达的邓以蛰、陈福田、张子高会合），梅贻琦同机前往清华园视察。飞机降落前在西苑机场上空盘旋，他们凑在一侧的舷窗边向外俯瞰，等飞机转过方向，又急忙挪向另一侧，接着往下看。眼见满目疮痍、毫无生气的校园，人人面容肃然，心如刀绞。

汽车开出机场，驶上西北郊的乡间公路。战后北平的冬天，万物萧瑟。梅贻琦、陈岱孙一行端坐车内，静默不语。

车身一震，已是在清华大学校门口停住，梅贻琦将沉思中的陈岱孙唤醒："岱孙，吾们到家了。"几人鱼贯而下，站定。邓以蛰、陈福田、张子高已在门前等候，两拨人会合，相互一一握手致意。

"国立清华大学"竖匾被擦得干干净净，已经高悬在校门右侧立柱上，与之并列的是"第百五十二兵站病院"的牌子。校门两边各有一座日军在战争期间修建的碉堡，仰望门头，荒草丛生。日军医院院长、陆军军医大佐金光三郎带领两三随从，身着便装，光着脑袋，上前鞠躬致礼。礼毕，见众人没有和他握手的意思，于是退避一旁。

俯瞰劫后清华园。摄于 1945 年 11 月

梅贻琦、陈岱孙等接管清华大学，在校门口举行升国旗仪式
摄于 1945 年 11 月

一名职员缓缓摇动留声机的手柄，待唱盘转起，将唱针轻轻放下。全体肃立。

国歌奏响，国旗升起。经过八年离乱，清华园终于又回到了清华人的手中。

简短的仪式结束后，梅贻琦、陈岱孙一行缓步走进校园，悲愤而庄严。

路的两旁聚集着在北平熬过了八年亡国奴岁月的清华老职员、老校工。他们在见到久违的梅校长、陈院长时，泪如雨下，泣不成声。

陈岱孙主席

东风不与陈郎便

日本宣布无条件投降后，国民政府立即制定《行政院各部会署局派遣收复区接收人员办法》，向各大城市派出接收委员或特派员，接收敌伪资产。这班家伙苦了八年，人人视接收为千载难逢的发财机会，到了收复区后干脆就是“劫收”，所作所为十分不堪。用蒋中正本人的话说，便是“恣意游宴，崇尚浮华，一掷万金，视若尘土，而其私邸，壮丽无伦，陈设铺张，备极奢靡，甚有私藏日妓，纵欲闺房，鸩毒自坏，罔知其害”。

对于人性的弱点不是光靠骂娘就能改变的，收复区的百姓反正只知道，中央对日抗战，抗到最后竟成了和日本鬼子同样的货色。

不过，接收大员里也有少数穷的，陈岱孙就是一个。

“（北平）校产保管委员会”是清华校内的一个临时办事机构，担任这个委员会的主席是学校赋予陈岱孙的一项使命。同时，陈岱孙另有一个由国民政府教育部颁发的对外官方身份——“国立清华大学接收委员”，他因此成为一名货真价实的接收大员。

陈岱孙握有“国立清华大学接收委员办事处”关防，理论上有权直接从日军有关单位手中接管清华园一切财产，包括缴获对方除了枪炮弹药以外的装备、被服等一切物资为战利品，以及命令其在规定时间内集结并在国军看押之下滚出校园。

民国三十四年（1945 年）11 月，保管委员会很快组织起来，有三十

右授受ス
民國三十六年二月 日
授者 第百五十二兵站病院長 陸軍軍醫大佐 金光三郎
受者 國立清華大學保管委員會 主任委員 陳岱孫

日方代表、陆军军医大佐金光三郎与中方代表、国立清华大学校产保管委员会主席陈岱孙，关于交接清华园而共同签署的《土地建物授受证书》签字页（清华大学档案馆提供）

来名正式工作人员。昔日的职员、工友，凡有来归者，无论老少，宅心仁厚的陈岱孙都给安排工作，恢复各自原职。

清华园内等待遣返的日军医院原有5596人。其中，伤兵4241名，至12月23日共被遣送回国3661名，余580名；职工1355名，至12月23日共被遣送回国731名，余624名。接收与遣返开始后，日方首先让出了万泉河以南的部分校舍，双方划河为界。保管委员会人员在白天工作之余，每晚分批值班，在防区巡逻，与日军士兵隔河相望。

11月3日，保管委员会接收工字厅、怡春院、古月堂、西北院、甲乙丙三所、成志小学（清华大学附属小学）；11月30日，接收新林院、照澜院、机械馆、土木馆、水力馆、电机馆、航空研究所、一院、二院、老图书馆；第三批接收新图书馆、科学馆、生物馆、大礼堂、静斋。

移交时，所有各处室内设备破坏殆尽，家具物品荡然无存。卫生设备或遗弃不用，或悉数被毁，一律改为日式洋灰大小便池槽，上下水管道全部破坏，凌乱不堪。

工字厅、二院一切室内外装修损坏甚多，室内均被拆改，加装了日式榻榻米木床，暖气残缺不全。甲乙丙三所、怡春院、成志小学门窗、地板、墙壁均破败不堪。

各院住宅，以西院、北院、照澜院破坏特别严重。新林院春润庐只剩一片瓦砾，其他建筑外表还算整齐，但室内早已面目全非。

机械馆、土木馆、水力馆、电机馆、科学馆、生物馆、航空研究所、一院外观尚好，但室内设备全无。

园内树木被伐去甚多，钟亭、铜炮、日晷盘已被日方窃去。

校内图书无有遗留。

至 12 月 31 日，日方待遣返人员总数又进一步减少至 604 人。这时候，除明斋、新斋、三院、北院、新西院、体育馆继续为日军医院占用外，保管委员会已将其他校舍基本接收完毕，正在逐步进行彻底的消毒和清理，以备天气转暖时大加修缮。如果工作按照这样的进度向前推进，那将是颇为理想的。

岂料好事多磨。不是日本人不配合，而是国军手太长。

12 月 14 日，国军后勤司令部派士兵 24 名，以保护蒋委员长驻跸颐和园为名进驻清华园，事后又以保护仓库为名，继续留驻。

一个很不好的兆头。

果然，来年 1 月 13 日，后勤司令部第五补给区传达国民政府军政部指令，“为日军伤兵便利计”，要推迟遣返计划，并将清华大学目前仍为日方第一五二兵站病院占用的校舍续借三个月。这部分校舍（其中有的已经履行过移交手续，但日方尚未及腾出）包括：

三院，日方本部及病房；

新斋，女看护宿舍；

善斋，职工及士兵宿舍；

新西院，随军家属住宅；

新图书馆，手术室及外科病房；

明斋，诊疗室及内科病房；

北院，将校军官宿舍及杂物仓库；

新体育馆，伙房；

体育馆，马厩及粮库；

校医院、同方部等，被服仓库。

国军此举，是以宽待日本人为借口而拖延时间、另有所图。1月26日，后勤司令部第五补给区卫生处派第一科科长郭沛霖来到清华，强行接收日方第一五二兵站病院，并就地将其改编为后勤司令部第三十八兵站病院，院长一职即由郭某兼任。1月29、30两日，日本伤兵被全体迁走，留下日方职工四百余人为国军效力。

日本人搞不清楚中国人内部的事，只知道服从更强势的一方，于是，从此不再向保管委员会移交物资，不再派人为校方出工干活。

第五补给区声称清华园内的一切日方物资均要听从其发落，保管委员会为争回物资接收权，则在交涉中明确表态，根本不承认那个鸠占鹊巢的所谓后勤司令部第三十八兵站病院。鉴于交涉对象是本国军队，不是日寇，不能撕破脸皮，所以保管委员会一边采取“公事私谈”的方式，有话好好说，一边通过梅贻琦致电参谋总长何应钦，要求军方遵守教育部指令，让校方接管一切物资。何应钦复电表示同意。

接到消息，陈岱孙兴冲冲跑去第五补给区准备办理移交手续，谁知对方却借口从来没有收到过何总长的任何命令，根本不与他商量。

秀才遇见兵，有理说不清。陈岱孙嘴皮子磨破，仍然一筹莫展。拖到2月底，他只好再次给梅校长写信求援。“与第五补给区在校内之交涉，至今仍是无进展，区方面仍是口口声声以一切应由他们接收再发还清华。何敬之（注：何应钦）先生前复先生之电，区方总说未曾收到，故卫生器材要，被服要，凡是没有油漆之床桌椅要，交通工具、马牛木料、煤也要，而言语之间日人所修之 tatami 木料亦认为应为彼接收。在校病院主持者为郭某，此外有一军需主任廖某——此人态度甚坏，一切接收事俱归其管，其现在作风，就是迁入校内，直接向日人接收物资，接收后，即认为他们已接收，我们无权过问，以后他们走时，自是一切运去也。现在他们一个藉口就是，何总长之令未曾收到。如何总长在渝，不知先生能否抽空与之一会，告以前此之电，学校方面收到，而北平军政郭特派员未曾收到；可否请其再来一电与五补区——仍照原电之意——以便再与交涉也。”

这时候，陈岱孙对于物资的要求已经十分可怜。“现在我们并不多

国立清华大学接收委员、（北平）校产保管委员会主席陈岱孙在设于北平城内骑河楼的清华同学会办公，摄于1946年2月

要东西，只要所有家具（白木床应有两千余，我们可让他们取一千），被服则于毯子（共一万六千余条）中我们只要已为我们保管者两千余条，被单三百余条，乳牛二十余头，已接收之大小汽车五辆而已。其余物品在可有可无之列。惟若何先生能再来一电，切实说一切普通物品由校接收，或可藉塞军需人员之口也。”

第五补给区在占有了清华园内全部医疗器械和药品、大部分车辆和被服之后，继续得寸进尺，为了长期赖着不走，从2月初开始，将国军伤兵陆续运了进来。清华大学立即致电第五补给区司令部以及国民政府军事委员会委员长北平行营主任李宗仁，要求军方尽快迁出，以免“滋生误会”，“敝校自敌人盘踞八年有余，破坏特甚，修缮维艰。又复员期迫，刻不容缓”。李宗仁复电，指示“从早结束38兵站病院，勿再驻用校址”。

李长官的话，同样无人理会。

国军指挥系统的运作不是本书的研究范围。不过，从清华大学校舍接收这件在当年属于不大不小的事情来看，连何应钦、李宗仁这等统帅级人物都奈何不了军内一个小小的基层既得利益集团，不难理解日后国军在内战战场上何以如此迅速地溃败，致使大好江山在胜利光复之后不到三年便再度易手，更不难理解蒋中正在败退台湾后曾沉痛地总结道，国民党在大陆之亡，实亡于接收。

国军在清华，可谓校园的又一场灾难。[5]

“自受伤国军进园以来，秩序紊乱，满园伤兵，毁门破户，寻找便宜，随地便溺乃平常事，白昼‘拉扯’日本女看护亦时时得见。物资携出大门，‘三八’（注：指后勤司令部第三十八兵站病院，下同）亦不敢管束。”

“煤块缺乏，‘三八’尽取木料以代之。”

“官兵任意攀折花木劝之不听，与其长官交涉虽允下令禁止仍属无效。”

---

〔5〕**清华大学自抗战爆发至战后复员，北平校园所遭受的三次破坏：**

本校校舍共经过三度之破坏。

第一度之破坏：本校各建筑物在日本未正式占领前一度曾为附近人民所破坏，所有轻便可以拆携之物件如五金零件、玻璃、电灯、电线，墙壁上之磁砖、电开关、纱门纱窗、水落铁管及地板缸砖等等损失不少。一部分之住宅因此只存留房顶及砖墙而已。

第二度之破坏：日军驻入后改为伤兵医院。各大楼全部改为伤兵宿舍，隔断拆去成大病房，各实验室之设备全部拆除，实验桌锯改为小桌凳，水管、煤气管、电力线、交流直流电线管、空气管及通风管等全部锯断、压扁，用洋灰垫埋。新式卫生设备全部被毁，改成日本式浴池及厕所。各宅地板改装榻榻米。其他如图书馆大书库改为大手术室，体育馆前部改成马厩，后部改成大厨房，内部设备如桌凳柜橱及未带走之仪器、书籍及机器等全部无存。但因其住用较久，电灯五金等曾作简单之修复。

第三度之破坏：三十四年冬季，中国军队及兵站医院借用后，因管理不善，以致各暖气设备全部被毁，水管全部冻裂，地下室锅炉房积水深达七八尺。至三十五年七月十五日伤兵医院迁出时，各房舍电气电话卫生暖气五金设备全部无存矣！属于医院用之家具全部搬走后，清华原有之家具只存什一而已。故冯友兰先生有“四壁皆空”之称。但事实上非但四壁表面已空，即壁内管子电线亦皆被抽空或破坏矣！

——录自清华大学（北平）校产保管委员会工程委员会主席、
土木工程学系教授王明之所撰《复校修建概述》

面对这样的烂军队，滞留在此的日本人也忍无可忍。无论一开始是被强迫的还是自愿的，他们全体向“三八”请愿，要求获得放行，早日回国。

4月，后勤司令部第五补给区将霸占清华园的伤兵医院的番号从“三八”改为“六〇”。改头换面之后，管理更为混乱，态度更为蛮横。

及至5月上旬，校园内的日本医护人员仅剩53人，中国伤兵仅剩2人，但“六〇”仍无迁让之意。迫不得已，清华大学只好将军方的行径公布于众，并向全社会呼吁，“甚盼其能本维护教育之旨即行迁让，不再延宕，否则不惟摧残教育，责有攸归，而军令不行，纪律何存？”又拖到7月15日，“六〇”实在没脸赖下去了，只好离开清华园。

国军是以强盗打劫得手的方式迁出清华的，陈岱孙记录下了那天的场面：“六〇医院于七月十五日迁毕，宿舍及河北（注：万泉河以北的校舍）各处器物余者无几。经行营（注：国民政府军事委员会委员长北平行营）交涉，留下木床三百、铁火炉二百余，室内电线、灯泡零星之物完全拆毁，损失不赀。大搬运时卡车上架机枪闯门而出，校警加以阻止，几生事端。一星期前有陆军医院来运余留之大锅炉，因太重，借美军车代运，美车入校未得许可，直开三院前，车上附有高架起重机，将沿路电灯电话线全碰断，到三院后车陷泥潭，美军派开山机Bulldoger来救，未得入清华园之门，为陆军医院包工拆运之工头带其从西院南院门（本钉死不开者）开进，将门及围墙开倒冲进。校内电告城内，当由（陈）福田、（毕）正宣二先生往美军交涉，经其派军官同赴校调查，调查结果，美军认歉，将一切之车开走，不再代运。下午陆军医院（非六〇医院）亦派人来道歉，

国军卡车驶出清华园，摄于1945年11月

此事暂告一段落，惟锅炉如何处置尚未定。”

陈岱孙打算利用国军祸害清华这件事做做文章，8 月 6 日，他函告梅贻琦：“昨晤傅孟真（注：傅斯年）先生，云清华可以此七八月继续破坏为理由向教（育）部要款。盖非常催迫，恐不会自动多拨，今有此理由正好利用。京沪各报亦已登载园内为驻军破坏情形严重，非我校之私言。此即请先生考虑，似不妨先以一简单代电与教（育）部，请求加修建费，至少不至将前此请求之数再加核减也。”

梅贻琦接到陈岱孙的信，马上发电报给教育部，要求“将本校修建费再予追加十亿元，并请先即拨发五亿，以便即日着手修复”。

10 月 3 日，原国民政府军政部部长兼后勤总司令、时任参谋总长陈诚向梅贻琦转发了第五补给区司令耿幼龄的电报原文，称：“手谕奉悉，查清华复校所需物资，除校方迳向日军接收原一五二病院之毛毯、被服、汽车、营缮材料、家具等物品外，已按其需要饬再拨给草垫、木床、铁炉等项，经与清华总务主任何汝楫君面洽，认为满意。惟该院（注：‘三八’及‘六〇’）王副官及士兵等移运物资，尝与校方人员发生争执，行为确有不检之处，该院长郭沛霖统御无方，已予记过，副官王永顺亦予免职，士兵均分别惩戒，校方已无异议。”

取得这样一个结果，不知梅贻琦、陈岱孙走了何等门路，又打通了多少关节。

所谓故国者 有世臣之谓也

经受了过去七个月的干扰，清华校舍修缮工作进行得十分艰难，但一刻也没有停止。战后重建时期的北平，工料皆极昂贵，好在法币在收复区的贬值速度比大后方要慢个一拍半拍，陈岱孙怕夜长梦多，于是从民国三十五年（1946 年）新年一过就开始招标、备料，气温一解冻就全面开工。他来不及和施工单位过多讨价还价，一旦谈妥，立刻签约，严格依进度付款，只求工程保证质量、按期完成。经费虽少，时间更宝贵。

教育部原计划拨给西南联大三校的复员费（不含交通运输费用），

北大十亿，清华十二亿，南开八亿。而根据梅贻琦此前开列的最低预算，法币比战前按贬值2000倍计，清华修理校舍至少需六亿八千万元，添置家具设备至少需三十五亿元，购买图书仪器至少需十亿元外加一百万美元（当时约合法币七十亿元）。教育部的拨款可谓杯水车薪，只能优先用于校园整修工程，其余的则必须另想办法。

钱这东西，如果不去催讨，是绝不会自己跑来的。于是，梅贻琦、沈履等人就常去重庆，到教育部催要拨款，每拿到一笔，立刻汇往北平。清华园里，陈岱孙则是每收到一笔就立刻安排兑换成黄金或美元以求保值，待到有支出需要时再兑换回来。陈岱孙随身带着个小本子，上面记着账目的大数和当日各种牌价，尽是长串的阿拉伯数字，有不计其数的“0”。

保管委员会接手的时候，据内行人估算，图书馆、体育馆、大礼堂、化学馆、生物馆、气象台、电机馆、土木馆、机械馆、水利馆、航空研究所、一院、二院、工字厅、古月堂、校医院的损坏达40%，甲乙丙三所、新林院、新西院损坏50%，三院损坏75%，照澜院、西院、北院损坏80%。

陈岱孙一周工作七天，事无巨细，从进料验货到工程验收，均亲力亲为，按照“（一）住宅；（二）宿舍；（三）图书馆、教室、实验室、水电厂、体育馆；（四）其他”的次序，数月之间，各处建筑、门窗、水管、电路、暖气、家具等更新或修复各项，竟无一遗漏，全部告成。

根据学校下学年的人员编制计划（据1947年2月统计，1946年9月清华大学教职员总数为571人，其中教师363人，1947年2月增至760人，其中教师492人），目前的教员住宅远远不够，保管委员会与昆明校本部商议决定，在照澜院和新林院以西购地添建四十套新屋，其中，平房二十三所，小楼十七座，总建筑面积5103平方米。这里被命名为胜因院，一是为纪念清华在昆明曾经借用“胜因寺”作为临时校舍，二是为纪念新住宅区的开建恰逢抗战胜利之年。胜因院由基泰工程司设计并代为招标，工程开标总报价法币八亿元，最后只花了不到五亿，有两项节省：一是保管委员会预先购备了砖瓦木料，得以幸免于通货膨胀；二是申请到行政院善后救济总署〔6〕的一笔以工代赈形式的赞助——建筑工人全由“行总”在急需救济的贫民中招募，其工资报酬则由“行总”全额拨款，悉数发放。时任“行总”署长、副署长的分别是清华老人蒋廷黻和浦薛凤，岱孙来谈支持母校重建事，自然一切都好商量。

陈岱孙力求恢复清华在战前的原貌，无奈许多设施已被日军和国军破坏殆尽，一时又拿不出原始图样，只好凭记忆督造。图书馆大阅览室里的六百多张座椅，只剩下一把没有被当作柴禾烧掉，陈岱孙如获至宝，当即指挥木工照样先打七十套。

校园里丑陋的碉堡工事，保管委员会花钱请了国军工兵部队进来逐一爆破清除。

道路渐次修复。

经过整理、补栽，数十种花草树木随着天气回暖也陆续有了颜色，清华园慢慢露出生机，静待故主。

至于图书仪器，一穷二白的保管委员会只能在力所能及的范围内略尽人事。

图书方面，主要是与北京大学、教育部平津特派员办公处、国民党北平市党部、北平图书馆等机构接洽，这些地方都有清华的东西，

---

〔6〕**行政院善后救济总署**（Chinese National Relief and Rehabilitation Administration）：

简称“行总”（CNRRA），由国民政府在联合国善后救济总署（United Nations Relief and Rehabilitation Administration）（简称“联总”，UNRRA）的援助下设立（据“联总”1944年所拟预算，援华救济物资和救济金总额为九亿美元），旨在对广大收复区进行战后紧急救济和善后复原，存续自1945年1月1日至1947年12月31日。

根据国民政府与联总签订的基本协定和《行政院善后救济总署组织法》的规定，行总具有双重身份：在国际上，它是联总在中国从事善后救济业务的具体执行机构，负责援华物资的接收与分配；在国内，它作为行政院的下属机构，对各收复区善后救济的机构设置、政策制定、业务监督等负有组织责任。

在整个善后救济期间，行总的业务分为两个阶段：1946年9月以前，主要从事难民的救济与遣返、医疗卫生、住房、平抑物价等紧急援助；之后，则以农田水利、交通、工矿业等方面的复原为工作重心。

大部分是从伪北大、伪近代科学图书馆、伪新民会等日伪机关接收来的，小部分（当初被日军盗卖者）自市场上廉价购得。那么，该要的就要回来，该买的就买回来。

仪器方面，只能指望梅校长动用清华的老本（委托中华教育文化基金董事会管理、存放在美国的外汇资产）来重新购置了。

陈岱孙不忘“捡漏儿”，他要求同事们在有空的时候多到城内外各处旧货市场逛逛，看看有没有被日本人盗卖的东西，一旦见到带有清华标识的便悉数购回，加以修葺之后，物归原处。

保管委员会在整理旧物的同时还得兼顾学校的未来发展。今年，清华大学准备在农业研究所的基础上设立农学院，所以，为农学院落实教学和科研基地就作为一项重要任务被提上议事日程。

北平西山原有清华农业研究所的一处畜牧场，主建筑是个名为“松堂”的院落，因有白皮松环绕着由一座旧石亭改建而来的轩敞的明堂而得名。抗战前，朱自清曾携友人到此一游，留下散文《松堂游记》，他这样描写周围的景致：“后山有座无梁殿，红墙，各色琉璃砖瓦，屋脊上三个瓶子，太阳里古艳照人。殿在半山，岿然独立，有俯视八极气象。……山上还残留着些旧碉堡，是乾隆打金川时在西山练健锐云梯营用的，在阴雨天或斜阳中看最有味。又有座白玉石牌坊，和碧云寺塔院前那一座一般，不知怎样，前年春天倒下了，看着怪不好过的。”

抗战期间，松堂无人值守，完全荒废。陈岱孙等人前来接收时，没有游山玩水的雅兴，只忠实记录下了这里的现状：“围墙除西北角倒塌一小部分大致完好；院内白皮松大致完好，小树多被砍伐；花石厅门窗完全被毁；院西北前本校所建之办公室宿舍，除屋墙屋顶尚在外，其余装修设备全部损失；靠马路之大门已损失，巷内之北门尚在，惟已倒塌；无梁殿间架尚完（好）……”

保管委员会在松堂大门贴上封条，又安排过去的保管员和工人来此值守。无论畜牧场何时能够恢复起来，无论农学院何时能够开张，总也不能辜负了这一片胜迹和朱自清的那一篇美文。

陈岱孙还瞄上了“华北农事试验场”，为此，他找到清华老校长、时任国民政府农林部部长的周诒春（见第二章“校长”一节）商量此事。周诒春一听之下，顿显尴尬，称那个地方“规模极大，非一校财力所胜”，关键是，农林部属于弱势衙门，在战后的接收大潮中处处居于人后，而华北农试场“为农林部惟一之收获，各方俱十分重视，由任何学校接收，恐绝不可能，清华请求一节，恐进行亦徒劳也”。

“农林部恐是以全力办华北农试场为原则”，其余的暂时无暇顾及，因此，周部长建议，“松堂附近有农林部西山果木试验场，现尚无人接收，如清华要，可拨归清华，或以长期保管名义拨与清华”。陈岱孙致函梅贻琦请示，梅校长批示完全同意。

北平日伪政权的工务总署在西苑建有一所土木工程专科学校，校舍设备比较完好，由教育部平津区特派员沈兼士接收，学生二百余人并入北平临时大学补习班〔7〕。清华向教育部申请索要该校校址，以应付昆明师生返校时的校舍紧张局面，并为工学院预留一处将来的扩展空间（这处校址后来成为清华农学院校舍，工学院新实验楼则改为建

---

〔7〕**北平临时大学补习班：**

抗战时期，国立北京大学、国立清华大学、私立南开大学三校内迁长沙，合组国立长沙临时大学（后迁往昆明，改称国立西南联合大学）；国立北平大学、国立北平师范大学、国立北洋工学院三校内迁西安，合组国立西安临时大学（后迁往城固，改称国立西北联合大学）；国立北平艺术专科学校、国立杭州艺术专科学校内迁，合组国立艺术专科学校。

盘踞北平的日伪政权则利用未随本校内迁的各校教职员，开设伪北京大学、伪北平大学、伪北平师范大学、伪北京艺术专门学校，后又将前两者合并为伪北京大学，有文、理、法、医、农、工六个学院。

抗战胜利后，伪北京大学、伪北平师范大学、伪北京艺术专门学校被国民政府教育部改组为北平临时大学补习班，伪北大的理学院被改组为第一分班，文学院改为第二分班，法学院改为第三分班，农学院改为第四分班，工学院改为第五分班，医学院改为第六分班，伪北平师大改为第七分班，伪北京艺专改为第八分班。

1946年，各国立大学复员，北平临大解体，其第一、二、三分班的部分和第四、六分班的全部，由北京大学接收；第一、二、三分班的另一部分由清华大学接收；第五分班改为北洋大学北平部（翌年并入北京大学）；第七分班由北师大接收；第八分班由北平艺专接收。

于校园以东的新购地块上）。

教育部很快批复同意，并于2月13日向陈岱孙等办理了移交。这件事基本上很顺利，不过也险些节外生枝。3月，由蒋经国任教育长的三民主义青年团中央干部学校借用土木工专校址半年，清华不能不借，但一直提心吊胆，快到期时，梅贻琦出面托教育部部长朱家骅转达希望按时收回之意。小蒋还是守信用的，令部下如期撤走，也没有人敢破坏校舍。这一回，陈岱孙算是虚惊一场。

4月28日是清华大学建校35周年纪念日。学校向来重视校庆。尽管校园里仍然住着国军和日本人，尽管修缮工程正在大兴土木，到处乱哄哄的，保管委员会还是尽最大努力安排了庆祝活动，接待北平校友回访母校。

清华大学35周年校庆日，陈岱孙（后排左六）与校友们合影，摄于1946年4月

“是日天气清和。上午九时校友及来宾即陆续来校，争欲先睹阔别八年之园地为快。午前为自由游玩及参观之时间。午餐于工字厅及荷花池畔举行。由学校备馒头、肉丝炒咸菜、肉片萝卜汤。原定为一百五六十人，后增至二百余人。饭后举行一简单之仪式，唱校歌……并由陈（岱孙）院长报告后方情况、接收经过及修缮方针。最后一项为游艺，小朋友表演唱游，并校友组织排球队比赛一场排球。

至下午四时回城，晚六时于北平同学会聚餐。”（来源于《清华大学史料选编》）

日子过得飞快。

8月，招生开始，平津地区报考清华的考生超过七千人，保管委员会里的教员——能评阅考卷之人——甚少。紧接着，昆明师生又开始大批返回。这时候，陈岱孙等已是焦头烂额、筋疲力尽。

陈岱孙在8月6日给梅贻琦的信中说：“先生何日北来，至盼至盼，因希望于开学前能得数日休息也。”

经历了八年浩劫的清华园，元气大伤，图书和实验条件远不如战前。但校园的气象则是基本恢复了。看到一切安排就绪，潘光旦叹道：“九年噩梦，已成云烟，今日归来，恍若离家未久，一切如故。”

北大出身的清华教授冯友兰心疼清华损失惨重，艳羡北大发了“国难财”，也是一叹：“北大四壁琳琅，清华四壁皆空。[8]”

民国三十五年（1946年）10月10日上午10时，清华、北大、南开三校相约同时开学。

---

〔8〕关于“北大四壁琳琅，清华四壁皆空”之叹：

北大与清华在抗战中的境遇既有相似的部分，又有迥异的部分。相似的部分是两校迁离北平，远征西南，共赴国难；迥异的部分则是，日据时期的北平有一个“伪北大”，而并不存在一个“伪清华”。造成该等情形的原因是北大有相当数量的教职员选择了留下，客观上为日伪政权组织伪北大提供了在数量、质量、学科门类上都足以支撑门面的骨干师资力量。清华相反，可以说是举校南迁，走得干干净净（例外情况在所难免——清华旧人钱稻孙，原外文系教授兼图书馆主任，1937年后供职伪北大，历任秘书长、文学院院长、农学院院长、校长。抗战胜利后，与周作人一样，被国民政府以汉奸罪囚禁）。

深究起来，这涉及两校在传统、文化、组织上的差异，乃至每位当事者的个人情怀，是一个特别值得研究和反思而又特别具有复杂性和敏感性的专题。

北大与清华各自在北平的校舍就此经历了完全不同的遭遇。日寇对清华园的破坏可以说是无所不用其极，而北大校舍中却依旧书声琅琅。伪北大还参与瓜分清华大学校产，侵占了清华图书馆的大部分藏书和设施（抗战胜利后归还）。

联大结束，三校复员，初回北平的冯友兰深感两校风景之殊，故有此一叹。

开学后，截至11月初，清华大学共有在校学生1798人，其中，西南联大转来841人（注：另有888人之说），北平临时大学补习班转来377人，复学生54人，新生481人，转学生34人，研究生11人（原有48人，大多数因故未能继续学业）。

保管委员会为全体师生准备了新学期的礼物，他们把库房里日军和国军遗留或退还的杂物混装打包，抽签分配，每人一份。经济学系学生蔡麟笔抽得清酒一瓶、呢制军大衣一件、胶鞋一双、肠胃药一盒。他留下军大衣，其他则送给了本宿舍楼的工友、有近三十年清华工龄的老刘。

老刘一直没舍得喝这酒。直到有一天，二十多年前被他照顾过的毛头小伙子，现如今是滇缅抗战大英雄、国军新一军中将军长、清华男女生的共同偶像——孙立人校友（字抚民，号仲能，安徽庐江人，1900—1990），轻车简从来到清华园访旧，时近中午，特地找到老刘共餐。老刘掏出那瓶抗日战利品，两人抚今追昔，一饮而尽。孙军长从不白喝人家的酒，临别时将一瓶从东北带回来的高度老白干送给老刘，另赠款项若干，并合影留念。下午，孙军长到处溜达，在图书馆敲门进入法学院院长办公室，向陈院长敬礼报到，感谢岱孙学兄对老刘的

清华1923级校友孙立人（1900—1990）（来源于公开资料）

一直照顾。

多年以后，“文革”浩劫的幸存者陈岱孙还曾托人往海峡对岸，给因“兵变”冤案而被幽禁三十余年的退役陆军二级上将孙立人，捎去过一罐产自他安徽老家的“黄山毛峰”。

10 月 27 日，保管委员会结束各项报告，光荣完成历史使命，宣布解散。

陈岱孙也参加了开学时的那次抽签，得到一条军毯，此后一直垫在床单下当褥子用，相伴终生。这是他担任整整一年保管委员会主席的唯一纪念，也是他亲历抗战的唯一纪念。

“文化大革命”中，有一位当年保管委员会的成员，曾因损公肥私而遭到过陈岱孙的斥责，在交代历史问题时，为求自保，恶人先告状，反诬陈岱孙在校舍修复工程中有重大贪污嫌疑。“组织上”一听之下，喜出望外，以为摸到了“大鱼”，立即在全国范围内展开“内查外调”（这是因为有许多当事人在 1952 年“院系调整”后离开清华，四散各地），历时数月，花费人民币两万多元，结果反而证明了陈岱孙的完全清白。当调查组回京复命、大叹辛苦时，陈岱孙毫不客气地说，“你们活该”。

附：《〈日军铁蹄下的清华园〉序》（节选，作者陈岱孙，1995年7月12日）

1937年7月7日的卢沟桥事变点燃了抗日战争的战火。不几天后，杨村战事的继发导致了平津全部地区的沦陷。南京教育部，趁北大、清华、南开三校校长，在参加庐山会议后，滞宁未及北返之便，商定由此三校于长沙合组为长沙临时大学。

北平沦陷后，清华园成为孤岛，由校内小部分未及南下之同人组织——保管委员会以保管校产。日寇在1937年8、9月间，即多次来校搜查；10月中旬起，开始实行强占部分校舍，掠夺校产，并逐步扩大地盘；至1938年8月中，终于将保委会驱逐出校，侵占了全部清华园。1939年春，日陆军野战医院一五二病院进驻清华园，直至1946年4月底全部遣返为止；前此零星、散乱、偷窃的掠夺，一变为有组织、有计划、有系统、极尽破坏能事的焚烧、拆毁、公开的劫掠。

日本于1945年8月15日投降。10月16日平津区教育部特派员邓叔存（注：邓以蛰）先生，清华大学校长特派之本校接收委员陈福田先生、张子高先生来校举行接收仪式，宣布几条守则。其中之一为"日方须照清华大学接收委员会预定计划次第将校舍腾空并须恢复原状交还"。11月3日，由何汝揖率领的首批负责办理园内一切事宜同人才进驻校内，进行第一批校区校舍的具体接收。首次接收区域只包括校内小河南岸之学务处、工字厅、西北院、古月堂、甲乙丙三所及成志小学等。

本书多处以案宗的形式记载了各次接收的房屋和财物的破坏和损失的情况。但只有目击这些破坏和损失的遗迹者，才会感到清华园内满目疮痍的凄凉情况。众多馆舍，表面上，尚似完全无恙，但一窥其内，则从房屋间架、门窗、地板，以至装修无不片片毁坏。原有之设备，从图书、仪器、机器，直至家具等等，几乎全部被劫掠无遗。仅举一事可例其余。当年清华大学图书馆分为两翼，共有三大间普通阅览室，室内共陈列着60多张的长阅览桌，配以624张的特制的、舒适的阅览椅子。在我们接收图书馆时，阅览室却改为普通病房和手术室。旧家具设备全然不见了。后来，我们在图书馆楼下一个小角落里居然如获至宝地发现了一张原来的旧阅览椅子。后来，我们就是用这张椅子，作为模型，为图书馆三大阅览室恢复旧观的。

但在这些无情的设备、物资的掠夺中，居然有一种物资的残余后来得以珠还。那就是图书馆的部分图书。清华园被侵占之后，图书为首先被无情掠夺之一物。头几年被掠夺的图书大部分被运往关外，甚至有运去日本者，这部分损失后来是无可查考了。到1941年经过以对清华大学藏书进行整理的名义，由日伪若干机构各取所需，掠为私有之后，其残余图书约20万册和部分的书库钢架则拨交伪政权北京沦陷后利用原北京大学在沙滩等处的北大校舍组建的伪北京大学。清华大学保管委员会，于1945年11月30日先接收了旧图书馆后，即开始和市内各藏有清华图书单位联络，陆续将之收回。虽然这收回的图书只是原馆藏图书的小部分，但在大规模劫掠之余，居然能索还哪怕只是少量残余，仍然是值得一记的。况且这一例外适是以反映其他设备损失的全面性和彻底性。

校舍破坏、物资损失如此之甚，在一切皆为当务之急的复校工作中，最为迫切的是对校舍的修缮和最低限度的一切教学设备的补充，以应1946年秋季西南联大结束后，清华复校时教学和生活的急需。然而在1945年10月16日接收仪式会上，邓特派员却又允许日方医院可以次第腾空归还。而预计从接收日起至全部腾空归还的时间，至少得半年。这就为后来腾空后的修缮等工作带来了十分的紧张不便。接收委员会也知道次第腾空校舍的做法是不得已的。日本投降后，众多在华北的日军及其他日本公民都在遣返之列。海上运输力量的限制使遣返不得不分期举行。现役的日军官兵当然是在遣返的首列，而伤兵只能在其次。接收委员们本来预计原来的一五二病院可以在三个月内腾空遣返，但没想到我们接收委员会于1945年10月16日到校宣布接收时，日军野战医院一五二病院所容纳者已不只是原一五二病院的伤兵和医护人员，还容纳了从日军驻燕京大学另一伤兵医院转移来的全体伤兵和医护人员了。

燕京大学，在1941年冬，珍珠港事变之翌日，即为在北平之日军所侵占，不久也成为日军一伤兵医院。校长美国人司徒雷登及若干美籍教职员成为日军俘虏，被送往山东一拘留所拘禁。1945年8月15日，日本投降，司徒雷登一行立即来平。在8月底，即来燕园，宣布接管全部校舍，将在燕大校内之日军病院成员全部限日驱出。日军病院，在此不可抗拒的情形下，投奔清华园，加入一五二病院，从而增加了清华园等待遣返的人数，延长了全部校舍腾空之期，影响了我们对校舍急待修缮的工作。

这是在我们1945年10月16日宣布接收前存在的现实。在我们接收后的第三天，日军联络部派员至我们设在骑河楼清华同学会会所内的接收委员会作汇报，曾请允许今后仍继续收容平郊近区伤兵约四千名。对此请求，我方立即予以拒绝，并指示此后，决不许再有伤兵进驻之事，阻止了清华园更进一步地成为北平郊区日军伤兵的邻壑。

都是五十年前的往事了。对当时身历其境、目睹校园一片残破的景象者，本书也许更易引起若干痛苦、愤怒的回忆。而对于一般人民群众，这一历史事件也许只是凶恶的敌人对我国文化机构进行摧毁罪行的一个案例，只是全部战争史的一页。但这案例，这一页的历史却应该给我们以深刻的教训，让我们从之记住，在抗战期间，中华民族所经历的灾难，认识到，罪恶战争对人类的摧残，努力使类似的悲剧不再重演。

关于西南联大的另类记载

西南联大在每位师生心中都烙下了一道永不磨灭的深深印痕。各人记忆自不相同，有甜蜜，有忧伤，有豪迈，有悲情，五味杂陈，版本各异。其中当数钱钟书的最为另类。

钱钟书（1910—1998）于民国二十七年（1938年）10月入联大外文系任教，开三门课：大一英文（6学分）、文艺复兴时期文学（4学分）、现代小说（2学分）。第二年暑假，他到上海探亲，一去不回。

在上海度假时，钱钟书写信给联大外文系主任叶公超，说父亲钱基博在湖南蓝田的国立师范学院任教，多病需要陪侍，所以自己下学年想和父亲同去湖南。叶公超没有复信，而是将此事向梅贻琦作了汇报，梅贻琦则直接致电钱钟书以示挽留。但是“现在抗战时期的邮政简直该死”，钱钟书没收到电报，于是怅怅然去了湖南，到蓝田师院英文系当主任。

后来，钱钟书把自己在西南联大和后来在蓝田师院的两段经历，以及之间从上海到湖南一路上的遭遇，整合为一个故事，写成小说《围城》。

民国三十五年（1946年），钱钟书在《围城》初版序言中写道：“角色当然是虚构的，但是有考据癖的人也当然不肯错过索隐的机会、放弃附会的权利的。”其实，他这是正话反说，换个方式告诉读者：角色不是虚构的，有考据癖的人千万不要错过索隐的机会，不要放弃附会的权利。

正如钱钟书本人所料，在《围城》问世后的几十年中，有考据癖的读者对小说进行索隐的兴致一直很高，研究成果颇为丰富，但因涉及许多知名人物，弄得圈内气氛有些尴尬。钱夫人杨绛女士在 1986 年特地撰文为老公解围，说道："《围城》里写的全是捏造。"

西南联合大学由清华、北大、南开三校合组而成，钱钟书在《围城》故事中虚构了一所大学，叫作"国立三间大学"。小说主人公"方鸿渐"是钱钟书本人的替身。《围城》故事主要发生在上海和"三间大学"两个地方，钱钟书大体上把西南联大的人和事安排在了上海，而把后来蓝田师院的人和事安排在了"三间大学"。这些，是被世人广为接受的若干基本看法。

关于陈岱孙在《围城》中的艺术形象，笔者认为，钱钟书把他和陈寅恪二人糅合成了一个"董斜川"。

所幸"二陈"人缘好，没有得罪过睚眦必报的钱先生，因此，"董斜川"在《围城》中匆匆行过，没有沦为被他极力讥笑的对象。否则，叶公超就是榜样，他在书里被编排成了"诗人曹元朗"。

"文革"结束后，全国政协的会议制度慢慢恢复正常，常委陈岱孙每年定期与会，会议期间住在大会安排好的宾馆里。头几年，他一直

朱益藩（1861—1937）、陈宝琛（中，1848—1935）、陈散原（右，1853—1937），合影于 1930 年代

《围城》原文	笔者批注
方鸿渐到馆子，那两个客人已经先在。……一个气概飞扬，鼻子直而高，侧望像脸上斜搁了一张梯，颈下打的领结饱满齐整得使鸿渐绝望地企羡。……叫董斜川，原任捷克中国公使馆军事参赞，内调回国，尚未到部，善做旧诗，是个大才子。	"董斜川"的长相和装扮是陈岱孙的，职业经历是在隐喻陈岱孙的外交官舅舅们，写旧诗的爱好则是陈寅恪的。
董斜川的父亲董沂孙是个老名士，虽在民国做官，而不忘前清。斜川才气甚好，跟着老子做旧诗。	"二陈"家世相似，诗才说的是陈寅恪。
董斜川道："我做的诗，路数跟家严不同。家严年轻时候的诗取径没有我现在这样高。他到如今还不脱黄仲则、龚定盦那些乾嘉人习气，我一开笔就做的同光体。"	活脱是陈寅恪老气横秋的腔调。
"的确，老辈一天少似一天，人才好像每况愈下，不须上溯康乾世，回首同光已惘然。"（董斜川）说时摇头慨叹。	这里的两句诗改自陈岱孙伯祖陈宝琛的原作"不须远溯嘉乾盛，说著同光已惘然"。 杨绛女士《记钱钟书与〈围城〉》文中"董斜川的谈吐和诗句，并没有一言半语抄袭了现成，全都是捏造的"云云，看来也并不尽是事实。
"当然是陈散原第一。这五六百年来，算他最高。我常说唐以后的大诗人可以把地理名字来概括，叫'陵谷山原'。三陵：杜少陵，王广陵——知道这个人么？——梅宛陵；二谷：李昌谷，黄山谷；四山：李义山，王半山，陈后山，元遗山；可是只有一原，陈散原。"（董斜川）说时，翘着左手大拇指。	陈散原（三立）为陈宝箴之子、陈寅恪之父。

与钱钟书同住一屋。1990年，向来少有人知道的《围城》忽然被拍成电视剧，而且火了，之后，钱老逢会必告假，就此消失。陈岱孙乐得一人一屋，逍遥自在。

第八章 物换星移

（1946—1949）

战后的岁月是否允许我重圆以前的旧梦，完全是个不可知之数。

犹厌言兵

抗战期间，中国透支着国力，人民透支着痛苦。胜利后，则是连欢乐也被透支了。

民国三十四年（1945 年）8 月 28 日，日本正式宣告无条件投降后尚不足两周，在举国庆祝胜利的欢腾气氛中，经蒋中正三次电邀，中共中央主席毛泽东与本党同志周恩来和王若飞，在国府代表张治中、美国驻华大使赫尔利的陪同下，自延安飞赴重庆出席国共谈判。

但是，国共双方自日本投降前后开始的关于受降权和受降地区的争夺，并没有因重庆谈判的开启而有丝毫停顿，反而愈演愈烈，不断有大规模武装冲突爆发。战场形势的消长直接影响着谈判桌上筹码的分量。

民众开始丧失耐心，对于谈判成功的期待逐渐被失望甚至愤怒的情绪所代替，重庆各大报纸的主要版面登满了来自社会各界的评论、通电、声明，舆论的倾向性大都十分明显，要么指责中共，要么怪罪政府。

在两大阵营的夹缝中，有一篇通电名为《国立西南联合大学张奚若等十教授为国共商谈致蒋毛电文》，属于自由主义知识分子表达政治主张的典范之作，因其不偏不倚的超然立场和署名者的显赫声望，更因其彰显了西南联大“违千夫之诺诺，作一士之谔谔”的风骨而轰动一时。

通电由张奚若发起、朱自清执笔起草，张奚若、周炳琳、朱自清、李继侗、吴之椿、陈序经、陈岱孙、汤用彤、闻一多、钱端升等十人署名，一般被称为“十教授公开信”。此信对于国共两党采取的几乎是各打五十大板的态度，所以，日后两边在各自撰写官方正史时，都有意对其加以回避，以致这篇当年的名作渐渐被后人淡忘。

终于，国共双方在“双十节”签署《政府与中共代表会谈纪要》共十二条，史称《双十协定》。这份文件首先明确“和平建国基本方针”，即“一致认为中国抗日战争业已胜利结束，和平建国的新阶段即将开始，必须共同努力，以和平民主团结为第一基础，并在蒋主席领导之下，长期合作，避免内战，建设独立自由和平之新中国，实行三民主义”；继而提出，达成和平建国的必由途径为“政治民主化、军队国家化”。

政治民主化的关键内容是“迅速结束训政，实施宪政”，尽早由国府召开政治协商会议，邀集各党派代表及社会贤达，商讨召开国民大会、制定宪法等问题。

军队国家化的关键内容是整编全国军队、重划军区。中共军队由原有数目缩编为20个师，并将散布在广东、浙江、苏南、皖南、皖中、湖南、湖北、河南等各地之部队，逐次撤退至陇海路以北及苏北、皖北地区集中，听候整编。

关于边区政府问题，双方充分表述了各自观点，但未能达成一致。

协定初稿原来还有第十三条：“关于避免冲突问题，中共方面提出停止一切武装冲突，各部队暂留原地待命；政府方面表示，一切武装冲突自须即行停止，只要中共部队对中央军队之行进不加阻止，即无问题。”该条款因有可能引起全国人民心理不安而被删除。

协定签字后的第二天，10月11日，毛泽东返回延安。周恩来等留在重庆，就具体细节问题继续谈判。

局势持续恶化。

11月下旬，陈岱孙与梅贻琦一道匆匆赶往北平，与先到一步的邓以蛰、陈福田、张子高会合，接收校园。梅贻琦本想在清华园里多帮岱孙几天忙的，谁知，他在12月5日主持了保管委员会的第一次全体会议后便紧急赶回昆明——联大出事了。

事情要从十天前说起。

11 月 25 日晚，国立西南联合大学、国立云南大学、私立中法大学、云南省立英语专科学校在联大新校舍举办时事晚会，邀请钱端升、伍启元、费孝通、潘大逵等教授就宪政改革以及联合政府问题作演讲，到会听众有六千多人。晚会进行过程中，第五军包围会场，并用机关枪对空射击，以示恫吓，深夜方才撤离。

11 月 26 日，昆明当地报纸登载中央社消息，谎称昨晚联大附近有匪情，军警前往肃清云云。该报道引起群情激愤，昆明市 31 所大中学校共三万多学生宣布总罢课。

11 月 28 日，西南联大等 31 所学校学生为抗议武装干涉集会、反对内战、反对美国对华政策等，发布告全国同胞书、告昆明全市同胞书、告美国人民书、致美国政府书。

11 月 29 日，西南联大教授会关于 11 月 25 日地方军政当局侵害集会自由事件发表抗议书。

11 月 30 日，学生宣传队在街头屡遭暴徒殴打，亦有被宪兵拘捕者。

12 月 1 日是抗战胜利之年最黑暗的一天——

“本月一日晨十时许，即有身穿杂色制服者数十人，并有佩带领章符号者，手持木棍扁担，呼啸冲入云大校门，捣毁器物。少顷，本校（注：西南联大）新校舍门前，陆续到有百余人，佩有第二军官总队符号，以木棍石子向校门进攻，以致发生互殴情事。暴徒手持手榴弹预备投掷者，为本校教授高崇熙所见，立劝队长加以阻止，该队长颇明大义，即将该手榴弹夺回，掷向南区校舍外。时有南菁中学于再先生，来到本校理发，被阻于门外，先遭暴徒殴伤头部，复被弹片中伤，当晚身死。学生遭毒打受重伤者十余人，本校教授袁复礼适在南区校舍，冒险劝阻，亦被殴打数棍。同时复有暴徒四五十人，或御制服，或穿便衣，由某团部某干事率领，先到本校附中捣毁门窗牌告，并毁坏捐款箱，劫去捐款，中学生见状躲避，幸未伤人。该暴徒继往本校师范学院，强行闯入，先在饭厅前掷手榴弹一枚，学生闻声避入隔壁工校内，初未伤人。及暴徒等已退去，学生返身关门，暴徒复返身将门打破，掷手榴弹两枚，当场炸伤学生多人，内本校学生李鲁连，即时中弹倒地，昆华工校十七岁学生张华昌头部受重伤，本校女生潘琰，头部胸部受重伤，均于当晚死命。本校员生闻变，前来救护，并将死伤同学抬至云大医院，当时复有大队暴徒跟踪而至，将甫自医院退出之学生包围毒打，其中本校学生高金堂受重伤，该暴徒等更劫去钢笔手表及学生证等物。下午二时许，有身穿灰色制服及便装暴徒六七十人，由一身材高大服黑衣者领导，闯入本校工学院办公处教职员宿舍，任意捣毁校具，破坏门窗。本校教授马大猷、钱钟韩及教员牟光信出面劝阻，即遭毒打，暴徒临去时，复将校警所持之步枪两支带走。早在当日晨六时，即有暴徒六七人，闯入工学院学生宿舍，时学生尚未起床，幸无死伤，暴徒只破坏门窗牌告而去。总计本月一日暴徒在本校散在四处之各学院及附中所肇事端，共有五起，而师范学院所遭事变最为惨重。以上所述多节，为是日惨案经过情况。就调查所及，当日员生被殴杀者凡二十九人，计立时死命者一人，逾时死亡者三人，受重伤住院者十一人，轻伤者十四人。……查惨案发生时，军队有驻扎于大西门城楼者，离本校不过数步，对暴徒之呼啸杀人，达数小时之久，学生等之惨号呼救，绝无不闻之理，而该处军队事实上竟未出而阻止，更无当场拘捕凶手之事。复次，暴徒于分批至各校杀害师生后均高呼口号，游行过市，军政当局对于各校学生校内集会尚加干涉，并颁禁令，何以对于暴徒结队杀人，叫嚣过市，置若罔闻。此种矛盾措施，更足以证明该暴徒闯入学校，捣毁校具，殴杀学生，实为当时军政当局之责任。”（摘自梅贻琦 12 月 26 日在记者招待会上的谈话记录）

西南联大教授会准备了两份诉状。一份提交法院，控告云南省政府代主席兼国民党云南省党部主任委员李宗黄等文官；另一份提交国民政府军事委员会，控告云南省警备司令关麟征、第五军军长邱清泉等现役军人。这些抗日名将一旦掉转枪口对付起自己的同胞，表现实在太坏，形象实在太丑恶。关麟征在“一二·一”惨案记者会上居然说：“学生有游行的自由，军人有开枪的自由。”三年后，邱清泉在淮海战役中兵败自杀；四年后，关麟征从成都逃至香港。

清华校长梅贻琦、北大代理校长傅斯年分别从北平、重庆赶回昆明，处理学生罢课事件。傅斯年脾气不好，见到关麟征劈头便说：“你杀了我的学生们，比杀了我的儿女更让我心痛。”

这时候，学生和政府在最后一个问题上还没谈拢，形成僵局。学生要求惩办关麟征，重庆方面暗示，如果学生能先复课，可以考虑撤换，而学生则坚持必须先撤换才能复课。

傅斯年带来小道消息，说蒋中正对于此次罢课很怒，如不赶紧结束，就要用武力解散联大，把学生统统编入青年军。冯友兰在这种关口还有心思跟傅斯年开玩笑，说："你原来也是个学生头头，专门跟学校当局闹别扭。现在别扭闹到你头上来了，真是——请看剃头者，人亦剃其头。"

梅、傅两位校长抱定宗旨，无论怎样学生都应当尽快复课，其余诸事则由学校当局主持办理。从感情而言，教育本身即是至高无上的价值，不能允许任何人以任何理由无休止地扰乱课堂秩序；从职责而言，昆明全市三十所学校、三万学生唯西南联大马首是瞻，一时冲动只可能酿成更大的悲剧，他们二人负不起这个责任。但是，惨案的血痕犹在，老一套的道理和做法究竟还能管多大用处呢？

12 月 17 日，联大召开教授会，旨在通过一项能够妥善解决学生罢课问题的决议。昔日会场里一贯保持的谦谦君子之风一扫而尽，赞成和反对立即复课的两派教授进行了激烈的争吵，声震屋瓦，局面几乎失控。

和罗家伦同为"五四运动"学生领袖、而今身份转化为大学校长的傅斯年，与已经完成了从故纸堆里的书呆子向革命者过渡的中文系教授闻一多，在大庭广众之下相互破口大骂起来。闻一多是不赞成学生马上复课的，他指着傅斯年的鼻子说："这样，何不到老蒋面前去三呼万岁？！"傅斯年被触到痛处，暴跳如雷："有特殊党派的给我滚出去！"

最终，会议表决通过了文学院院长冯友兰和训导长查良钊联合提出的一个折中议案：学生先复课，教授会保证于复课后十五天内使关麟征去职。会后，梅贻琦约见学生代表，学生接受了教授会的保证，于 12 月 27 日复课。又过不到半个月，关某人被如期调走。

梅贻琦当时不在会场内，因为他在会前分别向联大和清华教授会递出辞呈，请辞联大常委会主席、校务委员会主席以及清华校长职务，当然，这两个议案都没有被通过。

学潮总算结束，冯友兰很有成就感，觉得自己挽救了联大，挽救了中国的学术自由和民主堡垒。“可是进步方面的人，认为我带头破坏运动。我很觉得灰心，觉得这种调和矛盾的角色很难当，本来想照顾两面，可是两面都不满意。料想复员以后，像这类运动还会很多……”正好，宾夕法尼亚大学邀请他过去担任一段时间的客座教授，于是他就在联大最后一个学期结束之后，民国三十五年（1946年）9月，暂离了这是非之地，到美国住了一年多。冯教授在美国找回宁静，完成了《中国哲学简史》的写作。

梅贻琦认为最应该走的其实是闻一多，并为他找了个机会去加州大学讲中国文学。但闻一多拒绝了，他要留在这里继续斗争下去。

民国三十五年（1946年）5月4日那天，上午，西南联大举行最后一次结业典礼以及纪念碑揭幕仪式，下午三校各自开会，正式宣告分家。在清华的会上，闻一多等进步教授一如既往，按梅贻琦的原话：“由闻一多开谩骂之端，起而继之者以及把持该会者对于学校大肆批评，对于教授横加侮辱。果何居心必欲如此乎？民主自由之意义被此辈玷污矣。然学校之将来更可虑也。”

闻教授当时的发言是这样的：“大家都说清华有优良的传统，这不对，清华没有优良传统，有的是半封建半殖民地的教育传统。我受了这种传统的毒害，现在刚才有点觉醒。我向青年学习，学会了一件事，那就是心里想说什么就说什么。比如我现在想说蒋介石是个混账王八蛋，我就说蒋介石是个混账王八蛋。他就是个混账王八蛋！”

两个月后的7月15日，闻一多在昆明被暗杀。

这时，陈岱孙在北平清华园里已经忙活半年多了，他忧郁的目光一直注视着遥远的昆明，他不知道他将迎回一所怎样的大学。

蹉跎岁月

六年之前的民国二十九年（1940 年）9 月 22 日，梅贻琦服务清华已满 25 周年，昆明同学会举办茶话会以示庆祝。梅校长在致答谢词的时候说："在这风雨飘摇之秋，清华正好像一个船，漂流在惊涛骇浪之中，有人正赶上负驾驶它的责任，此人必不应退却，必不应畏缩，只有鼓起勇气坚忍前进，虽然此时使人有长夜漫漫之感，但吾们相信不久就要天明风定，到那时把这船好好地开回清华园，到那时他才能向清华的同人校友'敢告无罪'。"

六年之后的民国三十五年（1946 年），梅贻琦终于把这船开了回来。当然，船损坏得很厉害，船长也老了（时年五十七矣）。

梅贻琦担任清华校长十几年，每年校庆时总要代表校务会议发表年度报告。报告书既有上年度的总结，又有下年度的计划，连篇累牍，事无巨细，不厌其烦，即使在抗战中也从无间断。

今年 4 月，是清华大学在抗战胜利后的首次校庆，校长本该充满热情地阐述学校在新时期的宏伟抱负，但是，梅贻琦此时所作的"复员计划"却只有潦草的四百来个字——"秋间复校后，为应国家社会之需要及本校学科顺序之发展，就院系言之，将成立农学院，即以农业研究所之基础，设置四五学系。文学院增设语言人类学系，以注重边疆民族语言文化之研究。理学院地学系原有气象组，今另成一系，以提倡高空气象之探讨。法学院将添设法律学系，以实现十年前原拟之计划。工学院添设之化工系在今日之重要，固无待赘言。而建筑工程学系则目前欲应社会之急迫需要，解决人民居室问题、城市设计问题，于人才训练上、于学术研究上，皆当另辟蹊径，以期更有贡献于社会者也。下年学生名额，约必有相当加增，但现有宿舍及设备，尽量容纳，不能超过二千人。师资方面，当亦须增聘，除随校南来各教师，夏间当设法妥送返校外，其休假或请假在国内或国外者，已敦促务于秋间返校任教，另再增聘若干位，务使新旧院系，即设备尚多欠缺，而师资必蔚然可观，则他日诸校友重返故园时，勿徒注视大树又高几许，大楼又添几座，应致其仰慕于吾校大师更多几人。此大学之所以为大学，而吾清华所最应致力者也。"

半年前的雄心壮志早已经烟消云散，梅校长根本懒得再提了。因为"倘国共问题不得解决，则校内师生意见更将分歧，而负责者欲于此情况中维持局面，实大难事。民主自由将如何解释？学术自由又将如何保持？使人忧惶！深盼短期内得有解决。否则非但数月之内，数年之内将无真正教育可言也"。（两个月前的2月22日，梅贻琦在重庆街头驻足约50分钟，亲眼目睹了中央大学、重庆大学等二十多所大中院校两万余名师生参加的反苏示威游行。游行旨在：一、抗议2月11日公布的雅尔塔会议密约中关于"苏联应恢复以前俄罗斯帝国之权利"的条款[1]；二、抗议苏联违反《中苏友好同盟条约》[2]之行为，即（1）苏军逾期滞留中国东北，（2）苏军提出超越

---

〔1〕**苏联对日本宣战的参战条件：**

1945年2月4日至11日，美国、苏联、英国召开雅尔塔会议，其中一项秘密协议规定，苏联于欧洲战场战事结束二三个月后对日本宣战。作为参战条件，协定承认了苏联的几项要求，涉及中国主权的主要有两大项：第一，"外蒙人民共和国之现状应加以保存"；第二，"苏联应恢复以前俄罗斯帝国之权利"。这些将要恢复的帝俄时代的权益主要是：大连为国际商港，苏联拥有优越权；恢复旅顺为苏联租用之海军基地；中东铁路（由沙俄出资修建，主要有两条线路，其一，满洲里—哈尔滨—绥芬河，其二，哈尔滨—长春）以及通往大连的南满铁路（长春—大连，原为沙俄修建，后由日本出资改扩建），由中苏两国合组公司经营，苏联拥有优越权。

〔2〕**《中苏友好同盟条约》：**

这份签订于1945年8月15日的条约之实质内容，载于作为条约附件的两份照会中。第一个照会有三项条款：第一，"苏联政府同意予中国以道义上与军需品及

中苏条约范围的经济合作要求，并强行将东北大批工矿设备拆运回国，（3）苏联支持“疆独”运动。3月7日，正在清华园整理校产的陈岱孙，会同顾颉刚、齐思和、翁独健、侯仁之、郑天挺、成舍我、萧一山等四十多名北平知识界人士联名发表意见书，表示，“而今苏联在东北之行动与撤兵一再延期，我们不独认为违反中苏条约之规定，且违反自《开罗宣言》以来种种宣言与宪章，不独违反此次同盟国反侵略战争之目的，而且违反列宁先生放弃帝俄时代对华不平等条约的声明”。

不幸得很，梅贻琦的话全部言中了。

笔者略查了一遍自清华大学复员后的两年内在北平发生的一些比较够档次的学潮（所谓“够档次”，指的是影响波及全国以及/或者伴有流血冲突发生，关于此问题之权威文献，据闻有专著名为《解放战争时期北平学生运动史》，由北京出版社于1995年出版，感兴趣的读者可以设法寻来以作详细阅读），如下：

民国三十五年（1946年）12月至次年1月，“抗暴”运动（抗议美军士兵强奸北大女生沈崇）。

民国三十六年（1947年）5月，“反饥饿，反内战”运动；10月，抗议北平接连发生清华、北大学生以及中学教师被捕事件；11月，抗议浙江大学学生自治会主席于子三在狱中被害身亡。

民国三十七年（1948年）2月，抗议政府制造上海同济大学血案；4月，“保卫学联，反迫害”运动（抗议政府查禁北平市学联）；5、6月，“反对美国扶植日本”运动；7月，“反剿民，要活命”运动（抗议政府镇压东北大中学生）；8月，北平高等特种刑事法庭行文清华大学，要求交出59名学生（这些人事先已在校长梅贻琦、代理训导长李继侗安排下全部转移），军警包围清华园四天且入校检查，一无所获。

上面这些还只是中共方面参与或组织的反政府示威活动，没有包

（接上页）其他物资之援助，此项援助当完全供给中国中央政府，即国民政府”；第二，苏方重申尊重中国在东北的主权完整；第三，在新疆问题上不干涉中国内政。第二个照会规定，外蒙古于战后公民投票之后，中国承认其独立，外蒙古以现边界为边界。

括政府方面策划的那些。当然，两者经常搅在一起，针锋相对。

学潮密集，安心教书、读书者已是所剩无几。

清华自从改办为国立大学以来，二十年中久经战阵、百炼成钢，早已和北大平起平坐。两校并称领袖，一举一动皆是北平学生运动的风向标。两家学生经过抗战洗礼、联大民主堡垒的熏陶，确实能文能武，在学潮中，无论是战略方针的制定，还是战术意图的贯彻，均达到炉火纯青、收放自如的境界。这一点甚至得到负责街头镇压的军警的赞誉——只要远远望见清华、北大的校旗在示威游行队伍中出现，立刻长舒一口气："这下好了，这俩学校的学生都是老油子，他们一来，今天不会死人了。"

那两年，北平各校园的秩序皆是混乱不堪，到处一片"罢"声。由于校际交流异常活跃，一套程式化的招数很快被总结出来：先是"一罢"——学生罢课；然后是"三罢"——学生罢课、教师罢教、校工罢工；高潮部分则是"六罢合流"——学生罢课、教师罢教、研究人员罢研、职员罢职、校工罢工、校医院罢诊，至此，学校彻底瘫痪。

面对校内这等局面，教授，从整体意义上讲，只能在边上被动地干看着。

"教授治校"已经变成了一个十分遥远的梦。

教授会的权威是在昆明"一二·一"运动后丧失殆尽的，从那时起，它虽然形式还在，但内部四分五裂，再也不能在重大问题上形成一致的态度和行动。教授会决议对于持不同意见者不再具有任何约束力，只是一纸空文。言及于此，不妨回顾一下蒋梦麟早先总结出来的"三派势力论"（见第五章"校长"一节），即大学中的校长、教授、学生三者构成相互制衡的关系。如今，随着教授会的瓦解，均势被彻底打破，名目繁多、此起彼伏的学潮再也不可能平息于校园之内，而必将汇入全天下浩浩荡荡的政治洪流。

当然，教授阵营从来也不是铁板一块，教授们个个自有一套。但在过去的经验中，有一样东西能够使他们团结一致，那就是尽量避免使大学卷入政治旋涡，如此，大伙儿的"精神独立，思想自由"才有保障。

民国北京政府时代，群雄割据，中央权力极不稳固。教育界占据

清华大学37周年校庆日，金岳霖（左一）、陈岱孙（左二）、陈福田（左三）、潘光旦（右一）在校园合影，摄于1948年4月

着文化与道德制高点，谁家上台执政也不敢得罪，大学超然中立的地位一直保持得很好。

抗战前那十年（本书称之为“白银年代”），天下甫定，内忧外患频仍，国民党一党独大（或者说党内某派独大）的地位有个逐渐稳固的过程。在党化教育的推行遭遇各家国立大学抵制的情况下，执政当局虽不放弃，但也愿意达成部分妥协，以便借重大学在稳定社会方面无可替代的作用。正如冯友兰所回忆的，“在清华和后来的西南联大，没有靠政治力量进来的教授，也没有靠政治力量进来的学生。特务没有在学校公然活动，学校当局也没有报告过黑名单”。

抗战期间，中华民族到了最危险的时候，为不致亡国灭种，那就“地无分南北，年无分老幼”，天下安危，人人有责，百家争鸣的局面倒也蓬蓬勃勃。大学如西南联大者，物质条件可谓一穷二白，但人文荟萃，创造出了世界教育史上罕见的成就，这也正应了梅贻琦那一句“所谓大学者，非谓有大楼之谓也，有大师之谓也”。

在上述三个阶段，外部大环境，以及中国社会千年以来尊重士子的传统，都提供了维护大学作为一方净土的现实可能性，而清华等高校所共同奉行的教授治校体制则是生逢其时，运转得十分理想。正是这个体制，维护了教授之间堪称“同无妨异，异不害同，五色交辉，相得益彰，八音合奏，终和且平”的和谐关系。

然而，如今的形势发生了根本性的变化。共产党已强大到足以和政府平分秋色、分庭抗礼的地步。两雄并立，水火不容。一边是如火如荼的自下而上的动员，一边是日益强化的自上而下的管制，中间地带被迅速分割蚕食，包括大学在内的任何一切组织都避免不了被撕裂的命运。

这是中国自有现代教育以来从未有过之大变局。在这样的大势之下，教授会是一定要分化的。有人固守传统，有人投身革命，有人意气消沉，有人干脆随波逐流。

雪上加霜

大体上，陈岱孙是属于“意气消沉型”的。

“卢沟桥事变”爆发后，他由于临危受命南下，失落了心血灌溉八年之久的《比较预算制度》的全部手稿以及所有原始资料，这对他个人的学术生涯无疑是一次毁灭性的打击。

抗战初期，在昆明遭遇的首场空袭中，平时经常处于懵懂状态的金岳霖险遭不测。自那以后，受林徽因等好友的一再叮嘱，陈岱孙每次“跑警报”都寸步不离老金的左右。尽管如此，还是出了事——在防空洞里，老金把他从不离身的已经写成了的《知识论》书稿垫在屁股下面坐着，结果走的时候给忘了，返回来找了好几遍也没找着。看着老金捶胸顿足，陈岱孙也感到十分难过，他太能理解这种不幸了。

但谁也不曾想到，金岳霖不久后竟又重写了这部七十万字的《知识论》。对此，陈岱孙羡慕不已，同时不禁仰天长叹，专业毕竟不同，自己所失去的永远也无法再度复制。

抗战中，陈岱孙仍然主讲财政学和经济学说史，但他的兴趣已经悄悄地从前者转向后者。没条件做什么前沿领域的研究了，只好回到历史中去。

进入1950年代，陈岱孙被“调整”到北大经济系，“西方”经济学不能讲了，他就带着一干人等全身心地钻研起了经济学说史。在后来的三十年里，“西方”经济学在学界几乎成为绝学，而经济学说史这门课偏偏成了它唯一的避难所，直到80年代初才又破茧而出，长寿的陈岱孙便在此时从大经济学家无可争辩地升格成为学界泰斗。这大概就是所谓的“异数”了。晚年的陈岱孙享受着如此这般的尊荣，但这又哪里是他“以前的旧梦”呢?

再回到原话题。

如果说，学术上的失落纯属个人问题，那么，陈岱孙的政治立场就不仅仅是他一个人的事了。近二十年来（包括西南联大时期），他一直是清华大学核心决策层成员，以“思虑周密、处事严谨、淡泊庄肃、方正不阿、不苟言笑、意志果断”著称。在清华园礼崩乐坏之际，他的选择也是令众人关注的焦点之一。

但陈岱孙此时恰逢人生中的又一场变故，从而暂时淡出了人们的视线——民国三十六年（1947 年）9 月 6 日，他的父亲陈懋豫去世了。

陈懋豫最终没有看到独生子岱孙成家，走得可谓死不瞑目。第二天入殓，第三天出殡、设奠，清华的同事们几乎全体到场致哀，陈岱孙立于灵前，强忍悲痛，向吊客一一还礼。他难以化解对父亲的歉疚之情。他不能原谅自己。

懋豫的棺材暂寄宣武门外长椿寺，按规矩得刷五遍漆，来了两拨漆工报价，都在法币五百万元上下（1947 年 9 月的物价指数与 1937 年 1 至 6 月的平均数相比，为 46,357 倍），差不多少，赶快就定了。

五遍漆刷完，已近年底。

陈岱孙早在 10 月就回到工作岗位，因悲伤过度，一直不大精神。学校内外乱哄哄的，他本来不爱凑热闹，这段时间就更超脱了，别人也不敢来打扰。学生经常罢课，他就当什么都不知道，赶上有课时，仍然提前几分钟到教室，在黑板上写几笔，然后坐下看会儿书，铃响之后底下要是还没人，便合上书本，扬长而去。

民国三十七年（1948 年）旧历新年一过，陈岱孙便张罗着安排男仆朝年护送父亲的灵柩返乡，自己等暑假里回去主持葬礼。

打算先用火车将棺材运到天津，再上船去福州。

火车运棺材，必须向北平市警察局和卫生局报批，手续比较麻烦，托关系走后门跑了半个月才得到许可。到了天津，棺材在福建老乡办的义园暂存了两个多月，这才等来一班没被军方征用的船去福州，说妥了，由朝年护送上船启运。不料，离港后，船东却变了卦，把东西

清华大学法学院政治学系毕业生合影，中排右四陈岱孙（他于 1946 年至 1948 年兼任政治学系主任），右三张奚若，摄于 1948 年 6 月

卸在塘沽，可怜的朝年只好再把它送回天津。

最后一直拖到 7 月清华放暑假时才又有了船，于是两拨并成一拨，岱孙便陪同母亲一起，亲自护送棺材上船南下。

风大浪高，母子二人均极感不适，坚持到了上海，上岸休息数日，改乘飞机到福州。船继续慢慢走着，8 月初也到了。陈懋豫辞世一年后，魂归故里，入土为安。

9 月 10 日，陈岱孙回到北平。从这个月开始，他的薪水不再是领法币，改为由政府根据 8 月 19 日总统令而新发行的“金圆券”。

此番币制改革的主持者是 6 月 1 日上任的中华民国行宪后首任行政院院长、地质学家翁文灏（字咏霓，浙江鄞县人，1889—1971），以及行政院政务委员兼财政部部长、原商务印书馆总经理王云五（号岫庐，广东香山人，1888—1979）。

翁文灏和王云五，一位大科学家，一位大出版家。

前者在民国二十年（1931 年）清华大学校长吴南轩被师生驱逐后，曾经短暂代理校务，时间不长，两个月加十二天。关于他，当时清华师生的看法是：“翁先生的学问，不用说是现在国内数一数二的第一流学者；翁先生的道德，又是洁身自好，磊落光明；至于翁先生的才力，我们只要对于他数十年来对社会的种种贡献，以及现在所惨淡经营的地质调查所的成绩略加考查，我们就可以想象而知了。翁文灏先生以当代学者来长我校，全校师生无不深庆得人。”

后者在民国二十一年（1932年）的“一·二八”淞沪抗战中，其所执掌的中国最大出版企业商务印书馆的几乎全部基业，被日军炸弹化为灰烬。王云五痛心疾首，一夜白头。他呕心沥血，于当年8月同时恢复了商务总管理处、上海发行所、新印刷厂的营业，并在发行所门口高悬标语一副：“为国难而牺牲；为文化而奋斗。”

可惜，时势不同了。

翁内阁意图挽救金融的措施也算得上是雷厉风行——与8月19日总统令同时公布的还有《金圆券发行办法》《人民所有金银外币处理办法》《中华民国人民存放国外外汇资产登记管理办法》《整顿财政及加强管制经济办法》等一系列条例，主要内容为：（一）以金圆券为本位币，一元法定含金0.22217厘、与法币之比为1∶300万、与美元之比为1∶0.25，发行总额以20亿元为限；（二）民间禁止流通、买卖或持有黄金、白银、银币、外汇，持有者必须在限期内兑换成金圆券，违者没收；（三）将全国商品、劳务价格（依兑换率折合为金圆券）冻结在8月19日的水平。

连年内战，物资匮乏，加之政府对市场供给全无控制之力，限价只是饮鸩止渴之举，以行政手段强迫冻结物价，其结果只能是有价无市。商人想方设法保有货物，等待时机再图出售，商品流通陷于瘫痪，一切交易转入黑市。10月底至11月，政府迫于无奈，先后宣布放弃限价政策、降低金圆券的法定含金量、准许人民持有金银外币，金圆券之发行则取消总额限制。

中央银行金圆券伍佰万元，1949年（来源于公开资料）

翁内阁随即总辞职。

政府的信用就此一钱不值了。物价顿时如脱缰野马，不可控制。

金圆券发行限额取消后，11月底，发行总量增至34亿元，12月底，增至83亿元，次年1月208亿，5月因国共和谈破裂竟达到57万亿，6月更增至130多万亿，超过原定发行总限额的六万五千倍，形同废纸。

在金圆券从诞生到崩盘的过程中，政府高官和巨商大贾自有应对的本领，乡间农人和城市贫民本来无产可贬，受祸最烈的当属包括陈岱孙在内、全国各行各业奉公守法的中产阶级。新政实施初期，在银行门外排着长队、将自家压箱子底的少许金银外币兑换成几张新钞票的正是这些人——两个月当中，他们向政府贡献的硬通货一共折合168,296,390美元。

按照最初的法定兑换率（金圆券一元可兑换300万元法币或0.25美元），陈岱孙的月薪（包括研究费）为201.25元，银行存款有3000多元，尚属有产人士。

他很快就破产了。

全国人民都破产了。

遥想民国二十五年（1936年），中国实施法币改革，废除银本位制，当时陈岱孙出于对纸币制度易于引发大规模通货膨胀的担忧，在清华大学《社会科学》第一卷第三期上发表论文《通货膨胀与岁计》。在结论部分，他是这样写的：

“通货膨胀虽可有各种之原因，而实以岁计均衡之破坏为最要。以性质论，通货膨胀为一种变形之赋税，而税负分配之不均，实为其大病。然以之为一种实际财政策略，不但财政力薄弱政府，不能不加以利用，即财力强盛之政府，恐亦未能完全抗御其强烈之诱力。盖其能以迅速之手段，于不知不觉之中，征收人民大量之资财，以裕国用，为任何税债所不及。吾人或可承认，在非常局面急剧骤变之时，政府必须于短促期间，增加收入，以适应此骤然增加之巨量支出，通货膨胀恐难或免。然在此初期之后，政府必须于岁计收支之他部分，讲求其所以开源节流之道，停止或绝对限制通货膨胀之继续推行。否则时事推移，政府一失其控御之能力，不但养成尾大不掉之局面，而反动之势力，且将反致岁计均衡于溃裂也。”

船长走了

民国三十七年（1948 年）11 月上旬，辽沈战役结束，下旬，解放军东北野战军入关。

11 月 24 日，教育部督学来到北平，向清华传达政府关于学校南迁的意见。

12 月 2 日，清华教授会拒绝该项动议。

与此同时，教育部紧急拟订了“平津学术教育界知名人士抢救计划”，所拟定的抢救人员名单包括：（一）各院校馆所行政负责人；（二）因政治关系必离者；（三）中央研究院院士；（四）在学术上有贡献并自愿南来者。据当时估计至少有 60 人（连同眷属至少 300 人），准备分期分批运往南京，所需运输飞机由交通部部长俞大维全权调度，华北剿匪总司令部（“华北剿总”）予以协助。

12 月 13 日，从清河至白石桥一线多处发生战斗。

12 月 14 日，西北郊战事平息。颐和园、圆明园、清华园一带的国军撤入北平城内，清华大学遂处于真空地带。校内气氛紧张，人心惶惶。

上午 11 时许，梅贻琦携带全校本月薪金从城里回来（他昨天进城为学校弄钱，并连夜与城内各大学校长碰头，商讨应对时局的措施）。

下午，学校下发了 12 月的薪水。

下午，梅贻琦主持第九十四次校务会议。会上，由校长报告的事项有：调整公费生副食费标准，修订本校户口清查办法等；提交议决事项为：农学院畜牧场牛奶收费自本月下半月起调整为每磅一块钱（金圆券）。

会后，梅贻琦打电话将校长室秘书沈刚如召至甲所家中，面交一包有价证券及契约文书（天津卢木斋的后人捐资与清华合办数学研究所之基金），并嘱其整理登记，又托沈刚如将金元一枚、金条一根转交出纳组收存入账。交代清楚后，梅贻琦只身登车，再次进城为教职员筹措下月薪资。动身时，恰好陈岱孙来找，梅贻琦说："我现在赶快进城，要弄一些钱来，学校没钱了。弄点钱来好让师生员工度过这段时间。我拿了钱，马上就回来。"

晚间，梅贻琦带着钱，准备出西直门返校时，发现城门已关。西直门平时每晚 10 点关城门，关门后只能凭通行证出入。但是这一天，通行证突然失效，梅贻琦出不去城，于是住回北京饭店。

这一天，解放军占领南口、宛平、丰台、通州、黄村、采育，彻底切断平津联系，完成了对北平的合围。

这一天，南京派来的飞机降落北平南苑机场，指名接北大校长胡适。胡适辗转找到已经避居城内的清华教授陈寅恪，下午，两人各携家眷，乘坐胡适的车去机场，但在宣武门遇阻，交涉未果，返回城内。

这一天，有人一再劝告梅贻琦也搭乘这架飞机走——"机"不可失，时不再来。但梅贻琦在问清楚此班飞机并非前来接他之后，无动于衷。

这一天，解放军的火力一度控制南苑机场，"华北剿总"司令长官傅作义下令部队拼死反攻，护住了跑道。

12 月 15 日，解放军接管海淀地区，战事转移至北平城西和城南。

清早，胡适与陈寅恪两家在中南海公园勤政殿门前换乘傅作义的专车，顺利通过宣武门至南苑机场，乘机飞离北平，同机离开的还有北大历史系毛子水、北大化学系钱思亮、北平教育局局长英千里等。

梅贻琦在城内以电话通知校务会议代理校务，以冯友兰为校务会议临时主席。

晚间，清华大学与城内的电话联系中断。

12 月 16 日，解放军第十三兵团一部进入清华大学。

12 月 17 日，没有城内的消息。这一天，解放军攻占南苑机场，傅作义极力企图收复，但均被击退。

12 月 18 日，解放军第十三兵团在清华大学贴出安民告示，并留下观察员驻守。

12 月 19 日，国民党飞机在清华园投下九枚（注：另有十二枚之说）炸弹，幸无人员伤亡。

下午，冯友兰从家里（乙所）出来，穿过一条林中小路，到工字厅后边的滑冰场附近闲逛，一路上见有飞机在上空盘旋。待他转回家去，刚坐在沙发上，就听一声巨响，“把我震得从沙发中摔出来。……走出门一看，才知道在我刚才走过的那条路上的东边树林里，落下了一枚相当大的炸弹，把树炸倒了两棵，地上留下一个很大的弹坑。我在昆明住了八年，经过不知道多少次的空袭，还没有一枚炸弹落在距离我这么近的地方。……如果这枚炸弹落在滑冰场上，那就不堪设想了”。

这一天，城内，在距离梅贻琦所住的北京饭店一箭之遥的东单，一条南北向的简易跑道竣工。

12 月 20 日，清华教授会发表对于昨天轰炸事件的抗议。

这一天，东单临时机场投入使用，南京派来接梅贻琦的飞机降落。

12 月 21 日，有人穿过封锁线从城里来，说“梅校长昨天还在城里”。

中午，梅校长从容登机，随身物品为一架打字机和两本书。同机离开北平的有北平图书馆袁同礼、中央研究院李书华、北师大英语系梁实秋夫妇、北平国立艺专音乐系赵梅伯、北平中国大学哲学系张起钧、清华心理系敦福堂、北大哲学系张颐（取道南京返回四川老家），清华数学系杨武之（杨振宁博士之父，后滞留上海，未能出境，1950 年未获清华大学续聘，遂先后任教同济大学、复旦大学）。

傍晚，飞机降落南京，梅贻琦在机场回答《申报》记者提问，说：“现与抗战时期不同，另建联大或无可能。”

12 月 24 日，平安夜，下了雪。

上午，清华教授会会议，有两个议题：（一）以教授会名义致函，挽留梅校长继续为清华服务，此提案获得通过；（二）进步教授提议解散评议会，代之以一个“紧急委员会”决定学校的大政方针，并吸收职员、学生、校工代表参加，此提案未获通过。

12月27日，教授会会议。会上通过一项决议，选举李广田、钱三强、费孝通、钱伟长、刘崇乐等进步教授与若干职员、校工代表组成所谓“校制商讨委员会”。航空工程学系有个叫宁榥的，有感于会议的“团结”气氛，情绪激越，在散会前高唱校歌。

12月28日，评议会会议，决定在明天的教授会上自请解散。

12月29日，教授会会议，不同意解散评议会，并通过一项声明向评议会致敬。

12月30日，评议会照常开会，决定本学期取消期末考试。

12月31日，除夕。陈岱孙在周培源家吃饭。最近一星期以来学校里发生的事，好像也不如大家事先所想象的那么糟糕，于是会心一笑。

但是，从明天（明年）起，他们就不大能够笑得出来了。

民国三十八年（1949年）1月10日上午11时许，校务会议。文学院院长冯友兰（校务会议临时主席）、教务长霍秉权、秘书长沈履、训导长褚士荃、理学院院长叶企孙、法学院院长陈岱孙、工学院院长施嘉炀、农学院院长汤佩松出席。北平市军事管制委员会文化接管委员会主任钱俊瑞到会，正式宣布接管清华大学，同时申明继续维持原有的治校体制。

1月12日，教授会会议。进步教授卷土重来，群起猛烈抨击梅贻琦以及清华的评议会制度，陈岱孙听不下去，提前离席退场。

梅贻琦3月由上海飞广州，6月赴巴黎参加联合国教科文组织会议，会后于年底抵达纽约；1950年任“华美协进社”（China Institute in America，为“中华教育文化基金董事会”驻美机构，管理清华大学在美资产）常务董事；1951年，夫人韩咏华从香港前来团聚；1953年任“教育部”在美文化事业顾问委员会主任委员；1955年返回台湾地区，在新竹恢复“清华大学研究院”并创办“清华原子科学研究所”；1958年出任“教育部”部长兼新竹清华校长；1959年兼任“国家长期发展科学委员会”副主席；1960年5月，因病入台大医院疗治，6月，夫人韩咏华抵台；1961年2月，获准辞去“教育部”部长；1962年2月，当选“中研院”院士（在24日的欢迎新院士的酒会上，“中研院”院长胡适突发心脏病去世），5月19日病逝；1964年，新竹清华恢复大学部。

附：《〈梅贻琦先生纪念集〉序》（节选，作者陈岱孙，1993 年 11 月 20 日）

我与梅贻琦先生曾共事多年，对他的思想、事业和为人可以说都有所了解。本书所收文章的作者许多都是旧识故知。现在这些熟悉的名字以缅怀共同师友的形式联系在一起，见之不禁往事萦回、感慨系之。

梅贻琦先生是一代受尊敬的科学家和教育家。突出的是，他一生的业绩和清华大学是结合在一起的。

梅贻琦先生是清华大学的主要创建人。虽然清华在 1925 年就办了“大学部”，但实际上是，在梅先生在校期间，清华才从颇有名气但无学术地位的学校，在不及十年的时间跻身于国内名牌大学之列。当然，这成就和当时全校教职工的努力分不开的，也和在 1929 年至 1931 年间，长期代行校长职务的校务会议对办学方向、风尚、体制、规章等基础的树立分不开的。但只是在梅先生的领导下，清华大学的创建才取得了成功。

有两件事特别值得提出。第一件是师资人才的严格遴选和延聘。在我于 1927 年来清华任教时，清华大学部也才有三年级的学生，每系的教师人数极少。可以说，在学校改制之后，教师遴选的问题一直为执行校务和各系主持者所注意。在这几年间延聘者不少为当年各科一时之彦。但是更重要的是梅先生长校后才把这一方针肯定下来。在他就校长职典礼上，提出后来大家都知道的他的名言：“一个大学之所以为大学全在于有没有好教授”“所谓大学者，非谓有大楼之谓也，有大师之谓也。”在 30 年代初期，清华在延聘教授方面，严格地遵循这一原则。教师聘约一般为两年，两年后认为可续聘者才致送新聘约。另外，当时也注意避免“近亲繁殖”的问题。这不等于排斥本校毕业的同学。但在延聘时，遴选的面要宽，不以本校毕业者为限。所以在三十年代我们全体教授中不少是别校毕业学有成就的学者。这一似乎顺理成章地成为清华的传统，和梅先生的广致人才的“大师”思想有着直接关系。

第二件事是推行一种集体领导的民主制度。在当时和后来都有人说清华大学当时实行的是教授治校的行政体制。清华这一体制是以 1929 年 6 月 12 日修订的《国立清华大学组织规程》上有关条款为依据的。

教授会和评议会，在清华学校时期已经存在。这个“规程”实是在 20 年代末——那一段没有校长，校长职务由教务长、秘书长、各学院院长组成的校务会议代行——的经验基础上改进的。梅先生从 1931 年年底来任校长后，极力支持这一行政体制。后来这个制度还被带到西南联合大学——虽然组织的名称不完全相同。联大有个教授会。教授会这一组织本来不是清华所独有的，但其在原来三校中，其作用不尽相同。在联大，应该说，它所起的最高权力机构作用较近于清华的传统。联大没有评议会，却有一个名为校务委员会，而其实组成方式和其所起的立法机构作用都和清华的评议会相同的机构。联大的最高的行政机构则是由三校校长合组成的、实等于清华校务会议作用的大学常务委员会。

这两件，在清华大学迅速发展中起了关键作用的事，都和梅先生的伟识、宏量分不开的。

1937 年全面抗战开始，平津沦陷。清华大学和北京大学、南开大学奉命南迁，联合组建“长沙临时大学”，一学期后，再迁昆明，改称“西南联合大学”，从而经历了九年的颠沛流离的流亡大学生活。建校的道路是艰辛的。三校原来是国内北方三所名校。但正为一位绝对对联大怀有善意的学界人士当时所说的：三校已被连根拔起，流亡后方，一无校舍、二无设备、三无图书；只靠教员口授，教不出好学生来。但是临大、联大就是在这“筚路蓝缕”的精神下，战胜种种困难建成起来的。这当然又是和三校全体师生坚韧的精神境界分不开的，但也又是和学校领导，尤其是和实际上负校务领导责任的梅先生的领导分不开的。

上面已提过，临大和联大都不设校长。学校的最高行政机构为由南开校长张伯苓、北大校长蒋梦麟和清华校长梅贻琦组成的大学常务委员会。在三校长中，伯苓校长年龄最大，资格也最老。在长沙临大期间，他曾去长沙参加临大组建工作，但不久他就去重庆，在当时政府中另有职务，终联大之期基本上不去昆明。梦麟校长参加了临大和联大初期的组建工作。虽然在联大成立后的初期他仍住在昆明，在后期，也不时来往于昆明、重庆两地，但即在昆明他亦避免过问校事。张、蒋二校长间似有一种默契，让三人中年龄最轻，为人谦仲、诚笃、公正的梅校长统管全部学校行政工作。他们公推梅校长为联大常委会主席。所以梅先生在昆明实际上既是清华大学校长又是联大校长。而梅先生确不负众望地把三校的兼容并包、坚韧自强、严格朴素的学风融为一体。

举一小小的例证。在昆明，各机关都有一小汽车，供首长使用。在空袭频繁的年头，在城里发出警报之后，不少机关的首长纷纷乘坐汽车出城到乡间躲避。清华大学当时也备有一辆小汽车供梅先生使用。也就是在这一时期，后方的通货开始急剧膨胀，物价日升，师生生活日趋困难。梅先生毅然封存汽车辞退司机，每日安步当车往返寓所和联大办事处；有酬应，则以人力车代步。在躲避空袭时，他和师生们一起，出联大校舍的北门，在北门外小山上，席地坐于乱坟之间。在飞机飞到临头时，又一起跳入乱坟间事前挖好的壕沟中，仰察炸弹的投向，这一镇定坚毅、平等、同艰的行为在西南联大起了不言而教的作用。

1949 年以后，梅先生在美国保管清华在美的基金，而始终不能忘情于促进科学技术在祖国的发展。1954 年他开始计划同台湾科技学术机构合作，从事原子科学研究工作；从 1955 年起，相继筹建了“原子科学研究所”“化学研究所”和“应用物理研究所”。在这几个研究所的基础上，终于发展成近代大学的规模，于他逝世后改称为大学（他生前一直拒绝使用“大学”称号），这就是现在的新竹清华大学。梅先生因积劳成疾，于1962年逝世，但新竹清华大学在继任者不断努力建设下，今日已成为屹立于海峡彼岸、中外蜚声的一所名校，足以慰先生的遗愿了。

上面所述的梅先生三段和清华大学的关系，是梅先生一生业绩的历史，也是清华大学创建、发展的历史。

第九章 曲终人散

（1949—1952）

联想过去是不现实的。

新政

民国三十八年（1949 年）1 月 16 日，军管会下发了当月一部分薪水（其余部分什么时候发、发多少，没有通知）。陈岱孙领到人民币 1050 元外加 20 斤棒子面，他第二天买了 5 斤猪肉和一些蔬菜，花费 300 元。

临近月底，北平解围，城内外交通恢复。26 日，陈岱孙与霍秉权、汤佩松等一起进城办事。在北平被围的四十来天里，南京教育部汇给清华的款项一直由北大代领并代存银行。梅贻琦走前指定了一个五人联络小组（许振英、陈体强、唐统一、张肖虎、李宗津），负责照顾城内的清华教职员家属，需用款时，就到北大支取。现在，联络小组已经完成使命，陈岱孙一行此次前来就是为了查看有关账册、文件、余款以及联络小组统一采购的生活物资库存情况，以备交接。

出现一个难题，事情不大，但是特别"糟心"——清华园内的教职员们领到了军管会下发的 1 月份薪水（尽管只是一部分），而不少人的家属在北平围城期间住在城里，从城里的联络小组那里也领到了 1 月份薪水。

有相当一部分人就这样在 1 月里支取了双份工资，一份是人民币加实物若干，一份是金圆券加实物若干。

校务会议的态度很明确，只能领一份，多领的要退还给学校。按该等方式处理，在太平年月丝毫没有问题，当然，在太平年月也不可能出现这样的状况。须知 1 月 28 日、29 日是旧历除夕和新年，而清华园大多数人家已经数月不知肉味了……

领了“双薪”的人们表现各异。有的心安理得，忙忙碌碌地采办年货，一脸藏不住的喜悦；有的尽管不那么招摇，但也若无其事；有的则在人前坚辞否认；还有的确实是别人在自己不知道的情况下好心帮着代领回来的，面有愧色地上交了，谁知家眷们不答应，抱怨之声喋喋不休。

双薪的诱惑很难抗拒，除了因为这个年关特别难过之外，还有一个在金圆券和人民币之间难于取舍的问题。

这是金圆券放开发行量的第三个月，虽说币值一直在贬，但贬值速度看上去尚可预期，与将要在 5 月份到来的总崩溃相比，它在 1 月还远远没有成为废纸。并且，民众对于在法币环境中讨生活已经具有丰富的经验，换了金圆券，道理应该也是差不多的。

而人民币对于大家是个完全陌生的东西，它的发行准备为何、币值如何确定，没人搞得清楚。所以，清华大学在 1 月份第一次用人民币发工资时，不知道该发多少，最后是参照去年 11 月的薪资标准，当时发多少金圆券，这次就发多少人民币。结果，把这个方案报上去，军管会竟也批准同意了。

过完旧历新年，教授会开会，没有沿着年前的思路继续讨论清华治校体制的改革，而是决议组成一个临时委员会，负责对领双份薪水的现象进行彻查。部分人不干，辩称领双薪之举完全是出于无奈，都怪校当局没本事从军管会那里要来 1 月份的足额薪资。这一指责激得校务会议临时主席冯友兰大怒，说：“我又不是要饭的，当然没本事要来钱。”

第二天，临时委员会对了对账，拉出一份名单报给评议会。

军管会可能得知了这场风波，于是赶紧在 2 月初把 1 月份的欠薪给拨了下来。这次补发工资，领过双薪的人自然没有资格申领。

旧历年前，腊月二十四（1 月 22 日，梅贻琦飞离北平的第二天），傅作义开始执行与中共方面秘密商定并签署的《关于北平和平解决问题的协议书》。至正月初三（1 月 31 日），城内国民党军队全部开出城外接受整编，当天中午，解放军第四野战军（原东北野战军）派遣一部入城，北平实现和平交接。

正月初六（2月3日），解放军举行正式的入城仪式，清华大学有大约150名师生加入了北平市民的欢庆队伍。这一天，陈岱孙没有出门，也没有约人在家打桥牌，他用一整天时间读完了约翰·希克斯（John R. Hicks）的《美国经济的社会构造》（*The Social Framework of the American Economy*）。

2月20日下午3点，陈岱孙作为北平市386位社会名流之一，受邀前往北京饭店，参加新政权举办的招待会以及晚宴。会上另有四位特殊的客人，颜惠庆、邵力子、章士钊、江庸，他们来自上海，是南京政府李宗仁代总统的私人代表，到北平接洽南北和谈事宜（陈岱孙的老同学甘介侯，三年前开始任清华大学政治学系兼职教授，此时正利用年休假在南方襄助李宗仁，本来也要参加这个代表团的，可能是由于他的亲美色彩过于浓厚而被北平方面拒之门外）。颜惠庆是岱孙的老前辈、老相识（见第六章“忙碌的假期”一节），他此次北上使命重大，十分慎言，两人在那样的场合仅握手致意，略作寒暄。

招待会和晚宴的主人是中共北平方面的最高负责人——林彪、董必武、聂荣臻、叶剑英，每人都讲了话，阐述中共关于和平过渡的种种政策主张，也回答了在座诸公的问题。林彪说：“北平未经炮火而得解放，对人民是很好的，全国人民殷望和平，共产党对和平一片真诚，但对方依靠美帝，想作挣扎的企图是显明的。希望邵公（注：邵力子）等南返，向人民转达中共之意，一齐为永久的真和平努力。”

陈岱孙赞同南北和谈，今天第一次接触到新政权的核心人物，他认为对方的头脑是“明智”的。但是如果说到和谈的结局，他就一点都不乐观了。因此，“新的习惯出现了，一些事是不可否认的现实，联想过去是不现实的，一个快速消亡的鬼世道很快就要无影无踪，对于年轻人没有什么遗憾，对于老年人没有什么办法”。

话说北平军管会在接管清华大学之后的第一次发薪是按照以人民币为主、以实物（粮食）为辅的原则来实施的。效果很不理想。归根到底是因为，只要国内和平一日不实现，则任何钞票都不可能得到人民的信任，物价稳定无从谈起。因此，为保障清华教职员的基本生活，军管会下令，清华园暂实行战时供给制，薪水改为完全按实物发放。

自 2 月起，陈岱孙的月薪是 800 斤小米；4 月，国共和谈破裂，解放军渡过长江，占领南京，金圆券完蛋；5 月，军管会可能认为人民币已经站稳脚跟了，于是本月陈岱孙领到 10,175 元，没有实物，结果证明市场规律往往和人们的主观认识相反——人民币同样大跌，这点钱还不够买两袋面粉；自 6 月起，恢复实物供给，发放标准和内容只能随行就市；9 月，陈岱孙领到 1210 斤小米（按当月米价，约合人民币 20 万元）；11 月，本地大米 100 斤、外地大米两袋、面粉一袋……

中国人民银行人民币壹万元，1951 年（来源于公开资料）

3 月 3 日，新学期开学。3 月 15 日，军管会代表张宗麟、吴晗开始驻校办公。

此后的一年中，清华大学治校体制发生了根本性的变化，校务委员和各学院院长不再经过教授会推选，改为由中央政府教育主管机关直接任命。

新的组织架构和人事安排不能一步到位，只好边运行、边调整。

5 月 3 日，评议会召开最后一次会议，宣布解散、终结。

5 月 4 日，北平市军事管制委员会文化接管委员会（主任：周扬，副主任：陈微明）通知："奉军管会决定，成立清华大学校务委员会，任命叶企孙等二十一人为校务委员会委员，并以叶企孙等九人为主席、常务委员。自校务委员会成立之日起，旧有行政组织即行停止活动。"二十一人名单为：叶企孙（主席，常委兼）、陈岱孙（常委）、张奚若（常委）、吴晗（常委）、钱伟长（常委）、周培源（常委）、费孝通（常委）、陈新民、李广田、施嘉炀、汤佩松、冯友兰、戴芳澜、刘仙洲、屠守锷、潘光旦、张子高、樊恭然（常委，讲师助教代表）、张儆（讲师助教代表）、吕应中（常委，学生代表）、袁君孚（学生代表）。

同一天的另一则通知，任命周培源为清华大学教务长，陈新民为秘书长，冯友兰为文学院院长，叶企孙为理学院院长，陈岱孙为法学院院长，施嘉炀为工学院院长，汤佩松为农学院院长，潘光旦为图书馆馆长。

9月初，冯友兰向校务委员会请辞哲学系主任、雷海宗请辞历史学系主任，获准。校务委员会聘金岳霖为哲学系主任、吴晗为历史学系主任。

冯友兰另向华北高等教育委员会请辞清华大学文学院院长、校务委员职务。

9月26日，华北高等教育委员会（主任委员：董必武，副主任委员：张奚若、钱俊瑞）任命吴晗为清华大学文学院院长。

1950年1月6日，中央人民政府教育部（部长：马叙伦，副部长：钱俊瑞、韦悫）指令："你校吴晗教授，以兼任北京市副市长职务无法兼顾，拟请辞去文学院院长兼职事，应予照准。"

2月2日，中央人民政府教育部指令："你校校务委员会推荐哲学系教授金岳霖继任文学院院长，并兼校务委员会委员，照准。"

3月16日，中央人民政府教育部令："兹决定改组你校校务委员会，并指定叶企孙、周培源、吴晗、陈新民、费孝通、钱伟长、金岳霖、陈岱孙、施嘉炀及工会代表九人，学生会代表三人，共计二十一人，组成新的校务委员会。另指定叶企孙为主任委员，周培源、吴晗为副主任委员，周培源兼教务长，费孝通、钱伟长兼副教务长，陈新民兼秘书长，叶企孙兼理学院院长，施嘉炀兼工学院院长，陈岱孙兼法学院院长，金岳霖兼文学院院长。新校务委员会成立后，原校务委员会即行结束。"

1949年5月30日，陈岱孙递交下学年休假申请；8月2日获准；9月6日移交公事。

陈岱孙已经17年没有休假了。这一次，他哪儿也没去，除了不讲课、不负责经济学系的行政事务之外，在清华园，在新林院3号，生活大体上照常继续。

所谓“照常”，是指有两件事他还得亲力亲为。一是出席在校内校外频繁召开的各种会议，讨论主题不外乎“课程改革”和“院系调整”方案。二是受命主持整理前任校长梅贻琦留在甲所的各类文档卷宗，梅氏掌校清华十八年，走得匆匆，“遗物”浩繁庞杂，把它们收拾清楚是件颇为费时费力的工作。

所谓“大体上照常”，是指陈岱孙的生活总不免要发生点变化——他的新林院 3 号将不再是独门独户，而是要与人分享了。

随着中国共产党政权稳定，负笈海外的进步学人纷纷回国报效，清华大学的教员数量顿呈直线上升之势。盖不起新房子，只好动老房子的脑筋。在清华园，有许多教授的住宅是完全可以容纳两家人的，新林院就更不用说了。

陈岱孙的新林院 3 号属于最后被拆分的一批。11 月，方案确定，陈岱孙将让出西半边（客厅和饭厅），房子随即开始重新隔断并改造水电暖等管道线路。

新住户原本是核物理学家钱三强博士（清华大学 1936 年毕业生）一家三口，后来改为金属物理学家葛庭燧博士（清华大学 1937 年毕业生）一家四口，于次年（1950 年）1 月 31 日入住。

自此，陈岱孙渐渐有了隐士的心态。

大学之道

1949年至1952年，发生在中国高等教育界的头等大事便是“课程改革”与“院系调整”，这是一场充分贯彻国家意志的教育改革，影响至为深远，其功过是非，一言难尽。

课程改革与院系调整本是同一把钥匙的两个面，这一把钥匙要解决三个问题：巩固新的意识形态，为急速的工业化运动输送专门人才，重新配置教育资源。

课程改革的宗旨是：“政治课要加强，业务课程尽量精简”。

1949年3月3日，清华大学春季学期开学。从这学期开始，文、法学院各系新添辩证唯物论、哲学问题讨论、历史哲学、社会法理、社会主义名著选读、毛泽东思想、中国财政问题、马克思主义经济学、组织与管理、农村社会学、资本问题等课程。

关于专业课的精简，清华大学工学院提出了五条著名的原则：（一）减去不必要的重复；（二）注重有系统的基本观念；（三）明确每门课程的目标，即是认识和运用基本观念后训练分析的能力和工程师的基本技能；（四）指出课程的重点；（五）加强计划性。

专业课程在力求精简的同时，还必须做到整齐划一，以适应高度计划性的国民经济管理体制的人力资源需求。

1950年，教育部召集京津地区各大学的理、工学院，成立数学、物理、化学、地质、电机、机械、土木、化工八个课程改革小组。根据政务院财政经济委员会、重工业部、燃料工业部、交通部、铁道部、水利部以及中国科学院等机关的意见，确定各系的教学任务，详细载明公共必修、系必修、分组必修课程，规定学生每周（上课、实验、自修）学时，订定选修课名称和内容以及每周学时。以此为开端，全国各院校的课程和教学方法开始趋于标准化，完全放弃自有特色。

从试行课程改革到酝酿院系调整（拆分重组综合性大学为单科学院），旧教授（也包括其中的进步教授）与新政权，在“大学的性质和任务”——大学究竟应当培养“通才”还是“专才”——的问题上的根本分歧日渐明显和公开化。

中国人民政治协商会议第一届全国委员会组织的宪法草案座谈会第十一组（共十七组）合影，前排左一陈岱孙、左二蒋南翔、左三刘仙洲、左十马寅初、左十一叶企孙、左十四钱端升、左十六马约翰、左十七冯友兰、左十九周培源 摄于1954年5月

1950年5月27日晚7时，中国民主同盟文教委员会和光明日报社于清华园甲所举行高等教育问题座谈会，邀请清华、北大、燕京等校教授代表，讨论教育部下发的高等学校组织规程和课程改革草案。会议由民盟中央常委张东荪（时任中央人民政府委员、政务院文化教育委员会委员、燕京大学哲学系主任）主持，他说：“教育部召集的高等教育会议（注：指1950年6月8日召开的第一次全国高等教育会议）在最近就要正式开会，如果大家能有什么好的意见贡献出来，我想对这次会议一定是有益的。尤其我们大家都是从事于高等教育工作的，我们自己所提出来的意见或者比别人所提的意见更恳切，更实际一些。”

来自清华大学的与会者发言内容如下（根据座谈会记录节选）。

金岳霖（清华大学文学院院长）：

这次课改，领导方面没照顾到整个问题，特别是对哲学系。

提起哲学，有人可能以为它有毒素。它是否有毒，各人所见也许不同，但是即令有毒，它是否就可怕呢？有毒的东西不一定都是可怕的，或都是无用的。

别的系的人是不是一下就可以把思想改造得好呢？

说哲学系的人思想一下改造不好，事实主要的怕是哲学系出来的人搞什么的问题。如果问题是：他们能不能进公安局呢？能不能进重工业部呢？这提问题的办法本身就有毛病。它的根据是狭隘的实用主义。

大学不是专门训练狭隘的实用人才的，它是在广泛的科学的基础上教育学生掌握理论，使能灵活运用，并从事专门研究工作的。

我主张大学中的理、工、文、法、医、农学院不要分开，这正是大学之所以为大学。大学一方面要教育人才，一方面还要做高级的研究工作。学问一方面要专，一方面要互相交流，互相联系。学问是不可孤立和分割的。

我们不要忘了大学是建设中非常基本的东西，有继往开来的作用，不要因一时需要，忽略了更大的责任。

叶企孙（清华大学校务委员会主任委员）：

在高等学校组织规程草案中，将高等学校分为两类：综合性大学及（单科）学院。在综合性大学内，设立文艺科学（注：指人文学科）、社会科学及自然科学各部门的学系。但该草案并未说明所谓自然科学是否包括工农医在内。教育部是否拟将现有的综合性大学中的工农医学院全部分调出来，在全国合设工农医方面的单科学院，此点应请教育部说明。

潘光旦（清华大学社会学系主任）：

我感觉到我们中间，有些朋友可能对原有的大学还是不够放心，特别是在思想与理论的传授上担心教授们学习不够，怕他们在理论上出漏子，贻误了下一代的青年。所以在这次课程改革的时候，一遇到和理论有关涉的课程，这些朋友便特别审慎，也好像是在暗示，马列的理论而外，其他的理论最好能尽量避免。

我认为这种不放心是不必要的。

我们必须想到马列的理论的所以构成，一半是马列的天才，一半也是二三千年来西洋学术文化的精髓，精髓的来源不一，大学生是不妨对这种来源作进一步的问津的。马列主义是不断要求进步的，一切要进步，主义自身也要进步，马克思去世了六七十年，列宁也已去世了二十多年，这许多年头里所累积而可以使马列主义更适于发扬的新资料也复不少，大学青年有权利有能力吸取这种资料。

我认为课程的改革和院系的调整，目前没有大事更张的必要。大学可以抽出一部分力量来办专科大学，也可以在大学环境以内附设种种短期的专修班。但这些是无须把现有的大学完全调动的，不完全调动，做起来反而容易。

关于综合大学，我和金（岳霖）先生的意思一样，认为要真得到综合与融会贯通的好处，大学的院系不厌其多，各院系一般的相处便有交流的好处。理工农医的学生能在课程上多得一些文法的涵养，文法的学生正也不妨有些金工木工的最低限度的实习，好从而认识一些真正的唯物的精神。

费孝通（清华大学校务委员会副主任委员）：

大学按理是有责任供给建设事业的高级专门人才的，但是一时负不起这个任务，于是发生了需要与供给之间的矛盾。需要方面埋怨供给方面出品不够标准。什么标准呢？看看订单，有很多是极专门的，大学里造不出来。

要求专，问题很多。要专基础就得打结实一些。但是检查一下原料，却很困难。我们不要忘记，我们是经过了长期战争和反动统治的压迫，教育出身是创伤斑斑的。小学到大学，环环都受到摧残，在这基础上，立刻要在大学里搞专门，像是要在沙土上造高塔。

有很多人不喜欢“通才”两字。我觉得我们实在谈不到这两个字，我们现在并不是在争“通才”与“专才”哪一种才重要，而是在要不要打好基础的问题。

需要人才的部门不能希望大学能很快供给他们大量专门人才，正好比我们不可能希望现在的机器制造厂能制造出十分精确的机器一般。我们还得想一个过渡办法，就是为应付目前急迫需要，多多设立训练班、专修科。可是教育经费又这样紧，最好是由业务部门和教育部门合作，一方面出钱，一方面出力，合起来渡此难关。把这个急迫需要的压力减轻了，大学教育才可以有计划地谋恢复和改造。同时，中学的改造和提高必须立刻着手加紧努力。没有这个条件，大学改造还是有困难的。

大学改造主要是要依赖大学里教员们在原则性的指导下，自动自发地去创造经验。因之领导上必须着重怎样去启发群众的积极性。如果拿出一个方案要大家照办，不但这方案可能不完全，可能在实际情况下行不开，而且可能约束了自发性和阻碍了创造性。

张奚若（清华大学教授）：

大学的任务是一方面要提高学术理论水平；一方面要鼓励学生的创造性。大学的性质应该是全面的、向上的、创造的，大学教育不但要顾到现在，更要顾到将来。就一个大学的本质来说：学术的研究成分应当重于实用的技术成分。

或者有人要说，这样的大学是不结合实际的，是没有用的。究竟什么是有用呢？所谓有用本来有直接的或间接的，狭义的或广义的，目前的或将来的，局部的或全面的各种不同，大学的所谓“有用”究竟是哪一种呢？我的了解是它应该是广义的、长期的和全面的，如果我们只顾到目前的、狭义的、局部的“有用”，而完全忽视了长期的、广义的、全面的“有用”，那是不对的，那就要造成“狭隘的实用主义”的偏差。

现在因为专科学校不够，一时也无法大量添设，大学应当尽量地兼做专科学校的工作，兼尽专科学校的责任。不过千万不要因为一时的特别兼职而完全忘记了原来的本职。如果忘记，那转眼就会发现于国家大大不利。

文法学院的基本任务是给学生以宽厚的基础、高级的常识和分析判断的能力，而不是给以专门技能的训练，一毕业就有一定的专门用途。这并不是我们不愿，而是因为文法科训练本质上不可能。

事实告诉我们，学国文、学历史的学生毕业后并不限于只能教国文、教历史，而学法律、学政治的学生也并不见得就能做好法官或做好政治家。总之，一个文法学院的毕业生只要有宽厚的基础、高级的常识和判断的能力几种武器，再加以到了社会岗位后的积极学习，那就对于社会上许多事便都会做而且也能做得很好，并不一定非在大学学过不可。其实，大学也无法教那样许多的具体的实用技能的。

课程改革如要合理，如要适当，我们就必须把大学本身的性质和大学文法科的性质弄清楚。

陈岱孙（清华大学法学院院长）：

似有不少人主张高教机构均衡地分布国内各地，这是否也是不顾实况的一种平均主义，如果人口高度集中区是在沿海各省市，高教机构的分布似乎应该照应这情形和需要，人口集中区应该有较多较大的高教机构。

假定大学与专修职校的目的能够明确，现在各生产部门的专业人员的需要，大部分应从专修校来供给，马上一个问题就是专修校也没有师资——大学兼办专校数量不会太多，是否能从近年来的大学毕业生中大量抽调若干人专门学习某专一技术（不能在学校中，须在若干大工业机构内附办之传习班中），以六个月或一年为期，毕业后，再以此批人去传习班——这批人就是新师资——招收初中毕业生入班学习，如此则专修班或许可以在短期内（一年或两年）达到满足各生产部门的需要。

换言之，若现在大学生都参加实际生产工作，而仍靠大学兼顾办法，专修班或专修校恐怕办得慢得很。

周培源（清华大学教务长）：

在抗战期间，反动政府忽视教育，压迫教育工作者，当然想不到高等学校的教师培养问题。除了极少数的几个学校里，极少数人单枪匹马地努力提高青年教师的业务水平外，高等学校的师资培养可谓脱了节。所以在1945年抗战胜利的时候，高等学校里到处都感觉到教师不够。解放后各产业部门吸收了许多专家，学校里师资的缺乏更为严重。

在训练大批青年干部及技术人员的时候，我们务须注意到，负训练他们的重要责任的教师们的培养。如果我们只顾到目前的需要，只动员所有能够被动员的教师去训练青年们，而不注意教师的进修，则过了几年之后，要造成比现在更严重的教师荒。

钱伟长（清华大学校务委员会副主任委员）：

我觉得国家把青年培养到高中程度，再要他学一种高度理论水平的东西，然后去做一种经验性比较强的工作，那是一种浪费，对于这种经验性的工作，只要经过中等教育就可以训练成功的。如果使大学生做狭隘的经验性的工作，一开始自会显得无用。因为过去忽略了中级技术员的训练，在各种工作部门里都有中级干部缺乏的两头大现象，所以现在应加强中等技术训练，适量地把中学改成技术学校，加强普通中学的质量，把适当的大学改成专科学校。

大学还是有“专”的地方，大学的“专”是在广泛的基础上，经过全面的、科学的调整之后贯穿了技术的“专”，这种人才是要做组织工作的。做这种组织工作所需要的知识，就不仅是工程方面的知识。工学院不能离开文法学院，因为今天的工程师是需要有多方面的认识的。

至于一般的技术人员，经过小学的广泛教育再到工业学校去学习就可以应付需要的。大学训练的不是这种技术专才，是要训练在通才基础上的专才，这对国家目前和将来的建设都是非常重要的。

张维（清华大学教授）：

我国工程教育发展的情形无固定形式。在大城市中，学校较多，工学院就与其他学院合并办理，或原来创办时就根本放在大学范围内。在有些较小的城市中工学院往往是独立存在的。这两种形式的结果怎样呢?

与其他学院，尤其与理学院在一起的工学院在程度上前进得比较快而且全面。相反的，在孤立的工学院中，因限于环境，先生同学生对于各种问题的看法往往失之于片面。随着工业的进展，工程上许多问题或学科与各种自然科学有极密切或不可分的关系，就像鱼与水一样，彼此全不能分开。工程的发展没有自然科学的支持是难以想象的。反之，自然科学得了工程问题的启发，也往往可以有特殊的进展。

此外，近代工业与社会上种种关系也需要工程师在文法学科方面有广泛的知识，例如劳工安全、工厂管理、成本会计全是大家所熟知的例子。

工学院的学生在今天已然有一种本位主义的偏向，如果我们再把工学院孤立起来发展，使学生在四年学习中一天到晚只接触学工程的同学，极其限制他所见到的天地。可以想象，对于这样的毕业生我们如何能希望他会全面地看问题解决问题。

吴晗（北京市副市长，清华大学校务委员会副主任委员）:

现在我们所谈的大学改革，大家的看法应该是有计划的逐步改革，而不是一下子去了旧的创造新的，亦即革命的方式。因此我想现在讨论的问题，目的是要准备怎样改革，指出一个方向，逐步做去。而不是立刻打烂旧的，另创新的。

课程改革草案虽已拟出，但不是定案，大家有意见，可以尽量提出。现在政府的办事方式，绝不是命令主义，这样大的一件事情，一定要经过长期的、反复的考虑，广泛地征求大家的意见，才能决定，大家不必过分顾虑。

课程的改革，也不是说过去的课程少，而现在要加多。课程过多是不好的，这对于学生或教授，都是一个过重的负担，大家的看法，应该去掉一些不必要的课目，另一面也要增加一些必要而且可能开设的课目。

关于院系调整、校与校的调整，各方面对这个问题的意见很不一致，其中固然有很多困难，但大家都确认今天存在有不合理的现象。既然不合理，那就应该进行合理的调整。我们希望下一次能有机会再来讨论这个问题，提出具体可行的办法。

1950 年 6 月 1 日的《光明日报》摘要刊登了此次座谈会的发言记录。

但是，吴晗所说的“再来讨论这个问题”的机会似乎并不存在。

一周后的 6 月 8 日，教育部召开第一次全国高等教育会议。会上，教育部顾问、苏联人 A. Л. 阿尔辛节夫作了题为《从苏联高等教育的经验略谈几个问题》的发言，严词反驳了教授们此前所发表的各种高论。他说：

中国高等学校所遇到的任务与苏联遇到的任务是相同的，中国各大学改造的方针，应该与那时候苏联各大学改造的方针在原则上是一样的。中国各大学应该培养的不是抽象的学者，而是具体的专才。

中国的大学不仅与过去的封建时代有某种程度的关系，而且反映着中国人民革命胜利以前的半殖民地的依赖性，这种依赖性表现在“只北京一个城市就有三个或甚至四个大学”“许多中国高等学校的授课不是用自己的中国语文而是用英文”“中国高等学校图书馆的多数书籍是英文、法文、德文和日文的著作”。

中国的大学不应该包罗万象地大而无当，不应照这种只求其大的方针来扩充，而应该照专门化的方针发展。必须坚决地肃清这些大学的半殖民地色彩，必须对这些大学及其教育加以改组和改革。

对于苏联专家（包括之后到北大来指导政治经济学教研的），陈岱孙私下的评价是“什么都不懂”。

调整

在我国20世纪上半叶的教育历史中，高等教育机构经历过两次由中央政府主导的重组。

第一次是民国十六年（1927年）的大学院与大学区制改革（见第五章“校长”一节相关注释），由蔡元培主持推行。改革以“教育独立”和“行政学术化”为宗旨，在中央设立大学院（取代教育部），废除各地方教育厅局，改将全国划分成若干个大学区，将每区内原有的高校合并为一所大学，大学校长兼管区内一切教育行政事务。结果，由于改革实施得过于操切，在江苏、浙江、北平试行时，不为社会所理解，更遭到北京大学、北洋大学等名校的坚决抵制，落得一个完全失败的结局。

第二次是在抗战爆发后，沦陷区各大学纷纷内迁，教育部为整合战时教育资源，牵头组织一部分院校联合办学。联合成功的并不多，皆因联合的各方在传统、学风、治校理念上不能兼容，在文化、学术上彼此轻视，在资源分配上互不相让，有的（如西北联合大学）在联合之后不久便分崩离析，有的（如国立艺术专科学校）虽然一直维持，但内部其实已是一家垄断、党同伐异的局面。

西南联大难能可贵，始终保持着求同存异的团结合作局面。这不能不归功于治校体制的优势（见第七章“何枝可依”一节），以及清华、北大、南开三校同人，尤其是三校领导成员所共有的虚怀若谷的品格。

两次高校重组，尽管一次陷于失败，一次是战时状态下的非常措施，但从今天的眼光来看，其经验和教训未尝不可成为发生在1950年代初期的院系调整的借鉴，换句话说，如果纯粹为了解决各行各业大批致用之才的培养问题，则院系调整或许有另一种影响较小、代价较低的方式作为选项。比如，将快速培养“专才”作为大学的一项阶段性的任务，由同一地区的若干具有相近优势的高校，根据产业、经济部门的实际需求，各自贡献出一部分教学资源，联合起来开设专修课程。专修课程既对外输送专业技术人员，同时也为自身培养和储备师资力量。随着自有教员队伍的日益壮大，专修课程将逐渐发展为功能完备的职业学校、专科学校。届时，大学即可逐渐从中淡出，联合办学完成历史使命，继而转化为另一种长期的合作机制——大学为本地区的职业学校、专科学校教师提供定期轮训和进修的机会。

这种做法隐含着西南联大体制的精神，概括起来就是：（一）专业技术人才和师资的严重短缺是发生在特定历史时期的阶段性问题，阶段性问题可以通过阶段性安排予以解决；（二）联合各大学的力量（整合各校优势资源）建设专业技术学校，这是充分利用现有条件解决问题的具有长远功效的办法；（三）联合是部分的、暂时的，联合期间，大学的独立性不受影响，大学的主要任务仍然是通才教育和高级学术研究。

假定政府拿出来征求意见的是类似上述这样一个方案，相信教授们不但毫无意见，而且会又一次表现出共济时艰的慷慨。

可惜，事情远没有这么简单。

1949年6月，院系调整揭开序幕——清华大学法律学系（属法学院）、人类学系（属文学院）奉命撤销。1952年，更是按照沿袭苏联教育改革模式的方针，调整正式全面启动。6月25日，教育部成立“京津高等学校院系调整办公室”，清华大学有教务长周培源，校务委员会常务委员钱伟长、何东昌参加；6月27日，清华大学成立“京津高等学校院系调整清华大学筹备委员会”，由机械工程学系教授刘仙洲主持。

年底，院系调整基本实施完毕。

旧清华（一所综合性大学）死亡，新清华（一所多科性工业学院）诞生。

清华大学原有各院系归宿如下：

清华大学原有各院系调整情况

1949 年 6 月	法律学系（属法学院）取消。人类学系（属文学院）取消。法律学系学生转入本校其他各系或北大法律系，人类学系学生转入本校社会学系。法律学系、人类学系教授被分配至其他各校。
1949 年 9 月	农学院划出，与华北大学农学院、北京大学农学院合组北京农业大学。
1951 年 5 月	西北工学院航空系、北洋大学航空系、厦门大学航空系并入，与本校航空工程学系合组清华大学航空学院。
1952 年 7 月	航空学院划出，与北京工业学院航空系、四川大学航空系合组北京航空工业学院。
	文学院划出，并入北京大学，部分人员调入新设的中国人民大学。
	理学院划出，并入北京大学，部分人员调入中国科学院。地学系的地质组并入新设的北京地质学院。
	法学院划出，并入北京大学。经济学系财经专业部分人员调入新设的中央财政经济学院。政治学系并入新设的北京政法学院。社会学系（于 1942 年由文学院改隶法学院）取消，部分人员调入北京政法学院，部分人员调入新设的中央民族学院。
	工学院采矿工程学系划出，并入新设的中国矿业学院，部分人员调入新设的北京钢铁学院。北京大学工学院、燕京大学工学院、察哈尔工业学院水利系、天津大学采矿系石油钻探组、天津大学石油炼制系、北京铁道学院材料鉴定专修科并入。
1952 年 9 月	调整后的清华大学保留有机械工程、动力工程、土木工程、水利工程、建筑工程、电机工程、无线电工程、石油工程 8 个学系，共 22 个专业，此外有 15 个专修科。各系学生总人数为 1030 人，专修科学生总人数为 900 人，共计 1930 人。
1953 年 9 月	石油工程学系划出，并入新设的北京石油学院。

1952 年 11 月 2 日，《光明日报》刊登文章《院系调整胜利完成 任务明确具体——北京各大学 10 月内已先后开学》，节选如下。

【本报讯】经过院系调整，新的北京大学、清华大学、北京师范大学和北京农业大学都在十月内先后开学了。各校都分别举行了隆重的开学典礼，热烈庆祝院系调整的胜利完成和新的学校的诞生。

北京各大学这次院系调整的成功，是各校历史上革命性的大事。今后各校将可以更好地为祖国的建设服务，更有效地培养大批规格较

高的建设人才。北京各高等学校，在教师思想改造和三反运动中，曾严格地清算了资产阶级思想，从而树立了工人阶级思想的领导权。这次院系调整，又一次从教学组织、学制、教材及教学法等方面清算了资产阶级思想，巩固和扩大了工人阶级的思想阵地。各校经过院系调整，不仅学校的任务明确了，而且每一个系、专业、专修科都是根据祖国建设的需要而设立的，规定要培养某一方面的专门人才，其目的性也非常明确具体。这样，北京的各个大学就根本上清除了从欧美资产阶级抄袭过来盲目设立学校及其系、科的混乱现象。

其次，各校的系、专业和专修科都根据各自设置的目的，学习了苏联高等教育的先进经验，制订了严密的教学计划和各门课程的教学大纲。教师们边教边学，根据苏联的教科书，正在编写讲义，现在各校规定的课程都是必要的，切合实际的，这些课程的安排和比重也都比较以前合理恰当。因此，各校就消减了因人设课的弊端，大大地改善了课程内容的庞杂、重复、脱节、矛盾重重情况，初步克服了自由主义的教学作风。在以前，有人随便用一张便条或香烟盒的纸头，信手写上几条，即交给系主任，当作“教学大纲”，也有人“兴之所至，发挥独到之处”，把一个中国字的起源在课堂上讲了两个多钟头。像这样极端不负责的教学态度，今后可以保证不再出现。今后的教学工作，将比较有计划有领导有步骤地进行了。

由于各校教师们在院系调整中，体会到苏联教学的优越性，肯定了必须向苏联学习，都迫切地要求阅读和翻译苏联的教材。因此各校教师都掀起了学习俄文的热潮，继清华大学和北京大学创造俄文专业阅读速成试验成功后，各校教师已先后普遍展开了俄文专业阅读速成学习，在短期内掌握了阅读俄文专业书刊的本领。现在，他们继续学习掌握这一重要的语言工具，并正在翻译大量的苏联教材。

各校教师们由于在院系调整中摸索到了苏联先进的教学经验的道路，并在开始采用集体教学的方式，因此，大家对于今后的教学都感到更有信心和勇气，认为只要虚心向苏联学习，不断地批判陈旧的资产阶级的学术思想和观点，是可以把教学工作做好的。

改造

1949 年 5 月，随着清华大学评议会制度的终结，校务会议被改组为一个大致相当于将原评议会和校务会议合并而成的新的校务委员会，其中还纳入了基层教职员和学生代表。

冯友兰这时候从校务会议临时主席的任上退了下来（四个月后，他还辞去了文学院院长和哲学系主任的职务，自此彻底出局）。有关方面在考虑继任者的时候，把陈岱孙、吴有训、叶企孙内定为候选人。三人的态度都不积极。最后，还是由叶企孙出来担当大任。

1950 年 5 月 25 日，中国共产党在清华大学的校内组织从总支部正式升格为党委，首任党委书记是何东昌。

1951 年 2 月 12 日，清华大学选区 2748 位选民投票（投票率约 90%）选出北京市第三届各界人民代表会议代表（任期一年）共六人，六人得票都超过了两千，其中有周培源、梁思成、陈岱孙。周培源得 2652 票，居首。

转眼来到 1952 年。

院系调整按计划要在今年秋季实施完毕，而清华园里并没有丝毫的离愁别绪。两年以来，四场政治运动——土地改革、抗美援朝保家卫国、三反、知识分子思想改造——席卷全国，校内的气氛一直是热气冲天。

在教育部的组织下，清华大学师生两次参加“土改”工作。第一次是 1950 年年初在北京市郊，为期一个月，由文学院、法学院部分师生共 328 人参加，其中，教授副教授 7 人，讲师助教 12 人，学生 309

人。经济学系去石景山，外文系去德胜门外，其他去丰台，受地方干部领导。京郊农村长期被革命老区包围，农民觉悟高，“土改”难度不大。师生们的困惑是：“知识分子大学生参加土改，到底是工作为主，还是改造思想为主？”地方干部们基本上认为：“他们主要是来学习的，工作做得少没有关系，不要给他们背包袱回去。”

这次下乡时间很短，犹如蜻蜓点水，尽管如此，教师们的态度都十分认真谨慎。冯友兰身患腿病还坚持工作；历史学系雷海宗早起晚睡，自己扫地生火炉；历史学系周一良听过了农民对旧社会的控诉，表示“从没有生过这样大的气”；社会学系吴泽霖向农村党政干部提意见，碰了钉子，以后就不敢再提。

学生们总体表现也是好的，除共产党员 12 人和共青团员 105 人之外，事后的总结报告认为，进步和中间群众有 162 人，落后和有问题者 30 人，只占 10%。

第二次是从 1951 年 8 月下旬至 1952 年 6 月初，历时九个月，先在北京集中学习两周，然后远赴广西和贵州。为此，清华提前半个多月成立筹备机构“参加土改工作委员会”，由周培源、陈岱孙、李广田分任正副主任委员。此次“土改”，由法学院部分师生约 170 人参加，教师约 30 人，学生约 140 人，其中经济学系学生约 100 人。后因运动规模扩大的需要，又补充文学院学生约 40 人，其他院系教师职员及校内职工约 50 人（组成工作队和参观队各 25 人）。两轮动员，报名者均十分踊跃。

第二次“土改”中，有 1 人中途脱离“土改”队伍，1 人淹死。结束后，有 77 名学生被界定为极端落后以及政治上反动的“个别分子”，他们“因后进层缩小而陷于孤立，交代了自己的问题”。所交代的问题有，参加过国民党、三青团、反动会道门，担任过反动职务，中途脱离革命，隐瞒家庭成分及财产，贪污腐化堕落，虚报年龄，伪造证书等。其中，有 34 人在之前已经暴露，在“土改”中进行了补充交代，约占 19%；有 43 人是在“土改”中暴露并交代，约占 24%；两者合计 43%，有 1 人就地开除，有 3 人不发“土改”纪念章。

1950 年 6 月 25 日，朝鲜战争爆发，10 月 25 日，中国人民志愿军入朝参战。清华大学随即在 10 月 29 日举办反美晚会；11 月 5 日，全体学生发出通电，要求全国学联“号召全国同学以加强时事学习和采取其他积极行动，为抗美援朝保家卫国而奋斗”；11 月 6 日，校内大游行。

各学系均动员起来，表示要发挥专长，为前线服务。电机工程学系成立军用无线电研究小组，营建学系（后更名为建筑学系）研究防空建筑材料，航空学院编写小册子普及防空知识，土木工程学系研究防空洞、飞机场的设计，化学工程学系成立国防化学研究组，普及炸药、毒气、燃油知识，机械工程学系成立兵器学习小组，地学系着手绘制大幅朝鲜地图，物理学系开设原子弹讲座……历史学系决定编写中朝关系史和美帝侵华史，政治学系成立战争法规研究组。中文系只会做文案工作，哲学系决定“加紧思想斗争，打破美帝国主义各种反动的思想”。社会学系自问“我们能干些什么？”教授吴景超表示愿意“教育改造美帝俘虏”，陈达说他可以当翻译。

清华大学与美国渊源极深，因此，抗美援朝运动是一个很好的培养“仇恨美帝、鄙视美帝、蔑视美帝”，打破“崇美、惧美”思想的契机。校园内有关美国的纪念物迅速被铲除，教室里纷纷挂起了朝鲜国旗和金日成将军像。各班都在读报，密切关注美军“火速向中朝边境推进”，分析东北重工业基地所受到的威胁，例如“鸭绿江畔水丰发电厂对东北工业的重大影响”，“比一比平壤与天津的距离，才大吃一惊，感到美帝侵略的矛头，已经直指东北了”。

清华同学放下课本，走出课堂，一批又一批进到工厂、矿山、农村、街道、机关、学校，既是宣传鼓动，同时又受教育。工人说“要用我们的血和泪让机器转得更快”，农妇说“我用菜刀也能杀死几个老美”。校内则是捐款、捐物、发慰问信、派慰问团、报名参军、投考军校，此起彼伏，也不必细述。

教授们转变得也很快，开始还只是倡议反对收听“美国之音”，很快就“丢掉幻想，准备斗争”，不少人强烈要求将子女派往消灭美帝的战场。他们在 1951 年 10 月的公开信中写道：“虽然我们这个学校和万恶的美帝国主义，有过令人愤恨的关系，虽然我们学校开始是由美帝国主义五十年前武装侵略中国所勒索得到的款项办起来的，虽然我们其中很多人在美国受过教育，但是，正因为如此，我们这个学校一向也就特别具有仇美鄙美蔑美的传统，积极地参加了历次的反美运动。今天我们要更进一步发扬这个传统，更有力地拿出我们的一切力量！”

1951 年秋至 1952 年秋，还有“三反”和“知识分子思想改造”两大运动同步进行。

三反，指的是反贪污、反浪费、反官僚主义。内战结束之后，满目疮痍的国家很快又卷入朝鲜战争，国力不堪重负，中共中央将三反运动视为厉行精兵简政、增产节约的一项重大措施。运动到了清华，主要针对的是校行政后勤部门和各院系辅助教学的职员，方式是主动坦白与检举揭发相结合、惩办与教育相结合。

知识分子思想改造运动，一般认为其开始的标志是 1951 年 9 月 29 日周恩来受中共中央委托，在北京天津高校教师学习会上所作《关于知识分子的改造问题》的报告，以及 11 月 30 日中共中央发出的《关于在学校中进行思想改造和组织清理的指示》。《指示》要求，在学校教职员和高中以上学生中普遍开展学习运动，号召他们认真学习马列主义毛泽东思想，联系实际开展批评和自我批评，进行自我教育和自我改造，树立为人民服务的思想，并指出运动的主要目的是通过教职员和学生向组织忠诚老实，交代历史，分清革命与反革命。此后，运动由教育界逐步扩展到文艺界直至整个知识界。

“人人过关，个个洗澡。”

1952 年的清华大学，校长叶企孙经常在学校广播站用很不流利的上海国语朗读检讨；党委书记何东昌总是全校开大会时的主角，他说话声音不大但很有穿透力，不用麦克风，在大礼堂的各个角落也都能听得清楚；教务长周培源头发白得早，总穿着一身蓝制服，整天骑一辆自行车急匆匆地南来北往。

院系开小会在同方部。

陈岱孙的检讨内容主要有三项。首先是《资本论》译者王亚南、郭大力被排挤出经济学系的事。王、郭二位教授都是在本土学成的经济学家，1949 年由教育部安排到清华经济学系任教，被这里几乎清一色留美出身的教授们大大地瞧不起，甚至还收到过同事写来的匿名劝退信，气氛很紧张。教育部只好重新安排，王亚南被调到厦门大学，

清华大学同方部（刘昀摄）

郭大力去了中央马列主义学院。这件事，陈岱孙作为系主任无论如何都推卸不了责任，他为此进行了深刻检查。其次，他对新政权继承中苏旧约表示想不通。再有，他曾对于1949年以来的课程改革把马克思主义学说奉为经济学的圭臬深感不以为然，觉得那只是一家之言。

检讨结束后，陈岱孙表情肃然地坐回原来的位子，听大家提意见，并低头记录。

众人在针对陈岱孙的检讨展开批评之余，还把话题扯到了指责他的“绅士风度”和“波士顿少年派头”上。关于这个说不清、道不明的话题，某些人的发言竟也十分激烈，充满冷嘲热讽。最突出的是一位外系学生，他是清华子弟，抖落出一大堆鸡毛蒜皮的小事，这些可都是要有相当程度私交才能掌握的资料，加上措辞尖酸刻薄，陈岱孙的脸色转成惨白，一向端庄的他也承受不了这样的人身攻击。

大概“绅士风度”毕竟算不得什么，陈岱孙在同方部检讨了一次便顺利过关。

接着是教授赵人儁，他上台没几分钟就泪如雨下、啼泣不止，交代了写匿名信逼走王亚南、郭大力的事实经过。这一下大家恍然大悟——

在王、郭事件中领头闹事的原来是老赵，陈岱孙只是代人受过。不过，上面对这件事情好像也不感兴趣，赵教授被批评了一通就没事了。……

经济学系的思想改造基本上就在这样“和风细雨”般的气氛中结束。

在同方部没能过关的教授“升格”进入大礼堂继续检讨。

营建学系主任梁思成的改造大会开了三个小时，他穿一件黑呢子长外套站在台上，腰弯得厉害，这是年轻时的一次车祸留下的后遗症，上了岁数之后愈发严重了（夫人林徽因病在家中，抗战时期的艰苦生活完全摧毁了她的健康，往昔美丽的才女已是骨瘦如柴，一副行将就木的样子）。主持大会的是教务长周培源。他们这些人从前都是在一口锅里吃饭的。

梁思成在台上说他儿子从诫很适合学建筑，因此一直希望子承父业。谁知从诫没考上，退而进了历史学系（注：1949 年秋季入学）。在过去，进了清华的学生是可以转系转专业的，但是现在不行了。他为此找过周培源、陈岱孙、张子高等校务委员，但他们已经有位无权，谁也不能做主，结果事情没办成，于是梁思成曾经多有抱怨。

正是因为这件小事，梁思成指责自己有严重的资产阶级思想，用尽贬损之词。台下师生瞠目结舌，大家难以理解这样一位受人尊敬的爱国学者为何要这样污辱自己。大概是由于梁先生《关于中央人民政府行政中心区位置的建议》以及在北京城墙存废问题上的主张，正在被最高当局严厉斥责，满腔痛苦借此发泄的原因吧。

梁思成边讲边哭，最后泣不成声，实在讲不下去了，被三个人从台上扶了下去。他虽然没说完，但由于表现煽情，终获过关。

与此同时，体育馆里在开马约翰的会。马老英雄 70 岁了，在清华辈分极高。他身体健壮，四季都穿短裤、衬衫，冬天外罩一件毛背心或短外套而已，一辈子洗冷水澡，据说人寿保险公司保他能活一百二，这时正被人骂作“土匪”。原因是 1952 年清华扩招，宿舍紧缺，学校想让新生暂时住进体育馆，马约翰坚决反对，何东昌、周培源出面也没得商量。

全清华数潘光旦的问题最为严重——反苏、亲美、抵制课程改革、抗拒院系调整，且特别顽固。潘光旦 16 岁在清华上学时，跳高摔伤了右腿。他性格太狂，不愿示弱，结果耽误了治疗，骨结核病菌侵入膝盖，只好截肢，终身架着双拐。运动中，潘光旦在全校大会上作了四次检讨——每次在台上一站就是四五个钟头——都没有获得通过。

1952年秋，院系调整完成，对潘光旦的批判仍未结束，已经调离清华的师生还被大汽车拉回母校，继续参与批判活动。最大规模的一次是在晚上，清华北大（北大搬来燕园之后，两校只相隔一条马路）联合批判潘光旦、张东荪。两边各自把高音喇叭从会场一直挂到校外，成呼应之势。会场里容纳不下的师生便和校外周边地区的民众一起在马路上席地而坐。秋天冰冷的晚风中，灯光晃动，人声如潮，一阵阵怒吼声震人心魄。

孤帆远影碧空尽

陈岱孙作为清华大学经济学系"财经专业部分人员"，在院系调整中被安排去了新设的中央财政经济学院任第一副院长（院长空缺），主持学院筹建。一年后（1953年8月），学院奉命撤销（这所学校几经停办、恢复、重组、更名，最终于1996年形成今天的中央财经大学），陈岱孙又被调往北京大学经济系，他的后半生就一直在那里。

北大教授陈岱孙住在镜春园79号甲，学校为他的到来专门新盖了这所住宅，门牌号中有个"甲"字，以区别于镜春园原有的79号。

"文革"中，陈岱孙家的客厅中间砌起一道墙，房子再次被一剖为二，让出的还是西半边，住进一户校工家庭。陈岱孙对这家人曾有评论："他们养了一条狗，学校来人说不让养，限期处理，结果，他们就把这狗给吃了。"他说这事儿时的神情非常古怪。

1965年的陈岱孙

到八十年代末，两家先后迁出，小院后来经过整修，成为北京大学建筑学研究中心。

陈岱孙搬到燕南园55号（清华老同事冯友兰住在斜对门

的 57 号），在这里度过人生的最后八年。1997 年 7 月，他在家门口从容登车，入住北京医院，两周后悄然辞世。

在北大，陈岱孙一直有养猫的习惯。搬家时，镜春园的猫死活不肯来燕南园，那只好算了，但忍不住还是收留过些许野猫，就只管吃，不再管住了。

1998 年 5 月 4 日，北京大学 100 周年校庆，立陈岱孙全身铜像（晚年相貌）于燕南园 55 号门前。

2000 年 4 月 30 日，清华大学 89 周年校庆，立陈岱孙半身铜像（中年相貌）于经济管理学院大厅。

清华大学恢复设立经济管理学院（经济学系）十周年，前排左四为名誉院长陈岱孙，左五为院长朱镕基，左六为清华大学校长王大中。摄于 1994 年

在清华大学经管学院的铜像揭幕仪式上，陈岱孙同辈中硕果仅存的老同事（兼同乡）、时年九十八岁的原工学院院长施嘉炀教授（福建闽县人，1902—2001）到场观礼。端坐于轮椅的施先生身形魁伟，目光炯炯。仪式结束前，他要求讲话。施先生由于听力不佳，嗓门更为洪亮，他手执话筒，与陈岱孙（铜像）的目光对视，操着一口与陈岱

孙一模一样带着福州口音但又够漂亮的普通话，自顾自地说了一句："今天，陈岱孙在天上，看见我们大家在这里，一定很高兴！"

敢于在如此隆重的场合直呼陈教授其名者唯有两人，一位是刚才的施先生，一位是周培源夫人王蒂澂女士。1997年7月，时年八十七岁的老太太托人送了一个小小的花篮到陈岱孙的灵堂，红丝带上很简洁地写着"陈岱孙千古"，署名"王蒂澂"。

2006年，西南联大校友李政道博士受聘担任北京大学高能物理研究中心主任，在校方推荐的几处住宅中，他看中了燕南园55号陈岱孙故居（为此，小院被彻底拆除并按原样重建），北大方面的陪同看房者询问他是否希望将铜像挪走，李博士断然回答说："陈先生在此，是我莫大的光荣。"

离开了哈佛的陈岱孙，时常会收到哈佛大学校友会的期刊。1991年，哈佛拒绝在校庆355周年之际授予荣誉博士学位给前总统罗纳德·里根，陈岱孙觉得母校的决定很英明，内心十分支持。

离开了联大的陈岱孙，时常在家接待前来拜访的西南联合大学老校友。其中不少人竭力动员他们的陈先生担纲主持起母校的复校大业，陈岱孙对此一般仅报以淡淡一笑——已经过去的就让它过去吧。

清华大学75周年校庆时的陈岱孙和钱端升
摄于1986年4月

离开了清华的陈岱孙，每逢母校校庆日，都会早早穿戴整齐，在胸前别上写有“1920 级”字样的红布条，手握请柬，静静地端坐着等候清华大学前来迎接的专车。到了校园里，他总喜欢在庆祝活动的间歇抽身到处走走，有时候会冲着新冒出来的建筑发上一会儿愣。

但是，有一个地方他再也没有去过，那就是他的新林院 3 号。

后记

关于陈岱孙和清华大学在1952年以前的故事，讲到这里可以告一段落了。

陈岱孙（1900—1997）与20世纪同庚，2010年是他诞辰110周年；清华大学则与辛亥革命同庚，2011年是它建校100周年。回望历史，有许多往事值得纪念，这便是笔者在2009年开始撰写本书的缘起。

讲述陈岱孙的故事是一项很有难度的工作，经过几番考虑，笔者梳理出四条线索。

首先当然是传主的人生——陈岱孙十八岁起就读清华学校高等科，二十岁时完成预备课程并取得官费留美资格，二十至二十六岁留学美国，二十七至五十二岁任教清华大学。

其次是关于清华——这里是陈岱孙求学并为之服务、累计时间长达27年（如果包括他作为"庚款留学生"被选送美国留学的7年，则为34年）的地方。清华园是陈岱孙的第二故乡，是他半生事业的舞台。本书是陈岱孙前半生的传记，同时也必然是清华大学早期40年校史的回顾。

其三，陈岱孙在前半生里的亲朋故交——他们中的一部分为后世所熟悉，更多人的事迹早已经湮没在历史的烟尘之中。

最后，历史和时代背景：（一）20世纪上半叶我国的内外经济环境——陈岱孙是在金银本位制度下成长起来的经济学家，要理解他后来的许多主张和倾向，尤其是在通货膨胀问题上的鲜明立场，就得把眼光放回他的白银年代，以及此后那个通货泛滥、民不聊生的纸钞世界；（二）我国当时的对日关系——包括他在内的亿万中国人的既定生活轨迹都因此被彻底改变。

陈岱孙在世时对于自己的生平行止并无津津乐道的兴趣，他于1997年的辞世对于大家来说也很感觉突然——进入20世纪末的陈先生已是垂垂老矣，而他的健康状况又是一个了不起的奇迹，谁都不曾怀疑会在新世纪来临之际庆祝他的百岁生辰，但他偏偏就悄然而去，静得没有打扰任何人。于是，无可挽回地，他带走了无数人的故事，自己的也就此成为碎片。为他撰写这样一部小传，就如同是黏合那些碎片。它们有的似曾相识，有的完全陌生，把它们拼在一起，需要一点灵感，也需要一点运气；还有的已经永远遗失了，于是把剩下的空间留给了笔者。

陈岱孙前半生主要致力于财政学的教学和研究。他是典型的“讲义派”，课上所使用的讲义，总在课后反复进行修改，又总觉得无法令自己完全满意而不肯拿出来出版。《比较预算制度》是陈岱孙立志要编写的财政学系列教材的第一部，心血灌溉八年之久，可谓他最重要的早期学术成果，但未及问世，便在抗战烽火中毁于一旦。此后，陈岱孙的研究兴趣从财政学转向经济学说史。可是，在不堪言问的1957年至1976年，他在整整二十年中没有发表过一篇论文，没有作过一次学术演讲。人格与操守使然，却也是深深的无奈与遗憾。

结果，陈岱孙桃李遍满天下，而终其一生，只留下一部两卷本的文集存世。

鲜有世人知道陈岱孙还是一位卓越的大学管理者，因为，在他的后半生，历史不曾再给他这样的机会。本书是他前半生的传记，关于叙述他在清华大学早期校史上所成就的事功，自当格外偏重。

1952年将陈岱孙的人生一分为二，之后的故事还很长，而且是一个截然不同的故事。

在后半生，陈岱孙遭遇了20世纪下半叶中国大地上发生的所有政治运动，“靠边站”、家产被抄、寓所被占、薪资大幅度降低、下放到基

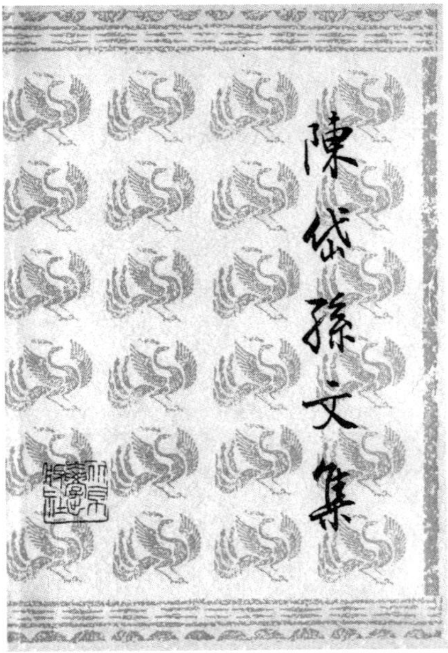

《陈岱孙文集》书影

层劳动……这些“资产阶级知识分子”概莫能免的冲击，他都经历了。

不过，也许是由于他既没有因个人历史问题获罪，也没有因言获罪的缘故，陈岱孙本人并未受到足以置他于死地的羞辱和折磨，其亲友和学生也无一人因为他而受到株连。另一方面，陈岱孙更是从来没有作践过自己、打击过他人，也没有献上忠心、歌功颂德，而这些恰恰是多数人在历次运动中求得自保（或是求得生存处境改善）的惯用手段。

就这样，陈岱孙保持着尊严，“安然”度过了二十年的“沉默与空白”期。这是奇迹，又是必然。淡泊庄肃、方正不阿、思虑周密、处事严谨、世事洞明、人情练达、历史清白、众人爱戴，都是构成这个“必然”的要素，但这些就已经是全部了吗？

如果说，陈岱孙何以终身未娶也可算得是个谜的话，那么，他以一叶孤帆，优雅从容并坚定不屈地驶过二十年惊涛骇浪，这又该包含了何等博大精深的人生智慧呢？假如要续写陈岱孙后半生的传记，回答这个问题当是一项关键任务。

而这项任务，以笔者目前的境界，显然还是无法完成的。

陈岱孙学术年表

晏智杰　刘　昀

1900年（清光绪二十六年）

10月20日，旧历闰八月二十七日，生于福建省闽县南台岛螺洲镇店前村（今属福州市仓山区）。

1906年（清光绪三十二年）

入私塾就读，由塾师石卓斋传授经史诗文。

1915年（民国四年）

秋，考取福州鹤龄英华学校（六年制中学），入三年级插班就读。

1918年（民国七年）

年初，自英华学校毕业。

6月，赴上海投考清华学校（八年制留美预备学校）高等科。考毕，于外滩公共花园见“华人与狗不得入内”标牌，深受触动。

9月，入清华学校高等科文科三年级（即大学一年级）插班就读。

1919年（民国八年）

6月，“五四运动”期间，参加北京“全市学生爱国宣传周”游行。

1920年（民国九年）

6月，自清华学校毕业，经过甄别取得官费留美资格。

9月，入威斯康星大学麦迪逊分校文理学院经济系三年级插班就读。

1922 年（民国十一年）

6 月，自威斯康星大学毕业，获学士学位，学位论文由约翰·康芒斯教授指导，题为《煤炭业的产业治理》（*Industrial Government in Anthracite Industry*）。被“Ο Δ Γ 荣誉经济学兄弟会”（又称“Artus 骑士团”，由威斯康星大学和哈佛大学两校经济学会于 1915 年合并而成）吸收入会，获颁象征会员资格的金钥匙。

9 月，入哈佛大学文理研究生院经济系就读。

1924 年（民国十三年）

6 月，获硕士学位，并取得候补博士资格。

是年，选定财政学为专业，师从查尔斯·杰西·布洛克教授，为博士论文进行专题研究。

1926 年（民国十五年）

3 月，通过论文答辩，获哈佛大学博士学位。学位论文题为《马萨诸塞州地方政府开支和人口密度的关系》（*The Relation Between Local Governmental Expenditures and Density of Population in Massachusetts*），由哈佛大学出版社收入《哈佛大学经济学丛书》并于当年出版。

6 至 12 月，旅欧游学，主要于巴黎大学文法学院旁听货币金融学课程。

1927 年（民国十六年）

9 月，受聘担任清华学校大学部经济学系教授，主讲经济学概论、财政学、经济学说史课程。

1928 年（民国十七年）

8 月，国民政府改清华学校为国立清华大学。

9 月，任清华大学经济学系教授兼主任（至 1952 年 8 月）。

11 月，任清华大学评议会评议员（至 1949 年 5 月）。

1929 年（民国十八年）

7 月，任清华大学法学院院长（至 1952 年 8 月）、校务委员

（至1949年5月）。

1930年（民国十九年）

任清华大学研究院法科研究所经济学部导师，指导经济学理论、货币银行学、财政学专业研究生，兼任法科研究所所长[1]。为本科生主讲财政学、经济学说史课程。

1932年（民国二十一年）

9月，赴欧考察，为《比较预算制度》（其立志编写的财政学系列教材之第一部）查找文献资料以及采购参考书籍。

1933年（民国二十二年）

5至7月，作为中国代表团专家，出席于伦敦召开的国际经济货币会议。

8月，作为特邀嘉宾，出席于加拿大邦佛召开的太平洋国际学会双年会。

1934年（民国二十三年）

6至8月，于《益世报》（天津）先后发表社论《欧美间之战债问题》（6月15日）、《论遗产税法草案》（6月24日）、《论整理旧债》（7月10日）、《外债与建设》（7月15日）、《美国宣布白银国有》（8月13日）。

7月、10月，于《清华学报》先后发表《书籍评论：〈国际金融之幕后〉与〈金融与政治〉》（第九卷第3期）、《金汇本位与战后之欧洲金融》（第九卷第4期）。

1935年（民国二十四年）

10月，于清华大学《社会科学》第一卷第1期发表《“均衡”概念与动态经济》《书籍评论：〈中国与银〉》。

---

〔1〕陈岱孙在清华大学的兼任职务尚有：聘任委员会委员，招考委员会委员，留美公费生考选委员会委员，出版委员会委员，《清华学报》编辑，《清华大学一览》委员会委员，图书馆委员会委员，特购图书（中外政府刊物及档案）委员会主席，校景设计委员会委员，学生生活指导委员会委员，八家村建设工作计划委员会委员，特种研究事业筹划委员会委员，特种研究事业建筑财务委员会主席。

1936 年（民国二十五年）

1 至 11 月，于《大公报》（天津）“星期论文”专栏先后发表《我们的经济运命》（1 月 5 日）、《出超的分析》（3 月 29 日）、《关于大学毕业生职业问题一个建议》（7 月 20 日）、《经济侵略》（11 月 8 日）。

1 月、4 月，于清华大学《社会科学》先后发表《书籍评论：〈中国的铁路〉》（第一卷第 2 期）、《通货膨胀与岁计》（第一卷第 3 期）。

5 至 9 月，于《独立评论》（北平）先后发表《所得遗承二税的举办与人民的负担》（第 201 号）、《谈经济建设》（第 203 号）、《中美卖银协定》（第 206 号）、《二十五年度国家总预算的分析》（第 209 号）、《币权统一》（第 217 号）、《交通发展与内地经济》（第 220 号）。

1937 年（民国二十六年）

1 月，于清华大学《社会科学》第二卷第 2 期发表《二十五年之所得税法则》。

5 至 7 月，于《独立评论》先后发表《预算法之新修正》（第 232 号）、《一个应该消除的货币幻景》（第 238 号）、《二十六年度国家总预算》（第 242 号）。

7 月，“卢沟桥事变”爆发。受邀南下庐山，出席国民党中央政治委员会和国民政府行政院举办的国是谈话会。

8 月，受清华大学校务会议委托，同时由国民政府教育部任命为长沙临时大学筹备委员，赴长沙组织清华南迁，以及筹备与北京大学、南开大学合组临时大学事宜。《比较预算制度》文稿散失。

9 月，任长沙临时大学课程委员会委员、图书设计委员会召集人。任长沙临时大学经济学系教授会主席（即系主任），为本科生主讲财政学、经济学说史课程。

1938 年（民国二十七年）

4 月，长沙临时大学西迁昆明并更名西南联合大学。任西南联合大学经济学系主任（至 1945 年 11 月），为本科生主讲财政学、经济学说史课程。

5至8月，任西南联合大学蒙自分校（文学院、法商学院）校务委员兼教务主任。

11月，于《新经济半月刊》（重庆）第一卷第1期发表《计划后方经济建设方针拟议》。

1939年（民国二十八年）

1至8月，于《今日评论》（昆明）先后发表《培植我们的经济力》（第一卷第1期）、《战时经济建设的几个原则》（第一卷第13期）、《法币汇价问题》（第二卷第1期）、《抗战中的经济政策》（第二卷第3期）、《法币汇价问题申论》（第二卷第8期）。

是年，于《今日评论》"时评"专栏陆续发表《苏日摩擦》（第一卷第1期）、《推行兵役》（第一卷第2期）、《国际经济制日的端倪》（第一卷第3期）、《华北法币伪币问题》（第一卷第10期）、《英国贷款》（第一卷第12期）、《12万万元建设及军需两项公债》（第一卷第18期）、《华北伪币狂跌》（第一卷第21期）、《日元在沪跌价》（第一卷第22期）。

1940年（民国二十九年）

1月、6月，于《今日评论》先后发表《政治经济化》（第三卷第1期）、《通货膨胀性质的一斑》（第三卷第22期），其间，于该刊"时评"专栏发表《农贷与合作》（第三卷第12期）、《英法新经济攻势》（第三卷第15期）。

10月，兼任西南联合大学商学系主任〔2〕（至1945年11月）。

1941年（民国三十年）

2月，于《新经济半月刊》第四卷第10期发表《物价、财政与建设》。

3月，于《今日评论》第五卷第11期发表《经济统制的礁石》。

1944年（民国三十三年）

---

〔2〕陈岱孙在西南联合大学的兼任职务尚有：一年级学生课业指导委员会委员、毕业生成绩审查委员会委员，西南联大与北平图书馆合作委员会委员，代表西南联大参加西南经济调查合作委员会并担任召集人。

5月，于财政学、经济学说史之外，又承担为本科生主讲经济学概论课程。

1945年（民国三十四年）

10月，发表联名通电《国立西南联合大学张奚若等十教授为国共商谈致蒋毛电文》（“十教授公开信”），刊载于《民主周刊》（昆明）第二卷第12期。

11月，任清华大学（北平）校产保管委员会主席（至1946年10月），同时由国民政府教育部任命为清华大学接收委员。于西南联合大学辞去经济学系主任、商学系主任等本兼各职。飞返北平，接收并整理清华大学校产，遣送清华园内日本战俘。

1946年（民国三十五年）

1至7月，接收并整理清华大学校产，修复校园，扩充校舍，添置图书设备，筹备35周年校庆（4月28日）。

3月，发表联名意见书《北平名流对于东北问题的意见》，刊载于3月7日全国各大报章。

8月，主持清华大学复员后的新学年招生考试及考卷评阅。

10月，兼任清华大学政治学系主任（至1948年6月）。

1947年（民国三十六年）

7月，于《现代知识》（北平）第一卷第6期发表《经济自由与政治自由》。

8月，发表联名意见书《我们对于“经济改革方案”之意见》，刊载于8月28日《大公报》（天津）。

1949年

5月，由北平市军事管制委员会文化接管委员会任命为改组后的清华大学校务委员会常务委员兼法学院院长。

是年，任华北高等教育委员会委员。

1950年

3月，由中央人民政府教育部任命为再次改组后的清华大学校务委员会委员兼法学院院长。

5月，出席中国民主同盟文教委员会和光明日报社举办的高等教育问题座谈会。

6月，出席教育部召开的第一次全国高等教育会议。

1951年

任北京市人民代表（至1952年）。

1952年

9月，调任中央财政经济学院第一副院长（代理院长），主持学院筹建。

1953年

8月，调任北京大学经济系教授（至1984年8月），专授经济学说史课程。

1954年

7月，任北京大学经济系主任（至1984年2月）、校务委员会委员。

是年至1997年，历任全国政协第二、三、四、五、六、七、八届委员，第六、七届常务委员。

1956年

任国务院科学规划委员会委员、经济学组副组长。

被评为一级教授（“高教1级”）。

1957年

3月，于全国政协第二届第三次会议联名提案，建议在高等学校开设人口学课程、设置人口学专业，以及在中国科学院成立人口问题调研机构。

1959年

于《经济研究》1959年第10期发表《从教学和研究工作谈谈经济科学的发展》。

是年，撰写完成《经济学说史》讲义（二十六章，三册），供北京大学经济系教学使用。

1960年

撰写完成《十九世纪末二十世纪初资产阶级庸俗经济学》讲义（三章，一册），供北京大学经济系教学使用。

1961—1964 年

为《经济学说史》全国统编教材撰写“德国的旧历史学派”“德国的新历史学派”“美国的制度学派”“奥地利的边际学派”“美国的边际学派”“马歇尔的经济学说”等六章内容。

1978 年

7 月，为厉以宁《论加尔布雷思的制度经济学说》作序。

1979 年

11 月，于北京大学经济系作学术报告《魁奈〈经济表〉中再生产规模的问题——从〈经济表〉的版本、模式讲起》，报告稿后刊载于北京大学经济系《经济资料》1980 年第 5 期（总第 19 期），1988 年 3 月由《马克思主义来源论丛》转载。

是年，任北京大学学术委员会委员、政治经济法律学术委员会分会主任委员、经济系学术委员会主任委员。

是年，北京大学经济系《经济科学》创刊，任主编，发表代发刊词《经济科学研究要为四个现代化服务》。

1981 年

1 月，《从古典经济学派到马克思》由上海人民出版社出版。（1982 年 7 月作为高等学校教材重印，1996 年 10 月由北京大学出版社作为“北京大学名著系列”重印，2014 年 4 月由商务印书馆作为“中华现代学术名著丛书”重印）

3 月，中国经济学团体联合会成立，任顾问。

5 月，中华外国经济学说研究会成立，任会长。于四川大学及四川财经学院作学术报告《规范经济学、实证经济学和西方资产阶级经济学说的发展》，报告稿刊载于《经济科学》1981 年第 3 期。

9 月，于中国经济学团体联合会首届年会（大连）作题为《理论联系实际与经济科学的发展》的发言，发言稿刊载于《经济科学》1981 年第 10 期。于《世界经济导报》（9 月 21 日）发表《在调整中作出补救》。

10 月，《政治经济学史》由吉林人民出版社出版，任主编，并撰写“重商主义的经济学说”“法国资产阶级古典政治经济学的发展——重农学派”“英国资产阶级古典政治经济学的完成者——李嘉图”“法国资产阶级古典政治经济学的完成者——西斯蒙第”“法国和英国资产阶级庸俗政治经济学的产生”“十九世纪三十年代到一八四八年革命时期资产阶级政治经济学的进一步庸俗化”“英国的李嘉图派社会主义者”“法国空想社会主义的宗派发展”“法国四十年代小资产阶级社会主义的发展”等九章内容。

11 月，由国务院学位委员会公布为我国首批经济学博士生导师。于《世界经济导报》(11 月 2 日)发表《经济学应是致用之学》。

是年，任中国人民银行金融研究所研究生部学术顾问。

1983 年

5 月，于《北京大学学报》(哲学社会科学版)1983 年第 3 期发表《现代西方经济学的研究和我国社会主义经济现代化》。

1984 年

1 月，于《经济学周报》(1 月 2 日)发表《坚持马列主义普遍真理与中国革命实践相结合》。于西南联合大学北京校友会成立会作题为《民主和科学的传统》的发言，发言稿刊载于西南联合大学北京校友会《简讯》(1984 年 1 月)。

8 月，以“西方经济学中经济自由主义和国家干预主义两思潮的消长”为题，于武汉向华中工学院经济研究所师生和中华外国经济学说研究会工作会议与会者作两次学术报告。

于《高教战线》1984 年第 8 期发表《“通才”与“专才”》。

是年，北京大学经济系改组为经济学院。任北京大学经济学院教授、博士生导师、校务委员会副主任。

是年，清华大学经济管理工程系改组为经济管理学院。任清华大学名誉教授、经济管理学院名誉院长。

1985 年

4 月，于《清华经济管理研究》创刊号发表《关于经济学学习问题的一次谈话》《关于工科大学办经济管理院系的问题》。

5 月，于“中国社会主义经济理论的回顾与展望”学术讨论会发言，发言稿刊载于《经济学动态》1985 年第 7 期。

1986 年

6 月，于《人民日报》（6 月 6 日）发表《经济理论的探索、创新和“百家争鸣”》。为宋承先等《当代西方经济思潮》作序。

是年，《中国大百科全书 · 经济卷》由中国大百科全书出版社出版，任副主编、外国经济思想史分支学科副主编，并撰写“西方经济思想史”“英国古典政治经济学”“重农学派”“魁奈”“杜尔哥”“劳动价值论”等条目。

1987 年

1 月，为晏智杰《经济学中的边际主义》作序。

3 月，于《红旗》杂志 1987 年第 6 期联名发表《关于当代西方经济学评价的几个问题》。

1988 年

5 月，为曹凤歧《货币金融学》作序。

10 月，以王宽诚教育基金会学术讲座学者名义，应邀访问香港中文大学，以“西方经济学中经济自由主义和国家干预主义两思潮的消长”为题，向经济系师生作学术报告。

1989 年

4 月，为范家骧、高天虹《当代西方经济学》作序。

11 月，《陈岱孙文集》由北京大学出版社出版。

1990 年

于《真理的追求》1990 年第 1 期发表《亚当 · 斯密思想体系中，同情心和利己主义矛盾的问题》。

10 月，为赵崇龄《外国经济思想通史》作序，为商德文《马克思主义经济思想史》作序。

1991 年

7 月，《国际金融学说史》由中国金融出版社出版，与厉以宁联合主编。

8 月，为晏智杰《近代西方经济学史》作序。

1992 年

2 月，《新帕尔格雷夫经济学大辞典》（中文版四卷本）由经济科学出版社出版，任主编并作序。

1994 年

12 月，《陈岱孙学术论著自选集》由首都师范大学出版社出版。

1995 年

于《高校理论战线》1995 年第 5 期发表《注意污染工业的转移，严防引进“赌博经济”》。

1997 年

7 月 27 日，于北京医院辞世，享年 97 岁。

参考文献·致谢

《若霖公次房景亮公直系简谱》

《豫章福州罗氏族谱》

《沧趣楼诗文集（上卷）》，陈宝琛著，刘永翔、许全胜校点，上海：上海古籍出版社2006年版

《陈岱孙文集》，晏智杰编，北京：北京大学出版社1989年版

《陈岱孙遗稿和文稿拾零》，晏智杰编，北京：北京大学出版社2005年版

《国际金融学说史》，陈岱孙、厉以宁主编，北京：中国金融出版社1991年版

《帕尔格雷夫经济学大辞典（中文版）》，陈岱孙主编，北京：经济科学出版社1992年版

《陈岱孙纪念文集》，唐斯复主编，福州：福建人民出版社1998年版

《岱岳长青：陈岱孙纪念文集》，刘昀、王曙光编，北京：北京大学出版社2012年版

《清华大学史料选编（第一、二卷）》，清华大学校史研究室编，北京：清华大学出版社1991年版

《清华大学史料选编（第三、四卷）》，清华大学校史研究室编，北京：清华大学出版社 1994 年版

《清华大学史料选编（第五卷）》，清华大学校史研究室编，北京：清华大学出版社 2005 年版

《清华年刊（1932 年）》

《清华大学一览（1937 年）》

《国立清华大学教职员录（三十七学年度）》（油印）

《文史资料选辑（第三十一辑）》，中国人民政治协商会议全国委员会文史资料研究委员会编，北京：中华书局 1962 年版

《文史资料选辑（第三十四辑）》，中国人民政治协商会议全国委员会文史资料研究委员会编，北京：中华书局 1963 年版

《文史资料选辑（第五十五辑）》，中国人民政治协商会议全国委员会文史资料研究委员会编，北京：中华书局 1965 年版

《文史资料选辑（第七十一辑）》，中国人民政治协商会议全国委员会文史资料研究委员会编，北京：文史资料出版社 1980 年版

《清华大学》，江崇廓、刘文渊、孙敦恒编著，长沙：湖南教育出版社 1995 年版

《清华传统精神》，黄延复著，北京：清华大学出版社 2006 年版

《世纪清华（之二）》，庄丽君主编，北京：光明日报出版社 2001 年版

《老清华的社会科学》，钱颖一、李强主编，北京：清华大学出版社 2011 年版

《清华名师风采（文科卷）》，周文业、史际平、陶中源等编著，济南：山东画报出版社 2012 年版

《**清华的大师们**》，黄延复著，北京：中国经济出版社 2005 年版

《**梅贻琦先生纪念集**》，黄延复主编，陈岱孙、尚传道审订，长春：吉林文史出版社 1995 年版

《**胡适年谱**》（修订版），耿云志著，福州：福建教育出版社 2012 年版

《**胡适口述自传**》，胡适口述，唐德刚译注，桂林：广西师范大学出版社 2005 年版

《**西潮与新潮——蒋梦麟回忆录**》，蒋梦麟著，北京：东方出版社 2006 年版

《**三松堂自序**》，冯友兰著，北京：人民出版社 1998 年版

《**万里家山一梦中**》，浦薛凤著，台北：台湾商务印书馆 1983 年版

《**相见时难别亦难**》，浦薛凤著，台北：台湾商务印书馆 1983 年版

《**问学谏往录**》，萧公权著，合肥：黄山书社 2008 年版

《**蒋廷黻回忆录**》，蒋廷黻著，谢钟琏译，北京：东方出版社 2011 年版

《**金岳霖回忆录**》，金岳霖著，刘培育整理，北京：北京大学出版社 2011 年版

《**钱昌照回忆录**》，钱昌照著，北京：东方出版社 2011 年版

《**清华园日记 · 西行日记**》，浦江清著，北京：三联书店 1987 年版

《**费正清对华回忆录**》，费正清著，北京：知识出版社 1991 年版

《**哈佛遗墨：杨联陞诗文简**》，杨联陞著，蒋力编，北京：商务印书馆 2004 年版

《**方显廷回忆录**》，方显廷著，方露茜译，北京：商务印书馆 2006 年版

《**宗师巨匠 表率楷模——纪念周培源文集**》，北京：学苑出版社 2002 年版

《**葛庭燧传**》，刘深著，北京：科学出版社 2010 年版

《**漫唱心曲谱婵娟**》，浦汉明著，天津：天津古籍出版社 2008 年版

《**秦皇岛市志**》，秦皇岛市地方志编纂委员会编，天津：天津人民出版社 1994 年版

《**秦皇岛地区抗日战争志**》，中共秦皇岛市委宣传部、秦皇岛市地方志办公室编，北京：中共党史出版社 2005 年版

《**北京西郊宅园记**》，焦雄著，北京：北京燕山出版社 1996 年版

《**清华园风物志**》，黄延复著，北京：清华大学出版社 2005 年版

《**识庐——清华园最后的近代住宅与名人故居**》，姚雅欣、董兵著，北京：中国建筑工业出版社 2009 年版

《**日军铁蹄下的清华园**》，朱育和、陈兆玲主编，北京：清华大学出版社 1995 年版

《**国立西南联合大学校史——一九三七至一九四六年的北大、清华、南开**》，西南联合大学北京校友会编，北京：北京大学出版社 1996 年版

《**笳吹弦诵情弥切——国立西南联合大学五十周年纪念文集**》，北京大学校友联络处编，北京：中国文史出版社 1988 年版

《**国立西南联合大学图史**》，郭建荣主编，昆明：云南教育出版社 2007 年版

《**战争与革命中的西南联大**》，易社强著，饶佳荣译，北京：九州出版社 2012 年版

《**西南联大在蒙自**》，蒙自师范高等专科学校、蒙自县文化局、蒙自南湖诗社编，昆明：云南民族出版社1994年版

《**联大教授**》，冯友兰、吴大猷、杨振宁、汪曾祺等著，北京：新星出版社2010年版

《**西南联大与现代中国知识分子**》，谢泳著，福州：福建教育出版社2009年版

《**绝代风流——西南联大生活录**》，刘宜庆编著，北京：北京航空航天大学出版社2009年版

《**围城**》，钱钟书著，北京：人民文学出版社1980年版

《**记钱钟书与〈围城〉**》，杨绛著，长沙：湖南人民出版社1986年版

《**李鸿章传**》，梁启超著，西安：陕西师范大学出版社2009年版

《**中华民国史**》(十二卷本)，中国社会科学院近代史研究所中华民国史研究室编，李新总主编，第三卷(1916—1920)，李新、李宗一主编，北京：中华书局2011年版

《**中华民国史**》，李新总主编，第三编第二卷(从淞沪抗战到卢沟桥事变)，周天度、郑则民、齐福霖、李义彬、董长芝、黄道炫、张北根著，北京：中华书局2002年版

《**中华民国史**》，李新总主编，第三编第五卷(从抗战胜利到内战爆发前后)，汪朝光著，北京：中华书局2000年版

《**中华民国史**》，李新总主编，第三编第六卷(国民党政权的总崩溃和中华民国时期的结束)，朱宗镇、陶文钊著，北京：中华书局2000年版

《**民国人物传(第九卷)**》，严如平、宗志文主编，北京：中华书局1997年版

《**民国人物传（第十卷）**》，娄献阁、朱信泉主编，北京：中华书局 2000 年版

《**民国人物传（第十一卷）**》，熊尚厚、严如平主编，北京：中华书局 2002 年版

《**民国人物传（第十二卷）**》，朱信泉、娄献阁主编，北京：中华书局 2005 年版

《**袁氏当国**》，唐德刚著，桂林：广西师范大学出版社 2004 年版

《**顾维钧回忆录（第一分册）**》，中国社会科学院近代史研究所译，北京：中华书局 1983 年版

《**顾维钧回忆录（第二分册）**》，中国社会科学院近代史研究所译，北京：中华书局 1985 年版

《**李宗仁回忆录（下卷）**》，李宗仁口述，唐德刚撰写，桂林：广西师范大学出版社 2005 年版

《**联合政府与一党训政：1944—1946 年间国共政争**》（修订本），邓野著，北京：社会科学文献出版社 2011 年版

《**银元时代生活史**》，陈存仁著，桂林：广西师范大学出版社 2007 年版

《**光荣与梦想（第一卷）**》，威廉·曼彻斯特著，广州外国语学院美英问题研究室翻译组、朱协合译，朔望、董乐山、关在汉校，北京：商务印书馆 1979 年版

《**读库 1002**》，张立宪主编，北京：新星出版社 2010 年版

《**刑部主事闽县陈君家传**》，马其昶撰文

《**陈懋咸自传**》，陈给撰文

《**敬悼岱孙先生**》，蔡麟笔撰文

《**马寅初与陈岱孙**》，梁捷撰文

《**曾国藩家族在南京——万宜堂后人的过去和现在**》，曾宁、曾卫撰文

《**四九年以前国立大学校长与政府的关系**》，谢泳撰文

《**我所了解的梅贻琦**》，韩咏华撰文

《**西南联大始末记**》，李钟湘撰文

《**1952 年在清华**》，郭慕岳撰文

其他公开或非公开资料，恕不一一列举。

本书所选用的近三百幅图片，除有特殊注明者外，均来自陈岱孙教授的私人相册和文档。本书在各处引用的陈岱孙教授的言论，均摘自其著作、文章及谈话，笔者仅根据修辞的需要，对其进行了略微的润色和整理。

感谢唐斯复、唐立苏女士，感谢北京大学图书馆汤燕老师，是她们多年以来尽心守护着关于陈岱孙教授的大量宝贵的原始资料。

感谢威斯康星大学吴有昌先生，他和他的同事们不辞辛劳，觅得陈岱孙教授 1920 年赴美留学时，由清华学校为其出具的成绩证明文件（这样的资料在我国国内已经无存），以及陈先生在威斯康星大学的成绩单底档。他们对于中国早期留美学生历史的兴趣和热情令人感动，他们所提供的资料为本书增色不少。